新儒家评传书系

贺麟 评传

宋志明 著

中国青年出版社

（京）新登字 083 号

图书在版编目（CIP）数据

贺麟评传/宋志明著.—北京：中国青年出版社，2017.11
ISBN 978-7-5153-4982-4

Ⅰ.①贺… Ⅱ.①宋… Ⅲ.①贺麟(1902-1992)－评
传 Ⅳ.①B261.5

中国版本图书馆 CIP 数据核字(2017)第 271551 号

总 策 划：王 瑞
责任编辑：刁 娜
书籍设计：刘 凛

出版发行：中国青年出版社
社址：北京东四十二条 21 号
邮政编码：100708
网址：www.cyp.com.cn
编辑部电话：（010）57350503
门市部电话：（010）57350370
印刷：北京科信印刷有限公司
经销：新华书店
开本：700×1000 1/16
印张：21.75
字数：268 千字
版次：2018 年 1 月北京第 1 版
印次：2018 年 1 月北京第 1 次印刷
定价：65.00 元
本图书如有印装质量问题，请凭购书发票与质检部联系调换
联系电话：（010）57350337

自　序

　　我和贺麟先生只有一面之识，在中国哲学史学会召开的第二届年会暨宋明理学研讨会上。1981年，我在吉林大学攻读中国哲学史专业硕士学位，跟随导师乌恩溥先生出席在杭州新新饭店召开的这次会议，并且成为会议秘书组成员。那次会议来的人很多，大约有200多人。饭店一时容纳不下，只好在空屋子里打地铺。我自然接受这种"大串联"式的待遇，后来才调到标准房间。

　　海外学者陈荣捷、狄百瑞、秦家懿、刘述先等名流悉数到场；国内大家也来了冯友兰、张岱年、任继愈、石峻、丁宝兰等先生。贺麟先生作为参加者，我同他认识。他在大病之后，语音发生变化，类似女声，除了几个身边人外，其他人都听不清楚他的声音。我原本打算采访贺麟先生，面对眼前这位慈眉善目、瘦矮清癯的老人，只好选择放弃。

　　贺麟先生是一位有特色的新儒家学者，写了多篇关于新儒家的文章，但未写成专著。我几乎读了贺先生的全部文章，深深为他的真知睿见所打动，遂有本书的写成。任继愈先生在贺麟著《近五十年来的中国哲学·序》中写道："从他身上可以看到影响深厚的中华民族的文化传统，

1

这个传统表现在为人处世的方方面面。他是研究西方哲学的有数的专家，而他思想深处更多的是儒家入世、救世的倾向，往往被忽视。他的治学不光是说说而已，而是要见诸实行；他讲学偏重西方哲学，而用心却在中华民族的安危存亡。他不满足于讲论的义理之学，他还要付诸实践，参与社会活动和文化变革。"诚如是言！

　　贺麟先生是一位有主见的新儒家学者，提出许多创见。他绝不跟风，只说自己想说的话。他认为，在当今时代不能只讲陆王之学，排斥程朱之学，势必导致空疏；也不能只讲程朱之学，排斥陆王之学，势必导致支离。他主张把二者结合起来，努力开辟儒学新境界。他精通西方哲学，翻译过许多黑格尔、斯宾诺莎等人的哲学名著，但绝不当西化派。他力求"儒化西学"，把两种文化资源有机结合起来，打造出适应时代需求的、新的思想体系。

　　为学者写评传是一件不好办的事情。学者往往没有多少哗众取宠的闲闻趣事，没有轰轰烈烈的感人壮举，宛如平平常常一首歌。我不能在"传"字上做文章，只能在"评"字上下功夫。至于本书能否反映出贺麟先生的思想面貌，我对读者的公论充满期待。

宋志明

2017年序于中国人民大学宜园2楼思灵善斋

目录

第一章　一架书里走遍古今中外

清华学子

1902年9月20日，在四川省金堂县五凤乡一个耕读传家的乡绅之家，一个男婴"哇"的一声来到了世间。他，就是中国现代著名的新儒学大师、哲学史家贺麟（1902—1992）。麒麟是中国古代传说的仁兽，象征着祥瑞。父亲用"麟"作为自己爱子的名字，希望儿子给家族带来好运，长大以后能有一个美好的前程。与"麟"相配，父亲给儿子定的字为"自昭"。贺麟的父亲是一位秀才，主持过乡里与县里的学政。祖上留下了一些田产，足以维持一家人的生计。

贺家家境较为殷实，衣食无忧，父亲又是一位读书人，这对于贺麟的成长无疑是得天独厚的好条件。他自幼便受到良好的家庭教育，8岁入私塾启蒙识字，从《三字经》《千字文》《弟子规》《百家姓》读起，一直读到四书五经。"从小深受儒家熏陶"，"特别感兴趣的是宋明理学"。[1]也

---

[1]　贺麟.康德黑格尔哲学东渐记.中国哲学：第2辑，北京：生活·读书·新知三联书店，1980：376.

许正是童年时代受到儒家思想的熏陶、教化，为他的心灵深深打上儒家的烙印，致使他学成之后，终于以儒学为正宗，走上了现代新儒家的道路。少年时代的贺麟生活在中国传统社会向现代社会的转型时期，因而他既在私塾中受过旧式的训练，又在新式的学校中受过现代的教育。13岁那年，他读完小学。因他身材矮小，身体较弱，父亲和母亲不放心他独自到外地读书，遂命他自修两年。1917年，他没有辜负父亲的期望，考入四川省有名的省立成都联中——石室中学。他收拾行装，告别养育他的小村庄，来到省城成都，开始了独立求学的生活。

贺麟在中学时代就很有主见。他认为，为人治学应该以义理之学为本，以辞章经济为用，"哲学应当与文化陶养、生活体验相结合"[①]。这种看法同宋明理学家的很接近。他很看重心性之学、为己之学，而不甚看重事功之学，这也许可以视为他新儒学思想的滥觞吧！贺麟求学的时代已不能跟宋明时代同日而语了。西方列强凭借着"船坚炮利"打破了中国长久封闭着的大门，曾经以"天朝大国"傲视东方的中国竟然陷入落后挨打的境地。残酷的现实改变着知识界的学术价值观，人们开始倾心于事功之学，而对心性之学不屑一顾。可是，贺麟却不为"时尚"所动，认准了自己选择的治学方向。他的老师曾鼓励他做一个有为的青年，而他则表示，自己的志趣是"平淡的生活，高尚的思想，在一架书里走遍古今中外"。从此，他立下志向：一心一意地做学问，要成为一个博古通今、明体达用的哲学家；要读世界上最好的书，要领会最杰出的思想，要以古今中外的哲人为友，绝不虚度此生。在初中时代，他以这一指导思想安排自己的学习。他偏爱文科，对理科不甚感兴趣，学习成绩最突出的是国文课，老师夸奖他是"全校能把文章写通的两个人之一"。他喜

---

① 贺麟. 康德黑格尔哲学东渐记. 中国哲学: 第2辑, 北京: 生活·读书·新知三联书店, 1980: 376.

欢结交一些好学上进的朋友，经常在一起长跑、打球、游泳、谈心。他们相互鼓励，相互帮助，锤炼体魄，增长见识，都表示绝不能虚度年华。

1919年，贺麟初中毕业后考入赫赫有名的清华学堂，开始接受高等教育。清华学堂（辛亥革命以后改为清华学校）是现今清华大学的前身，建于1911年。这是外交部利用美国"退还庚款"办的特殊学校，专门培养赴美留学生。新生先读大学预科（相当于高中），毕业时达到大学一二年级程度，然后到美国的大学继续学习，获取学位。清华的名气很大，当时有"古有翰林院，今有清华园"的说法。来自全国各地的优秀学生在这所学校里荟萃。能考取这样的学校，对于贺麟来说，无疑是一种荣耀。他为实现自己的理想目标找到了一个合适的新起点。在清华，他接受欧美式的现代教育。英文是一门主干课，他每天必须花费大量时间记单词，背课文，进行读、听、写、译练习。此外，他还要学习自然科学、社会科学及所谓"人文科学"，其中包括数学、物理、化学、政治、经济、美国历史、英国文学、西方文化、第二外国语等课程。这样的知识结构为他日后学习西方哲学、研究中国哲学打下了良好的基础。

清华学堂虽以"西学"为主，但也不忽略中学。为了开展关于中国学术思想的研究，该校设有国学研究所。梁启超、王国维、陈寅恪、赵元任等在学术界享有盛名的一流学者，担任国学研究所的导师，致力于培养从事国学研究的人才。梁启超给同学们讲授"国学小史"，开始选这门课的有200多人，其中大多数都是慕名而来的，并没有真正听进去，最后只剩下贺麟等5名学生。贺麟倒是越学越有兴趣，听课十分认真，课后还找一些参考书阅读。他还听过梁启超在闻一多举办的文学会上讲中国文学。梁启超一连讲了六七次，从屈原讲到李白、杜甫、苏轼、黄庭坚，诗、词、赋无不涉及，边讲边背，如数家珍。贺麟听后佩服极了，深为老师渊博的学识所倾倒。他怀着崇敬的心情，拿着一纸书单到梁启超的寓所求教，希望得到名师的指点。梁启超热情地接待了他，建议他多读清代朴学大师戴震的书。为了帮助他找到进入戴震思想体系的门径，梁启超特地借给他一套戴震的弟子焦循（字理堂）的著作《雕菰楼文集》，要他回去认真研读。在梁启超的指导下，贺麟迈入中国学术研究的殿堂。他不负师望，很快写出学术论文《戴东原研究指南》（发表在1923年12月的北平《晨报》副刊上）和《博大精深的焦理堂》。这大概是他在学术研究方面的处女作。

贺麟酷爱学术，但并不是那种只会在故纸堆里讨生活的书虫子。他也愿意走出校园到大自然中陶冶情操。1920年的暑假，他随着学校组织的消夏团到北京西山卧佛寺开展集体活动。在一个宁静的夜晚，他独自来到荷花池畔，静静地坐在一块石头上欣赏着美丽可爱的大自然，体会着"此中有真意"的意境。看着，看着，诗兴大发，他留下这样一首新体诗：

> 我在池边坐着，
> 将圆未圆的月儿在树梢头照着，
> 将开未开的荷花在月下映着，
> 柳条微微地摆动，
> 雀儿也歌唱着，
> 不是池里的鱼儿乒嘣翻动，
> 惊我一跳，
> 我还忘了我在池边坐着。

他勾勒的这幅情景交融、物我一体的图画，不正是儒家孜孜追求的天人合一的最高境界吗？他的诗句与程明道"绿满窗前草不除"有异曲同工之妙。于此可见，贺麟真情向学的心学倾向，已略见端倪。

如果说梁启超把贺麟领入中国学术的殿堂，那么，吴宓则为他开出西方学术的新天地。吴宓精通西方文学，是一位以译西方文学作品而闻名的翻译家。他以西学为专长，却倾心于国学。他曾担任文化保守主义气味很浓的《学衡》杂志的主编，1924年到清华国学研究所担任主任之职。在贺麟即将毕业的那一年，吴宓教授首次为高年级开设选修课——外文翻译，讲授翻译的原理与技巧。英文一向很好的贺麟选了这门课，从而亲炙于吴宓门下。同学这门课的还有陈铨与张荫麟。他们三人都偏爱文科，志趣相投，结为无所不谈的好朋友。陈铨后来成了文学家，而张荫麟成了哲学史家。选修翻译课虽然只有三名同学，但吴教授还是照开不误。他们三人学习这门课都相当努力，成绩提高很快，被同学们称为"吴门三杰"。在吴宓的悉心指导下，贺麟的翻译水平迅速提高。他曾写过一篇专论，题为《严复的翻译》，发表在《东方杂志》第24卷第49期上。在这篇文章里，他分析严复的翻译技巧及特色，高度评价严复的"信、达、雅"之论，同时阐述自己关于翻译的对象及标准等问题的看法。在清华的教授中，对贺麟影响最大的要算是吴宓了。正是在吴宓的影响下，他才打算"步吴宓先生介绍西方古典文学的后尘，以介绍和传播西方古典哲学为自己终身的'志业'"[①]。后来他果然实现了自己的理想，把斯宾诺莎、黑格尔等西方著名哲学家的专著译成了中文。离开清华之后，贺麟始终同吴宓教授保持着半师半友的关系。贺麟临毕业之前到吴宓教授家辞行，吴宓为他写了一首七言长诗，其中有"学派渊源一统贵，真理剖析万事基"之句，贺麟将其牢记在心，奉为治学的座右铭。1989年，贺麟在《德国三大哲人歌德黑格尔费希特的爱国主义》一书的

---

① 贺麟. 康德黑格尔哲学东渐记. 中国哲学：第2辑，北京：生活·读书·新知三联书店，1980：376.

《新版序》中写道："吴宓老师（1893—1978）逝世已八年，这个册子的再版，表明我对他的怀念。"于此可见他对吴宓老师所怀感情之深。

在清华学习期间，贺麟对社会活动也很热心。他在同学中享有很高的威信，大家选他担任一班之长，四年级时曾一度当选为级长。到清华的第二年，校刊《平民周刊》就看好贺麟，聘请他做编辑部的编辑。到高年级，他曾担任校刊《清华周刊》的总编辑。他花费许多课余时间组稿、审稿、编稿，工作非常认真。他居然能想办法约请到梁启超、王国维等名家大师为《清华周刊》写稿，竟把一份校刊办得学术气味十足。1925年，英国巡捕在上海开枪屠杀示威群众，造成五卅惨案。帝国主义者的暴行激起了全国人民的愤怒，爆发了中国现代历史上有名的五卅运动。贺麟勇敢地投身到反帝斗争的洪流之中，参加清华"沪案后援团"，并且担任宣讲人。他放弃暑假休息时间，前往石家庄、太原、开封、洛阳、信阳等城进行鼓动宣传，接触劳苦大众。在火车上，他读完了孙中山先生关于三民主义的讲演，深深地为孙中山的思想所打动，表示服膺三民主义。这种政治信仰他保持了几十年之久。通过参加这些社会活动，贺麟进一步养成了儒家关心国事民瘼的入世精神。虽然他后来没有成为一位社会活动家，而成为一名学者，但他的论著中往往透出对时事政局的关注。

1926年夏季，贺麟完成了在清华的学业。他的文科成绩优秀，其他学科多为中等或及格，平均成绩为中等。他的身体不太好，经常生病，曾住过三次医院，再加上社会活动较多和主观上的原因，他的学习成绩受到一定影响。但他在课外的收获比课内大得多，这是无法用分数衡量的。依照清华的惯例，他的好友张荫麟临毕业前为他写了一份小传，刊载在毕业年刊上。张对他的评价是"生于诗人之乡，下笔而斐然成章。态度温和，宽厚有容，注重直觉，相信权威"。张荫麟和陈铨作为贺麟的挚友，在肯定他的人品和学问的同时，也中肯地指出他的缺点，主要有"心思太杂多外骛""有虚荣心""主张不贯彻""做事不快效率不高"等十条。朋友们的诤言使他颇受感动。

就要告别清华了，三位好朋友互道珍重。经过7年的学习，他们已长大成人了，已意识到时代赋予自己的重任：为中华崛起而奋斗。他们的共同感受是："一个没有学问的民族，要被别的民族轻视。"为了振兴中华民族的学术事业，贺麟继续走在求学之路上。1926年8月，他告别亲友，乘一艘美国客轮，驶向太平洋彼岸。

负笈欧美

1926年9月，贺麟插入美国奥柏林大学哲学系三年级继续攻读学士学位。奥柏林大学是美国第一所准许黑人入学并且实行男女同校的大学，同中国联系也比较密切，在山西省太原市设立一所叫作"铭贤学校"的分校。贺麟一到学校便立刻投入紧张的专业学习。学习的课程有拉丁文，心理学、哲学史、宗教哲学、伦理学以及圣经等。他是班上最肯用功的学生之一，学习成绩名列前茅。

贺麟在奥柏林大学读书，有两点最深刻的感受。第一，他感受到浓重的实用主义哲学氛围。哲学系的教师大都是实用主义者，在他们讲课的内容中常常贯穿着实用主义思想。例如，有一个教伦理学的女教师，在课堂上说："神话是原始的哲学，魔术和炼金术是原始的科学，道德起源于风俗习惯，提高为宗教。"这是用实用主义观点解释哲学、科学和道德的起源。贺麟很快把握住教师的这一思路，写了几篇论文都得了最高分。不过，贺麟由于从小深受宋明理学的熏陶，心里对实用主义并不怎么欣赏。

第二，他感受到浓重的基督教氛围。《耶稣传》是全校学生的必修课，连教学大楼也用圣经中人物的名字命名——"彼得大楼"。每星期由校长主持，全体师生在教堂中做4次礼拜，每次一小时。"宗教哲学"也是哲学系的一门主干课。讲这门课的教授将儒学讲成"中国的宗教"，认为"中国宗教把宗教的精神丢掉了，变成了理性的东西"。主讲宗教哲学的教授还把以人文主义观点看待宗教的耶鲁大学教授莫尔（吴宓留美时的老师）请来，讲了五讲基督教专题课。他在课堂中讲道，基督教原来是讲究解决个人灵魂如何得以解脱的，后来经过经院化，变成了重权威、重群体的礼教。贺麟觉得莫尔教授的这种讲法很好，便写信给他，向他请教关于儒学与基督教之间的关系问题。贺麟在信中坦率地提出自己的看法：他觉得中国人注重个人精神修养也是要解决灵魂净化问题，这同早期基督教精神是一致的，不知这种看法是否妥当。莫尔教授回信说："你提的问题很好，可惜我对中国学问研究得不够，不能圆满地回答。"他又说："我感到东方宗教缺乏神意（Providence），因而缺乏行为的动力。"他认为中国的儒学虽主要是伦理学说体系，但也可以同基督教互相补充。

贺麟对基督教既有所认同，也有所拒斥。他认为基督教的特点是追求"无限""永恒"，倡导勇于殉道的牺牲精神，重视道德，主张利他，这都是令人钦佩的；基督教适应近代的精神需要，对工业文明有促进作用，也是值得肯定的。但基督教教义确实有讲不通的地方，这使贺麟无法理解。有一次，帮助过许多留学生的"东方学生会"举办圣诞节恳谈会，贺麟在会上同一位牧师争论起来。贺麟说："我们讲精神修养，你们老讲教义，灵魂不灭，这类信仰有什么意义？生死集散还不就是那么一回事？……宗教讲这些有什么必要？"会后，协助管理"东方学生会"的毕勒夫人对他说："我看你很有感情，最有基督精神。"对他不肯皈依基督教并无责怪之意。后来她还寄给贺麟一封亲笔信，信中写道："贺先生，我还是相信永生，因为我永远有许多朋友要爱，要帮助，我有许多事情要做，所以我要求永生。"贺麟虽不是基督徒，但也着实为她这种虔诚的宗教精神所感动。

在大学读书期间，贺麟虽然身在异邦，心却时刻惦念着自己的祖国。1927年北伐军胜利挺进的消息传来，贺麟极其兴奋。他在"东方学生会"举办的学术会议上宣读了他的论文《中国革命的哲学基础》。这篇文章中的"中国革命"指的就是广东革命军挥师北伐。该文把当时中国政治思想分为6派，明确地表示拥护孙中山提出的新三民主义。文章断言："天下是三民主义的，因为它合于中国传统，有社会主义因素，扶助工农，所以北伐胜利决不偶然。"这篇文章后来发表在《清华年刊》英文版。贺麟当时坚信三民主义必定在中国取得胜利，他在给友人的信中写道："现在干什么不要主义行吗？有了主义，人的一生才有定准，能够去赴汤蹈火。中国没有一个伟大的主义来领导，是搞不好的。"

大学的生活是紧张的，然而也是愉快的，也是令人难忘的。贺麟用诗歌记录这段人生旅途中的美好时光：

> 七节书楼破万卷，礼拜厅里悔过愆。
>
> 彼得大楼受经纬，光芒久蕴冲霄汉。

1928年，贺麟修满学分，提前半年毕业于奥柏林大学，以优秀的成绩获得哲学学士学位。同年，入芝加哥大学哲学系攻读硕士学位。在芝加哥大学，他听了米德教授讲的哲学史课，那种浓重的实用主义味道使他实在有些受不了。因"不满于芝加哥大学偶尔碰见的那种在课上空谈经验的实用主义者，所以在28年下半年转往哈佛大学"[1]，哈佛大学是美

---

① 贺麟. 现代西方哲学讲演集. 上海：上海人民出版社, 1984：161.

国名牌大学，该校哲学系对德国古典哲学很重视，理论思维水平比较高，很合一向注重义理的贺麟的口味。路易斯教授为贺麟所在的班讲授康德哲学，要求每个学生每周读康德哲学原著50页，两周交一篇读书报告。康德的著作晦涩艰深，向称难读，贺麟感到很吃力，常常在上课前夕才赶写出读书报告。他没有退缩，靠着一股锲而不舍的"韧"劲啃完了《纯粹理性批判》《实践理性批判》《判断力批判》《道德形而上学探本》《未来形而上学导言》等康德的大部分著作，读书报告积累了一两百页之厚。经过这样一番训练，他的理论思维水平有了很大的提高，再读其他哲学著作便感到轻松容易多了。

贺麟选修了当时在哈佛大学执教的著名哲学家怀特海教授的"自然哲学"课。这门课的主要内容是讲牛顿的物理学与德国古典哲学的关系。怀特海在课堂上说："黑格尔是不可救药地错了。但我没有读过黑格尔的书，不过我翻到他讲数学的那一部分，真是一塌糊涂。"他一方面批评黑格尔，一方面却承认自己与英国新黑格尔主义者布拉德雷的观点相近，并且为英国青年人不读布拉德雷的书表示惋惜："现在英国青年都不读布拉德雷的书了，我觉得应该读，我从中得到了不少启发。"贺麟与沈有鼎、谢幼伟等同学经常结伴到怀特海教授家里，参加教授周末招待来访学生的可可茶会。有一次，怀特海教授问贺麟："前些时候，有个叫胡适的年轻中国人，来到我这里。照他的说法，你们的老子和孔子还有人念吗？不念怎么行呢？"贺麟回答了教授的问题之后，怀特海又说："我喜欢东方思想，我的书英语学生反不易理解，东方人可能会感兴趣。我喜欢中国人的天道观念。"贺麟问教授："您说的天道观念是儒家的，还是道家的？"老教授回答说："我也分不清哪一家，只是觉得天道思想美极了。"他还向贺麟等来访同学提出忠告："我们不要以学习的态度去研究哲学史，而要如同研究现在的实实在在的事情一样去研究哲学史。"怀特海没有欧洲文化中心主义的偏见（这种偏见在欧美哲学界很流行），为人诚恳、坦率、热情，使贺麟很感动。他很敬重这位哲学界的老前辈，敬重他的学问与人品。在学习"自然哲学"课程期间，贺麟按照老教授的要求，写了《道德价值与美学价值》《自然的目的论》两篇论文，这是他师从怀特海的收获之一。

贺麟在哈佛还见到过英国著名哲学家罗素。罗素到哈佛大学看望自己在英国剑桥大学读书时的老师，曾与自己合著《数学原理》的怀特海教授，怀特海请罗素对同学们发表学术讲演。怀特海向听讲的同学们说："从北京到剑桥，罗素先生用不着介绍……罗素先生是属于维多利亚时代（指19世纪末）的人物。"罗素向听众介绍了自己新实在主义的哲学见解："我们过去讲一件一件的事物，一个一个的东西；我们现在则应当讲一个一个的事变（事件），现在已没有'东西'那样的一种东西了。"贺麟承认罗素的讲演很生动，也很有见地，可还是觉得罗素的思想不如怀特海那么深刻，个人气质也不如怀特海那么优雅。

在留学美国期间，贺麟基本上确立了关于西方哲学的研究方向。最早引起他学术兴趣的是斯宾诺莎。1927年，为了纪念斯宾诺莎逝世250周年，奥柏林大学哲学系教贺麟所在班伦理学的女教师耶顿夫人（Mrs. Yeaton）在家里办了个读书会，贺麟是这个读书会的成员之一。贺麟在回忆这段经历时说：

> 她特别约集班上7位男女学生，包括我在内，共同在她家学习斯宾诺莎的名著《伦理学》，一共学了两个月左右。有一天，耶顿老师告诉我说："我考虑到，你现在只缺少一个学分了。因此，你只需写一篇关于斯宾诺莎的论文，我便可以给你补上一个学分，你就可以提前半年毕业了。"于是我就写了《斯宾诺莎哲学的宗教方面》一

文，送给耶顿老师，因而得到学士证书。①

贺麟很感谢耶顿老师对自己的帮助，把她视为自己学术上的领路人。他满怀深情地回忆说：

> 她在课外还给我们几个同学讲黑格尔和斯宾诺莎哲学。由于她的启发奠定了我后来研究黑格尔和斯宾诺莎哲学的方向和基础，所以她是我永生难忘、终身受益的老师。按照她的看法，伦理学不是抽象地讲仁义道德，而是要具体地找出人类学的起源和在历史上的发展变迁。我对她的这种说法相当同意。②

在哈佛大学读研究生期间，由于接触怀特海，贺麟研究斯宾诺莎的愿望变得更加强烈。怀特海虽自称是新实在论者，但因其强调整体关系和内在有机联系，同斯宾诺莎有接近之处。贺麟通过怀特海进一步深入斯宾诺莎的哲学体系。他花了很大气力啃完斯宾诺莎的《伦理学》，为其中深邃的哲学识度而赞叹。他体会到，斯宾诺莎关于情欲和理性关系的看法，同宋明理学可以相互沟通；而斯宾诺莎关于实体即自然的泛神论思想与庄子的齐物论殊途同归。贺麟模仿司马迁的笔法，写下《斯宾诺莎像赞》，抒发自己的景慕之情：

> 宁静淡泊，持躬卑谦。
>
> 道弥六合，气凌云汉。
>
> 神游太虚，心究自然。

---

① 贺麟. 哲学与哲学史论文集. 北京: 商务印书馆, 1990: 2—3.
② 贺麟. 哲学与哲学史论文集. 北京: 商务印书馆, 1990: 2.

辨析情意，如治点线。

精察情理，揭示本源。

知人而悯人，知天而爱天。

贯神人而一物我，超时空而齐后先。

与造物游，与天地参。

先生之学，亦诗亦哲。

先生之品，亦圣亦仙。

世衰道微，我生也晚。

高山仰止，忽后瞻前。

作为斯宾诺莎哲学的研究者，贺麟有幸加入了国际斯宾诺莎学会。贺麟在法兰克福游历时拜访了斯宾诺莎学会的秘书长、犹太人格布哈特。两人在格布哈特的乡间村舍中相处数日，交谈甚契。临别时格布哈特对贺麟说："你就是斯宾诺莎学会的会员，望多多联系。"格布哈特为推动斯宾诺莎研究的开展付出了很多的心血，他编辑的《斯宾诺莎全集》拉丁文本和德文本，迄今为止仍是最佳版本，不幸的是，他在第二次世界大战期间被希特勒害死，斯宾诺莎学会也被迫解散。1932年，贺麟回国以后曾撰写纪念斯宾诺莎的文章《大哲学家斯宾诺莎诞辰三百年纪念》，在天津《大公报·文学副刊》第254～255期连载；第二年又在该刊第264期上发表《斯宾诺莎的生平及其学说大旨》，介绍斯宾诺莎的哲学思想。贺麟作为斯宾诺莎的研究者，却没有完全接受带有二元论色彩的斯宾诺莎哲学体系。他经过斯宾诺莎实体学说的浸润，迈入了黑格尔哲学的大门。

贺麟先后在奥柏林大学、芝加哥大学和哈佛大学三次听过关于黑格尔的课，但都感到帮助不大，于是便采取自学的方式，研读有关黑格尔的哲学专著。贺麟对黑格尔的理解受新黑格尔主义的影响较大。他在回忆早年读书生活时说:"我最感兴趣的是英国的新黑格尔主义者格林和美国的新黑格尔主义者鲁一士,特别是鲁一士《近代哲学之精神》和《近代理想主义演讲》这两本书对我启发甚大。我在当时就着手翻译其中的几篇论述黑格尔精神现象学的文章,以求把黑格尔哲学的精神早日传播到中国来。"①他在美国研读黑格尔哲学虽有收获,可总觉得没法吃透其精神实质。他决意到黑格尔的故乡进一步深造,求取"真经"。1930年,他在哈佛大学已获取硕士学位。按照校方的规定,他完全可以留下来继续攻读博士学位。当时有一位叫乌尔夫森的教授对他说:"我看你把斯宾诺莎的书翻成中文,再作一个英文长序,我们就可以给你博士学位。"贺麟回答说:"这书我今后一定要译,序也一定要写,但我现在已决定到欧洲去留学了。"贺麟平时读书就不把学习成绩看得很重,此刻也没有把博士学位放在心上。他立志学到真本事,并不想浪得虚名。于是,他婉言谢绝乌尔夫森教授的一番好意,启程来到德国,入柏林大学。

在德国,贺麟亲身领略到德国人对哲学的酷爱之情。有一次,他所在的课堂的教授讲到精彩之处,在场的学生们竟兴奋得跺脚欢呼。在这种气氛的感召下,贺麟学习哲学的兴味更浓了。他怀着虔诚的心情聆听老师的讲授,每次上课都仿佛是在参加教堂里的礼拜。最大的课是"哲学概论",听讲者达2000多人,大教室里挤得满满的。教室的墙上挂着康德、黑格尔、费希特等曾在柏林大学执教的著名哲学大师的巨幅画像,显示出庄严、肃穆的气氛。主讲教师大都是学问、口才俱佳的老教授,课堂的气氛十分热烈、活泼。

在柏林大学,贺麟最喜欢的教授是哈特曼(Nicolai Haremam,1882—1950),选了他开的"历史哲学"课程。哈特曼是德国著名哲学家,他在胡塞尔现象学和黑格尔哲学的影响下形成了自己的哲学思想,成为批判

---

① 贺麟. 康德黑格尔哲学东渐记. 中国哲学:第2辑,北京:生活·读书·新知三联书店,1980:377.

本体论的创始人。贺麟与哈特曼接触较多，受他的影响较大。他很用心地读了哈特曼著《伦理学》，特别喜欢哈特曼的一句名言："人就是自己强迫自己自由的动物。"他回国后讲伦理学常常引用这句话。他也欣赏哈特曼关于中庸的解释：中庸的真意乃是恰到好处，总处在最高点。贺麟认为哈特曼的这种说法同中国陆九渊的有相似之处。陆九渊认为中庸就是太极，就是大中至正。哈特曼还提出独到见解：黑格尔的辩证法是个天才的直观，没有通常所说的三个规律；辩证法不是抽象的理智方法，而是体察精神生活的方法，有艺术创造性，而可教性有限。贺麟曾对哈特曼的观念深信不疑，认为这才是黑格尔辩证法的精意，并在《辩证法与辩证观》一文中引证了哈特曼的观点。

对贺麟影响较大的另一位柏林大学教师是亨希利·迈尔教授。1930年，贺麟听了他讲的哲学史课，后来又阅读了他的哲学史著作《苏格拉底》《情感思维心理学》《现实的哲学》等。迈尔教授讲黑格尔哲学时，既介绍黑格尔的基本观点，又介绍他同德国文学的关系，介绍他同著名诗人、文学家们的交往活动。迈尔教授风趣地说："诗是有感染力的。在同荷尔德林交往时，黑格尔也写起诗来了。"迈尔教授对各个哲学家的评价比较平正，贺麟觉得真实可信。贺麟读了迈尔的《五十年来的德国哲学》一文，得到的体会是："他分析五十年来的欧美各哲学流派的趋势，如理性主义和反理性主义，注重科学与脱离科学，实证主义和形而上学，在心理学上对直觉在经验中的可贵性与直觉主义的荒诞性都用简要朴实的文笔分别有所评论，尤能指出各流派往复变迁发展的线索，而归结到他自己的'现实哲学'。"[①]他认为这篇对世界哲学发展情况所作的鸟瞰式介绍的文章，对于中国人民了解世界哲学的趋势走向很有帮助，便在1933年把它翻译成中文，收入冯至编辑的《五十年来的德国学术》一

---

① 贺麟. 现代西方哲学讲演集. 上海：上海人民出版社，1984：434.

书。该书1935年由商务印书馆出版。1984年，上海人民出版社出版贺麟著《现代西方哲学讲演集》，又将此文译稿作为附录收入。

在德国留学期间，贺麟领略了德国哲学的风采，也领略了德国文化的风采。他走访过歌德等文化名人的故居，参观过各种各样的博物馆。他到歌剧院看过歌剧，体验德国人的礼乐风俗。他喜欢贝多芬和莫扎特，不喜欢"敲锣打鼓有杀伐之音"的瓦格纳。他看过话剧，《圣女约安》中的台词"我之所以遭受惩罚，是因为我有人性"，给他留下极其深刻的印象。他也经常逛书店，他觉得书店的老板学识渊博，文雅风流，不像是个商人而像是个文化人。总之，他对德意志民族的印象相当好。当时他怎么也弄不明白，在这样一个举止文雅、重视理性的民族中，怎么会出现希特勒这样一个战争狂人。

贺麟出国留学，抱着十分明确的目的，即为振兴中华民族的学术事业而学。在国外留学，某些外国人对中国文化不屑一顾的鄙夷神情刺痛了他的民族自尊心，使他更强烈地意识到：一个没有学问的民族，难以屹立于世界民族之林。1931年，日本帝国主义阴谋发动侵华战争，民族危机急剧加深，贺麟再也无法在国外安心读书了。为了振兴学术，为了挽救民族危亡，他决定立即回国。这一年的8月，贺麟与吴宓教授等人结伴同行，从德国柏林出发，经东欧、莫斯科，沿西伯利亚铁路进入国门满洲里；又经哈尔滨、长春、沈阳进入山海关，再西行经唐山、天津，于8月28日回到北京。假如他们再晚动身十几天，这条路恐怕就走不通了，因为日本帝国主义在9月18日侵占了东北三省。为了民族解放事业，贺麟放弃可以到手的博士学位，提前结束留学生活，返回灾难深重的祖国。

贺麟在国外学习长达5年之久。他泛览于西方哲学各家各派，孜孜不倦地汲取真知。经过比较选择、撷英咀华，他逐渐形成独具一格的哲学思想体系。

执教北大

1931年9月月初，贺麟回国不久就收到北京大学的聘书。他为自己能在具有五四运动传统、蔡元培先生担任过校长的北京大学任教而感到高兴。他在1956年调任中国科学院哲学所研究员以前，一直都在北京大学任教，时间长达25年之久。1931年任讲师，翌年升任副教授，1936年任教授。他先后主讲过西方现代哲学、西方哲学史、哲学问题、哲学概论、黑格尔哲学、斯宾诺莎哲学、伦理学等10多门课程，成为北京大学哲学系的台柱子之一。

贺麟在北大任教的同时，也在自己的母校清华大学哲学系兼课。贺麟在接到北大的聘书不久，有一天从当时还在沙滩红楼的北大出发，走了十几公里的路程，回到阔别5年之久的母校，拜望自己的老师和朋友。吴宓教授同他一起拜访了当时任清华大学文学院院长兼哲学系主任冯友兰教授。冯友兰问贺麟在北大开哪些课，贺麟做了简短回答。初次见面，没有多少话可说，不到20分钟，贺麟便同吴宓向冯友兰告别。贺麟没有料到，3天之后冯友兰会到他的寓所回访。贺麟因事外出，二人没有见面，冯友兰便给贺麟留下纸条，邀请贺麟在清华大学哲学系讲授两门课，每周4小时。贺麟接受冯友兰教授的邀请，每星期往返于北大、清华之间，讲10小时的课程。虽说辛劳一些，但他也感到欣慰，毕竟可以为振兴中华民族的学术事业多尽一分力量。

面对日本帝国主义的侵华暴行，贺麟义愤填膺。他以笔作刀枪，毫不犹豫地投身到抗日救亡斗争之中。回国安顿下来之后，他便动笔写作《德国三大哲人处国难时之态度》一书，向中国读者介绍歌德、黑格尔、费希特在普法战争时的爱国主义事迹。贺麟在书中介绍说，这三位哲人的爱国主义立场是相同的，但表达方式又各具特色。歌德热情奔放，"当两军交战正烈，炮声正浓，火焰滔天时，他突然骑着马直驰入阵地"①。黑格尔沉着冷静，处变不惊。他在一封信中这样安慰一位对德国前途表示悲观的朋友："只有知识是惟一的救星。惟有知识能够使我们对于事变之来不致如禽兽一般之傻然吃惊，亦不致仅用权术机智以敷衍应付目前的一时。惟有知识才可以使我们不至于把国难的起源认作某某个人一时智虑疏虞的偶然之事。惟有知识才可以使我们不致认国运之盛衰、国脉之绝续仅系于一城一堡之被外兵占领与否，且可以使我们不致徒兴强权之胜利与正义之失败的浩叹。"②费希特慷慨激昂。他在法军占领下的柏林，连续14次发表演说，号召德意志国民发扬爱国主义精神，奋起反抗侵略者。"当他演讲时空气异常紧张，法军派有侦探多人侦察，外间虽不时传出费希特被捕的消息，但他仍本着大无畏的精神，与视死如归的决心，竟平安地将他全部激昂的爱国讲演讲罢。"③

贺麟表彰德国三大哲人的爱国主义精神，显然是因时而发，旨在唤起民众投身于抗战建国事业。他希望国民党政府能以大局为重，放弃"安内攘外"的错误政策，停止内战，枪口对外。贺麟用半年多的时间才写完《德国三大哲人处国难时之态度》，分7期在天津《大公报·文学副刊》陆续刊出。1931年10月21日，《大公报·文学副刊》编者吴宓教授为贺著专门加了如下按语：

> 按此次日本攻占吉辽，节节进逼，当此国难横来，民族屈辱之际，凡为我中国国民者，无分男女老少，应各憬然知所以自处。百年前之德国，蹂躏于拿破仑铁蹄之下，其时之文人哲士，莫不痛

---

① 贺麟. 德国三大哲人歌德黑格尔费希特的爱国主义. 北京：商务印书馆，1989：4.

② 贺麟. 德国三大哲人歌德黑格尔费希特的爱国主义. 北京：商务印书馆，1989：19.

③ 贺麟. 德国三大哲人歌德黑格尔费希特的爱国主义. 北京：商务印书馆，1989：40.

愤警策，惟以各人性情境遇不同，故其态度亦异。而歌德（1749—1832），费希特（1762—1814），黑格尔（1770—1831）之行事，壮烈诚挚，犹足发聋振聩，为吾侪之所取法。故特约请北京大学哲学系讲师贺麟君撰述此篇。贺君凤在美国哈佛大学及德国柏林大学专修哲学。本年夏，曾旅行德国中南部各地，采访歌德等人讲学居处之遗迹。甫回国，即遭国难。贺君撰此篇，自觉其深切有味。读者亦必谓其深切有味也。编者识。

1931年11月2日，吴宓又为贺著加了如下按语：

按本年11月14日，为德国大哲学家黑格尔（1770—1831）逝世百年纪念。黑格尔之学，精深博大。为近世正宗哲学之中坚。允宜表彰。今贺麟君此篇虽为叙述黑格尔处国难时之态度而作，其中已将黑格尔之性行，及其学说之大纲及精义，陈说略备。且作者于黑格尔之学，凤已研之深而信之笃。更取中国古圣及宋儒之思想，比较参证，融会贯通。期建立新说，以为中国今时之指针。故篇中凡描述黑格尔之处，亦即作者个人主张信仰及其成已他世之热诚挚意之表现也。编者识。

《德国三大哲人处国难时之态度》文笔生动，资料丰富，将传主的学术思想与爱国主义情操有机地结合起来，收到很好的宣传效果。张岱年先生回忆自己当时读贺麟这本书的感受时写道："30年代初，'九一八'事件以后，贺麟先生在《大公报·文学副刊》上发表一篇重要文章，题为《德国三大哲人处国难时之态度》，其中着重叙述了费希特的爱国行动。此作情文并茂，表达了贺先生自己热爱祖国、热爱民族的诚挚感情，令人感动。我读后，非常钦佩。"①

贺麟治学严谨，学识渊博，平易近人，教书育人尽职尽责，真心诚意地为中国培养下一代哲学人才。他讲课深入浅出，语言生动，引人入胜，逻辑性强。他不仅仅传授书本上的知识，而且擅于在讲课中阐发自己的学术见解。同学们都喜欢听他的课。他有个习惯，对选他的课的哲学系学生都要分别约见一次，了解学生的思想情况和学习情况，以便做到因材施教。配合讲授内容，他给同学们布置参考书，要求每个人写读书笔记。曾师从贺麟的罗达仁先生这样描述他在学生时代听贺麟讲课时的情形：

> 贺先生的"哲学概论"一课给我印象很深。他以问题为中心，涉及面很广，中西结合，融贯古今，抓住要点，条理分明；立论精辟，逻辑性强。选贺先生课者逾百人，昆北大食堂济济一堂，但却十分安静，鸦雀无声，只听见记笔记的嚓嚓声。

贺麟讲授西方哲学史最为精彩，也最有特色。"他刚开此课时，各阶段分得不很明确，后来逐渐清晰，从一个哲学阶段必然发展到另一个阶段，苏格拉底之前，探求世界的本源；到苏那里，哲学就转一个方向，他追问你生活有什么意义，他要问世界人生的根本意义；柏拉图提出理念世界做万物标准，亚里士多德则建立了一个分门别类的哲学体系；以后一直到康德、黑格尔又达到一个高峰。"②这样的讲授条理分明，明白易懂，给听课者留下极鲜明的印象。当今中国西方哲学史界的许多专家都出自贺麟的门下。

---

① 宋祖良、范进. 会通集：贺麟生平与学术. 北京：生活·读书·新知三联书店，1993：39.
② 宋祖良、范进. 会通集：贺麟生平与学术. 北京：生活·读书·新知三联书店，1993：42.

　　贺麟以自己的学识赢得了学术界同仁的尊敬，知名度很高。他公开承认自己是唯心论者，素有"中国的费希特"之称。他精研黑格尔哲学，翻译出版多部黑格尔或关于黑格尔的专著，又有"黑学专家"的雅号。1935年，哲学界同仁发起成立中国哲学会，贺麟在第一届年会上当选为理事。1937年又当选为常务理事，与另外两位常务理事金岳霖、冯友兰共同主持学会日常工作。他还兼任学会"西洋哲学名著翻译委员会"主任，负责组织专家翻译西方哲学名著。他从国民党政府手中争取到一亿法币，利用这笔经费先后出版了20多部西方哲学名著的中译本，为中国哲学界开展西方哲学研究提供了一套可资利用的基本资料。这是一项了不起的基础工程，对于中国学术研究事业的发展具有推动意义。

　　贺麟自己也动手翻译出多部关于西方哲学的专著，其中有鲁一士著《黑格尔学述》，1936年上海商务印书馆出版；开尔德著《黑格尔》，1936年上海商务印书馆出版；斯宾诺莎著《致知篇》，1945年重庆商务印书馆出版（1986年商务印书馆再版时改名《知性改进论》）。

　　贺麟是中国近代自严复以来最杰出的翻译家之一。他的译著很有特色，通常在书前加上很长的译者序，提纲挈领地向读者介绍全书的基本思想，阐述他关于该书的研究心得。每篇序言其实都是高质量的学术论文。贺麟翻译西方哲学著作，态度极其认真，舍得花大气力。他首先把原著弄懂弄通，做到"入乎其中，出乎其外"。他主张译者首先应当是研究者，其次才是翻译者。贺麟的译文流畅典雅，如从己出，绝无晦涩、硬译等毛病，所以很受读者的欢迎。贺麟对重要哲学概念译名的择定格外重视。他主张通过中外哲学的比较、对勘，力求精练而准确地表达原意。例如，"kritik"通常译为"批判"；他嫌此种译名略带贬义，不够准确，便根据《庄子·养生主》中"批大郤，导大窾"一句，创造出"批导"一词，用以取代"批判"二字。这种译法突出了原文中侧重正面建树的意思。"dialectical method"通常译为辩证法；他不赞成这个从日文中搬过来的译名，根据《韩非子·难一》中"以子之矛攻子之盾"之意，另译为"矛盾法"。他还主张把黑格尔哲学中的"绝对精神"改译为"太极"，并发表《朱熹与黑格尔太极说之比较观》一文。强调中西哲学的比较，继严复"信、达、雅"三标准之后又加上个"比"，这就是贺麟译著的特殊风格。贺麟主张用中国哲学中固有的名词翻译西方哲学中的基本概念，虽有合理之处，却难为出版界和读书界所接受。因为有些译名虽不甚合理，但已约定俗成，难以变更。贺麟把他翻译的斯宾诺莎著《伦理学》的第一、二部分送给当时掌管译文出版基金的胡适审查，希望得到资助出版。胡适读后客气地对贺麟说："我们不能说你译得不好和没有研究，但你的名词与现在隔得太远。"竟退回原稿。

罗达仁先生在《谈谈贺麟先生的翻译风格》一文中说，他读过贺麟的译著后留下的印象是：阐述分明，条理清楚，似无不理解之处。他把贺麟译著的特色概括为两点："首先，贺先生的译文既传意又传神。我看了译文，又看了原文，再看译文，深深感到译著不仅表达了原作的原意，而且表达了作者的言外之意、未尽之言。""其次，在表现原作的原意方面，译者完全打破了原文的语言外壳，不受原文的语言束缚，而寻求用中文表达的最好方式，这正是译者所说的'使译品亦成为有几分创造性的艺术而非机械式的路定'。译无定法，运用之妙存乎一心；这是贺先生译文的又一特色。贺先生的表现手法，超过了一般人所探索的'翻译技巧'，而是以表达原作精神为依归，不落窠臼。"①罗达仁先生的评价是相当中肯的。西方哲学著作很不容易翻译，唯贺麟这样的大手笔才能应付裕如，游刃有余。

---

① 宋祖良、范进. 会通集：贺麟生平与学术. 北京：生活·读书·新知三联书店，1993：376—377.

贺麟作为一名专攻西方哲学的学者，很清楚自己的责任不仅仅是介绍西方哲学，还应当借鉴西方哲学提高本民族的理论思维水平。因此，他不满足于只做绍述别人思想的哲学史家，还要做一个有建树的哲学家，创造具有民族特色的哲学思想体系。他把传统的儒家思想同西方正宗的唯心主义哲学结合起来，创立了"新心学"。1930年，他还在外国留学的时候，就写了《朱熹与黑格尔太极说之比较观》，对理学与黑格尔哲学加以比较，探索中外哲学相结合的途径。这是他着手创立"新心学"的第一步准备工作。1937年，贺麟随北大南迁昆明，在由北大、清华、南开组成的西南联合大学任教，与冯友兰、金岳霖、郑昕等哲学家在一起共事。抗日战争时期的条件是相当艰苦的，但这并没有影响中国的专门哲学家们的理论创造热情。集聚在西南联大的哲学家群体怀着时代的使命感，经常在一块儿切磋学术，讨论问题，中国现代学术迎来了发展史上的一个丰收的季节。他们各自完成了自己的理论创造。冯友兰写出了《新理学》《新事论》《新世训》《新原人》《新原道》《新知言》6本"贞元之际所著书"，金岳霖写出了《论道》和《知识论》，郑昕写出了《康德学述》。贺麟的新心学思想也在这一时期走入成熟阶段。1940年，他在《战国策》第3期上发表《五伦观念的新检讨》一文，开始提出新心学的基本思想。后来他又写出《儒家思想的新开展》《宋儒的思想方法》《自然的知行合一论》等文章，进一步丰富了他的理论构想。1943年，重庆独立出版社出版了他的第一本论文集《近代唯心论简释》；1947年又出版了他的第二本论文集《文化与人生》，收入他在抗日战争时期写的37篇文章。同年南京胜利出版公司出版了他评述中国哲学发展现状的专著《当代中国哲学》。上述3本书是贺麟用以阐发新心学思想的基本著作。

贺麟作为一名知名学者，自然会引起国民党政府的注意，因而同官方打交道乃是不可避免的事。他在同官方打交道时，始终保持着学者的尊严，保持着独立的人格，决不做趋炎附势的帮闲文人。北大法学院院长周炳琳在抗日时期任重庆参政会副秘书长兼国民党中央政治学校校务长，他几次邀请贺麟到中央政治学校教哲学。北大的同事相邀不好一口回绝，贺麟反复考虑之后，同意去教一年书。1938年10月，他来到重庆中央政治学校任课。到校以后，他才知道这所学校的校长是蒋介石，陈果夫是教育长，颇有些后悔。既然来了，又不好马上打道回府，他便抱着"只对周炳琳负责"的态度教书，不愿同官方多来往。一年以后，期限已满，加上周炳琳因同陈果夫意见不合而辞职，贺麟便如期返回西南联大。校方一再挽留他留下来，他执意要走，说什么也没有答应。

1940年，蒋介石让秘书长发电报约见贺麟。贺麟接到电报后如约飞往重庆，在黄山别墅由陈布雷陪同见到了蒋介石。利用这个机会，贺麟向蒋提出"西洋哲学名著翻译委员会"的经费问题，蒋介石答应拨款资助。蒋介石邀请贺麟留在中央政治学校任教，贺麟还是婉言谢绝了。1940年以后，蒋介石曾三次约见贺麟。有一次蒋介石还有意在书房里的写字台上摆着贺麟的书，以表示对他的器重。

贺麟在学生时代就服膺三民主义，非常崇拜孙中山。1925年，孙中山在北京去世，他曾怀着极其沉痛的心情前往瞻仰遗容。他在美国留学期间，宿舍的墙上还挂着孙中山的像。他在晚年回忆说："后来北伐战争从广州起头，居然打到北京，蒋介石、冯玉祥、李宗仁、白崇禧一起到碧云寺祭奠孙中山，痛哭一番。我看到报道此消息的英文报，感动得流泪，觉得孙中山死了比活着还受人拥护。"刚回国以后，由于不太了解国内情况，他把蒋介石看成孙中山的继承者，曾一度对蒋抱有幻想，希望借助蒋的支持，实现自己"学术救国"的理想。刚同蒋接触的时候，贺麟还比较乐于同他谈话，在自己的著作中也写过一些恭维蒋介石的话。后来，他逐渐看清了蒋的底细。蒋介石对学术可以说一窍不通，他甚至向贺麟提出这样的问题：歌德与康德是一个人，还是两个人？蒋对学术并无兴趣，只不过是为了装潢门面才拉拢几个像贺麟这样的学界名流。他所热衷的是权术而不是学术。解放战争期间有一次蒋介石召见贺麟，二人谈起战况。当时石家庄已为解放军攻下，可是蒋竟当面撒谎，硬说"没事"。这不能不使贺麟产生反感。陈布雷死后，贺麟对蒋完全失望，从此再不愿同蒋来往。

北京大学复校后，贺麟担任训导长。但他从未迎合上司迫害进步学生的事。他多次顶住国民党政府教育长朱家骅施加的压力，没有开除进步学生。一些特务学生报来的黑名单，也一律扣下不报。他还多次出面保释被捕的学生。樊弘等思想进步的教授也都因得到贺麟的掩护，才躲过国民党警方的追捕。1948年12月25日，北京大学举行50周年校庆，学生会特地送给贺麟一面锦旗，上绣"我们的保姆"字样，以此表示对他的感谢与爱戴。

最后的抉择

1949年，全国解放在即，中国历史揭开新的一页，贺麟也面临着一生中最重要的抉择。他不愿意再同国民党混下去了。北平被中国人民解放军包围，南京方面3次派飞机请贺麟离开，都被他拒绝。他明确表示："我不愿提个小皮包，像罪犯一样跑掉；也不愿再与蒋介石有联系。即使到美国去也不会如学生时代那样受优待，何况我的爱人和女儿决不做'白俄'。"他已看透国民党的腐败，料定它必然落得失败的下场。他在与历史学家郑天挺教授聊天时说："从历史上看，有的从西北（潼关）打进来，便成为中原之主；从清朝起，从东北打入关也可以主宰中国。现在共产党从两方面都打进来，看来国民党是完了。"

　　但当时他对共产党也不是没有顾虑的。自己信奉唯心论，共产党信奉唯物论，而且自己还写过批判辩证唯物论的文章，能否会得到共产党的谅解？自己为实现"学术救国"的理想，曾同蒋介石有过来往，共产党能否体谅自己的苦衷？尽管他朦胧地意识到，"凡是青年向往的政府就是好的政府"，可心里还是有些不踏实。贺麟没有料到，中国共产党早已摸透了他的心态。中国共产党北京地下城工部及时派贺麟从前的助手汪子嵩同志去做贺麟的思想工作。汪子嵩郑重地对贺麟说："我代表地下城工部来找贺先生谈话，转告城工部负责人的意见，请贺先生不要到南京去。我们认为贺先生对青年人的态度是好的。"冯至教授用德语对贺麟说："现在是一个最后决定的关头，即使是亲人，抉择不同也要闹翻。"袁翰青教授先后找贺麟谈过3次话，帮助他了解共产党的政策。在友人的帮助下，贺麟终于打消了顾虑，毅然决定留下来，跟着共产党走。从此，他开始了新的政治生命。

　　贺麟在政治上面临着郑重的抉择：跟国民党走，还是跟共产党走？在学术上也面临着郑重的抉择：是继续坚持唯心论，还是改弦更张转向唯物论？对于贺麟来说，完成后一个抉择比完成前一个抉择更为困难。自己搞了几十年的唯心论，信仰真诚。他甚至对朋友做过这样的表白：如果让他在离婚和放弃唯心论二者中做出选择的话，他宁肯选择离婚。杨子熙先生曾这样描写当年贺麟割舍唯心论时的心态："回想解放初期，当我们在'红楼'帮助贺先生'洗澡'时，大家说，黑格尔唯心论有什么舍不得丢掉的，有什么可值得留恋的，有什么不好一刀两断的。我们是那样地'慷慨'，贺先生是那样地动情，他好久说不出一句话。"[①]经过反复的思想斗争、精神碰撞，这一更为艰难的抉择贺麟终于也完成了。

① 宋祖良、范进. 会通集：贺麟生平与学术. 北京：生活·读书·新知三联书店，1993：368.

新中国成立初期，贺麟响应党的号召，走出书斋、讲堂，投身社会实践，思想发生了很大的变化。从1950年年底开始，他先后到陕西、江西等地参加土地改革工作，所见所闻不能不引起他的深思。1951年，他在《光明日报》上发表题为《参加土改改变了我的思想》一文，表示自己开始转变哲学立场。他在文中写道："参加土改的经验使我否定了离开事实，离开群众，离开实践而改造思想、改造自我的唯心论观点，而真切体会到植基在辩证唯物论上面的改造思想与搞通思想的真实意义。"①他的体会是：只有通过社会实践的锤炼，思想才会有力量；从概念到概念的思想是贫乏无力的。基于此，他表示自愿地放弃唯心论，接受辩证唯物论和历史唯物论。从前他相信唯心论是真诚的，现在他转向唯物论同样也是真诚的。

在新中国成立初期，贺麟主动在会议上讲清楚自己过去同国民党的关系，公开检查自己的唯心主义思想。他不怕有些人的嘲讽，积极参加理论批判活动，先后写出《两点批判，一点反省》《批判胡适的思想方法》《批判梁漱溟的直觉主义》等文章，发表在《人民日报》和《新建设》杂志上。他运用马克思主义观点批判胡适、梁漱溟的唯心主义思想，同时也检讨自己从前错误的学术见解。他诚恳地说，"批判从前曾经从不同方面，在不同方式下影响过我的思想的胡适和梁漱溟先生"，"也就是自己要和自己过去的反动唯心论思想划清界限"。由于受当时"左"的思潮的影响，贺麟在唯心论前面冠以"反动"的字眼，在今天看来确实有些过火，但也充分反映出当时他同唯心论一刀两断的决心。

贺麟在前进的道路上不总是一帆风顺的。1957年，他批评学术界简单粗暴地对待唯心主义的倾向，在一次会议上做了《关于哲学史上唯心主义的评价问题》的发言，没有料到竟会招致无端的政治批判。"文化大

---

① 贺麟. 哲学与哲学史论文集. 北京：商务印书馆，1990：445.

革命"中，党的路线偏入迷津，贺麟也因此罹难。他被红卫兵戴上"反动学术权威"的高帽，多次游街批斗。家被抄三次。住房被占，东西被拿走，书籍遭毁坏。他在"牛棚"中被关押一年多，后又以"劳动锻炼"的名义被遣送到河南，时间长达两年之久。贺麟以哲学家特有的冷静对待这些不公正的待遇，经受着浊流的冲击。他坚信，浊流总会过去，真理终究会胜利，从未动摇过对党的信任，从未动摇过自己主动选择的马克思主义哲学信念。

我们的党没有使贺麟失望。党的十一届三中全会以后，终于彻底纠正了"文化大革命"的错误，端正了前进的路线。贺麟历经劫难，立场更加坚定。他拥护党的十一届三中全会以来的正确路线，为振兴学术研究事业而积极地工作。1982年，已届耄耋之年的贺麟郑重地提出加入中国共产党的申请。中国社会科学院党委会根据贺麟的一贯表现，批准他加入党组织。这位历尽坎坷的哲学家终于找到了光明的归宿。

新中国成立以后，贺麟治学的重点转向西方哲学史，不再坚持他创立的"新心学"思想体系。他从1956年起由北京大学调入中国科学院哲学所任研究员，先后担任西方哲学史研究组组长、研究室主任、中国社会科学院哲学所学术委员会副主任、全国外国哲学史学会名誉会长、《黑格尔》翻译委员会名誉主编等职务。曾任民盟北京市委员、民盟中央委员，曾任第二、五、六届全国政协委员。他运用马克思主义的立场、观点、方法撰写了许多评述西方哲学（特别是黑格尔哲学）的专著。他翻译了黑格尔的代表作《小逻辑》和《早期神学著作》，与他人合作翻译了黑格尔的《哲学史讲演录》《精神现象学》，翻译了斯宾诺莎的代表作《伦理学》，还翻译了马克思的博士论文《德谟克利特的自然哲学与伊壁鸠鲁的自然哲学的差别》和《黑格尔辩证法和哲学一般批判》。他曾与人合著《黑格尔关于辩证逻辑与形式逻辑的关系的理论》一书，撰写关于哲学或哲学史的论文数十篇。

晚年的贺麟仍肩负着国家社会科学研究项目，负责翻译、编纂《黑格尔全集》。20世纪80年代初，他被评为新中国第一批硕士生导师和博士生导师，已培养出硕士研究生和博士生多人。从80年代起，他的著作大部分都重新整理出版，其中有《现代西方哲学讲演集》，1984年由上海人民出版社出版；《黑格尔哲学讲演集》，1985年由上海人民出版社出版；《文化与人生》，1988年由商务印书馆出版；《五十年来的中国哲学》（《当代中国哲学》的新版），辽宁教育出版社1989年出版；《德国三大哲人歌德黑格尔费希特的爱国主义》（《德国三大哲人处国难时之态度》的新版），商务印书馆1989年出版；《哲学与哲学史论文集》（收入旧著《近代唯心论简释》中的大部分论文），商务印书馆1990年出版。他在学术园地锲而不舍地耕耘着，赢得了人们对他的尊敬和爱戴。他是中国西方哲学史界当之无愧的权威，也是中国哲学史所关注的现代新儒家的代表人物之一。

1992年9月21日，为纪念贺麟诞辰90周年，中国社会科学院哲学所在北京举行"贺麟学术思想讨论会"。会议尚未结束，噩耗传来，贺麟于23日上午8时半在医院溘然逝世，享年90岁。一代宗师贺麟先生永远地离我们而去了。但他的人品和著作将在人们的心中矗起永远不倒的丰碑。

第二章　华化西学觅玄珠

文化的体和用

　　同其他现代新儒家学者一样，贺麟也是通过对东西文化加以比较为新儒学思想的发展开辟道路的。同现代其他新儒家学者相比，贺麟更注意寻找东西方文化的共同点，探索把二者融会贯通的途径。他不赞成撷拾文化史上的个别事例，或者抽象出几个所谓特点对中西文化做简单的对勘比较，主张从文化哲学的高度揭示文化的本质，从而奠定中西文化会通的理论基础。

　　贺麟认为，要想对中西文化加以科学的比较，首先必须分清文化的体和用，弄清楚体用概念的哲学含义。他指出，从哲学上看，体与用既不是主辅关系，也不是因果关系，而是本体与现象或者范型与材料的关系。把体用关系解释为本体与现象的关系，乃是一种绝对主义的体用观，这种体用观以柏拉图、朱熹为代表；把体用关系解释为范型与材料的关系，乃是一种相对主义的体用观，这种体用观以亚里士多德、周敦颐为代表。无论是绝对的体用观还是相对的体用观，都把"道"或"理"视为最高的本体。基于这种看法，贺麟对道、精神、文化、自然四个概念做了这样的界定。第一，道是宇宙万有的本体，理所当然地亦应当成为文化之体。道作为文化之体来说，相当于价值理念。第二，抽象地说，文化以道为体；具体地说，文化以精神为体。所谓精神是指道之活动于内心，它为道显现为文化的凭借。精神相当于价值体验。第三，文化是道之自觉的显现，它相当于价值物。第四，自然是道之昧觉的显现；自然与价值相对而言。在这四个概念中，道为最高的本体，精神、文化、自然都是道的表现，因而都可称为"用"。然而，精神、文化、自然也构成相对的体用关系，精神为文化之体，文化为精神之用；文化为自然之体，自然为文化之用。

贺麟强调，从文化哲学的角度看，在道、精神、文化、自然四个环节中，精神是最关键的中心环节。道是本体，而精神则是体现本体的主体。道只有透过精神的活动，才能显现为文化；否则，道只是有体而无用的纯体或纯范型，只是抽象的概念，而不能成为亦体亦用的真实。自然是供精神活动所使用的材料，自然一旦经过人类精神的陶铸，也就变为文化的组成部分。贺麟由此得出结论："文化乃是精神的产物，精神才是文化真正的体。精神才是真正的神明之舍，精神才是具众理而应万事的主体。就个人言，个人一切的言行和学术文化的创造，就是个人精神的显现。就时代言，一个时代的文化就是那个时代的时代精神的显现。就民族言，一个民族的文化就是那个民族的民族精神的显现。整个世界的文化就是绝对精神逐渐实现或显现其自身的历程。"[①]贺麟所说的"精神"有四层含义，一是指自我意识，表示他高度重视文化的主体性原则；二是指民族精神，表示他高度重视文化的民族性或特殊性原则；三是指时代精神，表示他高度重视文化的进步性或发展性原则；四是指绝对精

① 贺麟. 哲学与哲学史论文集. 北京：商务印书馆，1990：348.

神，表示他高度重视文化的普遍性或共同性原则。

贺麟从"精神为本"的观点出发看待文化现象，认为文化是精神活动的产物。在他看来，文化现象同精神文明是同一含义。他说："文化包括三大概念：第一是'真'，第二是'美'，第三是'善'，文化要以真理来感化，来影响，就名词上的意义来说，文化是真理所产生，所以文化是真理化，但真理是从学术上研究而得的，例如哲学科学等等都是构成文化的因素，也可以说是学术化；所谓'美'，就是艺术化，使欣赏的人有美感，受陶冶；所谓'善'，即是道德化。总起来说，真美善即是真理化、艺术化、道德化，而由于系高尚的情感、坚强的意志和正确的理智所产生，可以说即是精神化——精神文明。而文化的特征乃是人类的精神，使人精神心悦诚服。"①在这里，贺麟把文化的价值归结为真、美、善，正是基于这样的文化价值观，他充分肯定中国传统文化与西方近代文化融会贯通的可能性。

至于物质文明与精神文明的关系，贺麟有两点看法。第一，物质文明为用，精神文明为体，亦即文化为物质文明之体。照他看来，物质文明属于形而下的范围，而精神文明属于形而上的范围，形而上在理论上必然为形而下之体，物质文明理论上亦必然为精神文明之用。第二，物质文明与精神文明互相补充，互相依赖。文化不能是纯粹的观念形态，它必定借助于物质文明表现出来，如若不然便流为空洞的形式。贺麟反对把物质文明与精神文明割裂开来、对立起来，强调二者之间没有高下之分，相互配合构成一个有机的整体。

显而易见，贺麟的文化观是一种唯心主义的文化观。他把文化归结为精神，又把精神归结为"道"。由于受黑格尔哲学的影响，他把物质看成"道"的外化，把物质文明看成精神文明的外化。这种唯心主义文化

---

① 贺麟. 文化与人生. 北京：商务印书馆，1988：280.

观颠倒了社会意识与社会存在的关系，其理论上的局限性不言而喻，但也并非一无可取之处。贺麟努力寻找着中西文化的共同性，打破把二者对立起来的狭隘观念。他试图为中西文化的融合建立哲学基础，从而为中国文化走出困境指出一条道路。基于上述对文化体用关系的认识，贺麟批评了当时中国思想界流行的几种文化主张。

（一）关于"中体西用"论。贺麟认为"中学为体，西学为用"的说法违背了体用合一的原则，在理论上是说不通的。他指出，西学有西学的体与用，中学有中学的体与用，无论是中学还是西学，都是体用合一的统一体，因而不可以将体用分割开来，胡乱地嫁接在一起。在西方，精神文明为体，物质文明为用，哲学为体，科学为用；在中国亦是如此。西学之体搬到中国来，绝不能变为中学之用，反之亦然。"中学为体，西学为用"之论把中国传统的道德观念置于体的位置，重视传统文化的价值，这一点贺麟是赞成的。他没有完全否定"中体西用"说，只是依据体用合一的原则对它加以修正。他说："如果中学指天人性命之学，指精神文明，而西学则指声光电化船坚炮利之学，指物质文明而言，则天人性命之形而上学，理论上应必然的为声光电化等形而下学之体，而物质文明理论上亦应必然的为精神文明之用，如是则'中学为体，西学为用'不仅为常识的应一时的需要之方便说法，而成为有必然性的有哲学意义的说法了。"①

（二）关于"全盘西化"论。贺麟认为，全盘西化论仅从数量的角度立论，也有悖于体用合一的原则。全盘西化论在理论上说不通，在事实上也做不到，根本没有必要把西洋文化全部照搬照抄过来。如果真的实现全盘西化，中华民族将失掉民族精神，沦为西洋文化的殖民地，这样的结局恐怕全盘西化论者也不愿意看到。他指出，全盘西化论者忽略了

---

① 贺麟. 哲学与哲学史论文集. 北京：商务印书馆，1990：344.

"民族精神"为文化之体的意义，这是错误的；但主张从整体上把握西方文化的体与用，却未尝没有道理。他吸收全盘西化论的合理因素，进而提出"透彻把握西洋文化，创进发扬民族精神"的主张。他认为中国人应当以开放的心态对待西方文化，力求对其"体与用之全套，原原本本，加以深刻彻底了解，而自己批评地创立适合民族生活时代需要的政治方案"。"有了深刻彻底的了解后，不唯不致被动地受西化影响，学徒式的模仿，而且可以自觉地吸收，采用，融化，批评，创造，这样既算不得西化，更不能说是全盘西化。"[1]他主张，当代学人应当向宋明理学家学习。宋明理学家消化理解佛学的理论思维成果，创立了新儒学，当代学人应当超越扬弃西洋现在已有的文化，谋求现代儒学的新开展。

（三）关于"中国本位文化"论。对于这种论调贺麟也表示疑义，因为它把狭义的国家观念看成文化的本位或本体，完全没有弄清楚文化的体与用。另外，这种说法还有一个弊病，那就是"有拒绝西洋文化以满足自己的夸大狂的趋势"。针对中国本位文化论，贺麟提出以"道"，以精神或以理性为本位的思想，他说："根据精神（聚众理而应万事的自主的心）为文化主体的原则，我愿意提出以精神或理性为体，而以古今中外的文化为用的说法。以自由自主的精神或理性为主体，去吸收融化，超出扬弃那外来的文化和已往的文化。尽量取精用宏，撷英咀华，不仅要承受中国文化的遗产，且须承受西洋文化的遗产，使之内在化，变成自己的活动的产业。"[2]在这里，贺麟把"文化"与"文化遗产"两个概念区别开来，"文化"是主体意识、时代精神的表现，而"文化遗产"则是造就新时代文化的素材。照贺麟看来，中国本位文化论者似乎没有弄清楚二者的区别。

---

① 贺麟. 哲学与哲学史论文集. 北京：商务印书馆，1990：351.
② 贺麟. 哲学与哲学史论文集. 北京：商务印书馆，1990：353.

通过对上述三种文化主张的分析批评，贺麟提出"以体充实体，以用补助用"的文化方针。所谓"以体充实体"，就是把西方的正统哲学与基督教精神同中国的儒学加以融会贯通，创立体现时代精神的哲学理论；所谓"以用补助用"，就是积极引入西方的科学技术，改变中国科学技术落后的状况，以求发展中国的物质文明。同上述三种文化主张相比，贺麟的"以体充实体，以用补助用"的方针确有其深刻之处。他站在哲学人类学或文化人类学的角度，比较注意把握文化形态的共性与个性的辩证统一，防止了民族文化虚无主义和保守主义两种片面性。在贺麟看来，"以体充实体"比"以用补助用"更为根本，更为重要，因而也更为迫切。可惜，中国学人至今尚未充分认识到这一点。"过去国人之研究西洋学术，总是偏于求用而不求体，注重表面，忽视本质，只知留情形下事物，而不知寄意于形上的理则。或则只知分而不知全，提倡此便反对彼。老是狭隘自封，而不能体用兼赅，使各部门的文化皆各得其所，并进发展。"①现在到了彻底扭转这种局面的时候了。于是，贺麟便把"以体充实体"奉为创建现代新儒学的指导原则。

中西哲学的异同

基于上述对中西文化体与用的比较研究，贺麟把主要精力投入中西"体学"即哲学的融会贯通之中。在看待东西方哲学的区别时，贺麟不像梁漱溟那样，注视着二者之间的差异，以凸显中国传统哲学的特殊性。他认为这样的比较不利于中西哲学的融合，不利于传统哲学的现代转化。为了沟通中西哲学的联系，贺麟寻找双方的共同点。

---

① 贺麟. 哲学与哲学史论文集. 北京：商务印书馆，1990：351.

　　贺麟强调，哲学只有一个，"无论中国哲学西洋哲学都同是人性的最高表现，人类理性发挥其光辉以理解宇宙人生，提高人类精神生活的努力，无论中国哲学，甚或印度哲学，都是整个哲学的一支，代表整个哲学的一方面。我们都应该把它们视为人类的公共精神产业，我们都应该以同样虚心客观的态度去承受，去理会，去撷英咀华，去融会贯通，去发扬光大。"①他站在人类学的立场上看待哲学。各个民族的哲学既然都是人类公共精神产业的一部分，肯定可以相互解释，相互印证，相互贯通。贺麟并不否认每个民族的哲学具有个性即民族性，但个性恰恰是共性的表现方式。他主张透过各个民族的个性去发现共性。基于此，他对中国哲学和西方哲学分别做了宏观的分析和概括，以便找到这两种哲学形态相互贯通之处。

　　关于中国哲学，贺麟认为大体上可分为道、墨、儒三家，其余的各家各派都可以看作这三家的分支或混合。在这三家之中，道家注重自然，倡导不言之教，主张取法天行，不相信鬼神之说，倾向于泛神论。在生活态度方面，以"到自然去"为基本取向，要求过一种超脱隐逸的诗人艺术家或纯粹学者的生活。墨家注重人为，讲究功利实用，信天明鬼，倾向于有神论。在生活态度方面，以"到民间去"救济人群为基本取向，颇有为下层民众牺牲个人利益的殉道精神。儒家在道家与墨家中间取一中道，兼顾自然与人为。儒家既重视人为的自强不息，又不像墨家末流那样矫揉造作；既尊重自然界的运行规律，又强调人的道德义务，不像道家那样把人为与天行截然对立起来；儒家反对功利主义，重视道义情谊，但不讲"无用之用"一类的空话；儒家对鬼神敬而远之，相信天命，似乎接近有神论，但不流于宗教的狂热；注重事人而不注重事鬼，把天道、天理或太极视为宇宙最高原理，又似乎接近泛神论。在人生态度方

---

① 贺麟. 哲学与哲学史论文集. 北京：商务印书馆，1990：127.

面，"儒家则趋向于'到朝廷去'做官任职，发展礼乐刑政，栖栖遑遑，过治国平天下，仁民爱物的生活"①。在这三家之中，贺麟显然认同于儒家，表现出他作为现代新儒家的学术立场，但他并不因此而否认道家和墨家的学术价值。他认为三家各有各的用处，相辅相成，构成中国哲学的完整画卷，可以满足不同性格、不同兴趣的人的精神要求。他深为墨家一系的失传表示惋惜，并且预言随着基督教宗教精神的传入和富于社会理想的功利主义的介绍，墨家可能再次复兴。

关于西洋哲学，贺麟认为大体上可分为唯心论和唯物论两大派。两大派的源头可以追溯到古希腊时期，德谟克利特建立了唯物论系统，柏拉图建立了唯心论系统。此后的西洋哲学虽涌现出不同的流派，但基本上都是这两大派的延续、分支，或者改头换面的混合。唯物论的基本观点是以时间上在先的外物为本，以工具（如生产工具、物质条件等）为体，认为外物、工具等作为本体决定着一切，支配着人类的上层文化、意识和精神。他把唯物论的论纲概括为："唯物论者以为真实之物，是离意识而独立存在，是不一定合理性合理想，有价值有意义的。"②唯心论的基本观点是以逻辑在先的精神或理性为本，以工具为用，认为外物为精神的显现，外物作为精神的用具，只能以精神为本体，物本身不能起决定作用。他把唯心论的论纲概括为："唯心论者则合心而言实在，合理而言实在，合意义价值而言实在。换言之，唯心论者认为心外无物，理外无物，不合理性，不合理想，未经过思考，未经过观念化的无意义无价值之物，均非真实可靠之物或实在。"③

如果再细一点分，唯物论可以分为科学的唯物论和艺术的唯物论两

---

① 贺麟. 哲学与哲学史论文集. 北京：商务印书馆，1990：128.
② 贺麟. 哲学与哲学史论文集. 北京：商务印书馆，1990：329.
③ 贺麟. 哲学与哲学史论文集. 北京：商务印书馆，1990：329.

种。前者注重物质的自然界，注重社会人生的实用性，追求意欲的满足和快乐的获得，否认人的意志自由；后者在接受科学唯物论的同时，在生活方面追求超脱潇洒的境界，讲究全真葆性，注重纯艺术纯理智的欣赏。唯心论可以划分为主观唯心论和客观唯心论两种。前者注重心灵的自由创造和自我意识的主体性；后者注重宇宙秩序的神圣性，并且以此说明自然和人生的和谐性。在客观唯心论看来，宇宙和人生皆有其理想的精神意味，皆有其明确的秩序或规律，不把宇宙和人生的终极原因归结为个人的主观愿望或认识能力。

贺麟指出，唯物论与唯心论两派的宗旨、理论、路向截然不同，形成尖锐对立的两大派别，但两派在注重科学这一点上却是相同的。他们共同为发展西洋文化、保持理智活动提供思想动力，对于促进科学精神和民主精神的发展各自做出重大的贡献。"不过唯物论强调科学成果，加以发挥推广，应用来考察生命、内心、社会、政治、经济等。唯心论则注重批评科学的前提，盘问科学定律之所以有效准的原因，并限制科学知识的范围和限度。"①贺麟作为一位唯心论者，对唯心论的评价无疑过高，而对唯物论的评价虽然也有肯定的成分，总的来说还是欠公允的。当时的贺麟还不能划分旧唯物论和辩证唯物论之间的界限，他所说的唯物论其实是指旧唯物论，并没有看到辩证唯物论已克服了旧唯物论的局限。不过，应当承认，贺麟以唯物论和唯心论的矛盾为基本线索概述西方哲学的发展历程，是符合西方哲学的实际的。贺麟把西方哲学同科学与民主相联系，也是很有眼光的。

在概述了中国哲学和西方哲学的基本内容之后，贺麟从宏观上对二者加以比较，得出两条结论。第一，中国哲学虽分为三家，但从学理上说，亦可分为唯心唯物两派，从而与西方哲学相贯通。他认为中国的荀况和王

---

① 贺麟.哲学与哲学史论文集.北京：商务印书馆，1990：128.

充同希腊的德谟克利特以及近代的霍布斯一样，都可以作为"科学的唯物论"的思想代表；中国的庄子、杨朱以及魏晋时代的玄学家同西洋古代的伊壁鸠鲁、卢克莱修以及现代的桑塔耶纳一样，都可以作为"艺术的唯物论"的思想代表；中国的孟子、陆九渊、王阳明同西方的柏拉图、康德、费希特一样，都可以作为主观唯心论的思想代表；中国的孔子、朱熹同西方的亚里士多德、斯宾诺莎以及德国大诗人歌德和现代的怀特海一样，都可以作为客观唯心论的思想代表。第二，西方哲学虽分为两派，但从风格上亦可以划分为儒、道、墨三种类型，从而与中国哲学相贯通。例如，亚里士多德、康德、黑格尔、格林、鲍桑凯等人具有儒者气象，伊壁鸠鲁、斯宾诺莎、布拉德雷、桑塔耶纳等人体现出道家风范，而孔德、马克思、边沁、穆勒等人表现出墨家精神。贺麟的这两个结论虽然有些简单化，论证得尚不够充分，但在当时来说却是一种新鲜的见解。他突破了扬西抑中或扬中抑西的偏狭之见，以平等的眼光看待中国哲学与西方哲学，表现出虚怀若谷的开放心态，这对于促进中国哲学和西方哲学的融合，对于促进中国哲学的现代转换无疑具有积极的理论意义。

斯宾诺莎与中国哲学

贺麟是中国哲学界中深研西方哲学的专家。他研究西方哲学并不满足于绍述西方哲学家的思想观点，常常把西方哲学家的思想同中国传统哲学加以比较、对勘，探索中西哲学配合的途径，探索中国哲学走向现代化的途径。

在西方哲学史上众多的思想家中，最早引起贺麟理论兴趣的是斯宾诺莎。他翻译斯宾诺莎的著作，写介绍斯宾诺莎思想的文章，对斯宾诺莎哲学和中国哲学做了比较研究。贺麟是从中国哲学的角度去理解斯宾诺莎的人格与思想的。他在《斯宾诺莎的生平及其学说大旨》一文中满怀敬意地写道："他（斯宾诺莎）是为寻得一圆满的生活而追求真理，他是为追求圆满的真理而认真生活。朱熹说：'圣人与理为一。'斯宾诺莎就是把生活与真理打成一片的人。他以真理为生活的指导，以生活为真理的寄托。"①中国哲学讲究知人论事，注重为人与为学的一致性。贺麟认为斯宾诺莎堪称把做学问与做人两个方面统一起来的典范。斯宾诺莎身处逆境，仍能保持着孤洁无瑕的高尚人格。他不畏强暴，大胆地说真话，不因利诱威逼便与传统的迷妄宗教信仰妥协；被放逐之后仍然孜孜不倦地追求真理，探求脱离苦海、安心立命的究竟法；他自食其力，靠磨镜片维持生活，不肯接受别人馈赠的大笔财产。斯宾诺莎的身上颇能体现出孟子所说的"富贵不能淫，贫贱不能移，威武不能屈"的大丈夫精神，这使贺麟不能不表示由衷的佩服。

斯宾诺莎把知识区分为三类：第一类知识是指由泛泛的经验得来的知识；第二类知识是指由一事物的本质推论另一事物的本质，从而形成共同概念的知识，他称之为"理性"；第三类知识是指不通过推理而由认识一事物的本质直接得来的知识，他称之为"直观"。贺麟很重视斯宾诺莎的直观法，他把这种方法比作"形而上学家所用的罗盘针、望远镜或显微镜"。他认为，这种直观的方法可以帮助人认识至大无外和至小无内的天、实体或物性，可以使人逍遥游于天理世界，可以使人从大自然，从全宇宙，或者说从超人或超时间的立脚点观认物性，从而获得最高级的知识。贺麟把斯宾诺莎的直观法同中国哲学的方法作了比较，指出："他的这种直观法就是佛家所谓'以道眼观一切法'的道眼或慧眼，就是庄子所谓'以道观之，物无贵贱'的'道观法'，也就是朱子所谓'以天

---

① 贺麟. 哲学与哲学史论文集. 北京：商务印书馆，1990：235.

下之理观天下之事'的'理观法'。"①贺麟把斯宾诺莎的直观法同中国哲学中佛教的慧观法、庄子的道观法以及朱熹的理观法联系起来，从而为中西哲学的融合找到了沟通之处。

　　贺麟还指出，斯宾诺莎深化了培根"知识即是力量"的观点，并且把功利原则同理性主义结合起来。培根把知识看成征服自然的物质力量，而斯宾诺莎把知识看成征服自身情感的精神力量。贺麟对斯宾诺莎的这一观点做了如下的释义：

　　　　因为最万能的莫过于天，最能增加我们的力量莫过于知天，与天为一。人生诚有求权力之意志，但欲求最大之权力，莫过于知天。人生最大的力量莫过于征服自己的被动的情感（passion），以解脱人世之束缚而得大自由。但知天就可以引起一种刚健的情感（active affect），此种刚健的情感，即可使被动的情感退避。而且被动的情感乃起源于观念的混淆（confused ideas），若吾人能知天认识真理，对于情感的性质，形成明晰的观念，则吾人自可解除情欲的束缚，而不致动心了。人生最大的精神力量，莫过于自由与永生了。什么是永生？知天理就是永生。什么是自由，行天理就是自由。②

　　在此，贺麟用《易传》中"天行健，君子以自强不息"的思想，用孟子"养心莫善于寡欲""尽心知性知天""不动心"的思想，用宋儒"存天理"的思想解释斯宾诺莎的观点，对西方的哲学观点做了儒化处理。读了贺麟的这段解释，可以领略斯宾诺莎的思想，也可以体味儒家的精神：贺麟巧妙地把二者结合在一起了。

①　贺麟. 哲学与哲学史论文集. 北京：商务印书馆，1990：249.
②　贺麟. 哲学与哲学史论文集. 北京：商务印书馆，1990：252.

培根基于"知识即是力量"的观点，又提出"要征服自然须服从自然"的命题。贺麟认为斯宾诺莎赋予这一命题以新的含义。在斯宾诺莎看来，服从自然不仅仅是遵守自然规律、认识自然规律的意思，而且还要求人们以自然为精神归宿。关于斯宾诺莎的这一思想，贺麟解释说："斯宾诺莎亦一样地主张服从自然，但他的自然即是天。服从自然就是中国所谓乐天安命（善意地解释斯氏不曰'乐天'而曰'爱天'），就是以天理为生活的指针。这种知天理，爱天理，行天理而达到的自得自慊（self-satisfaction）实为最高的满足（参看《伦理学》第四篇命题五十二）。知天理即是天之自知，爱天理即是天之自爱，行天理即是天之自动。这就是斯氏运用直观的知识方法，由知识权力说，由服从自然说，而达到最高的精神力量与天为一的关键。"[1]贺麟把斯宾诺莎"服从自然"的思想同中国哲学中天人合一的思想联系起来，认为天人合一既是斯宾诺莎哲学的最高追求，也是中国哲学的最高境界。

由上述可见，贺麟可能存在着对斯宾诺莎哲学的误读。但这种误读却是有意义的思想增值。贺麟一方面在中国传统哲学中增加了近代西方哲学的内容，一方面打通了中西哲学思想的隔阂，为推动中国哲学的现代转换做了必要的理论准备。

黑格尔与中国哲学

贺麟虽然对斯宾诺莎哲学很有兴趣，但他并没有接受斯宾诺莎的哲学信仰。在斯宾诺莎实体观念的导引下，贺麟顺利地走入黑格尔哲学的大厦。

---

[1] 贺麟. 哲学与哲学史论文集. 北京：商务印书馆，1990：253.

　　黑格尔作为对西方近现代哲学发展影响最大的德国古典哲学家，很早就引起中国学者的注意。近代著名的启蒙思想家严复早在1906年就曾在《环球学生报》季刊上发表《述黑格尔唯心论》一文，赞扬黑格尔哲学"至深广"，简要地介绍了黑格尔与西方近代哲学发展的关系，介绍了黑格尔哲学的基本内容。另一位著名的启蒙思想家章太炎也在《国故论衡·辨性下》中评述了黑格尔的哲学思想。马君武在1903年于《新民丛报》第27期上发表《唯心派巨子黑智儿学说》，向中国学术界介绍了黑格尔的生活、学风、绝对唯心论、逻辑学、历史哲学等。五四新文化运动以后，黑格尔哲学在中国的传播更加迅速。1923年，在外国留学多年的张颐回国主持北京大学哲学系工作，开设黑格尔哲学课程，使黑格尔哲学真正进入中国哲学界。1931年，为纪念黑格尔逝世100周年，《哲学评论》第5卷第1期刊出《黑格尔号》，发表了张君劢、瞿菊农、贺麟、朱光潜、姚宝贤等人论述黑格尔哲学的文章。除上述学者之外，郭本道、朱谦之、周谷城、谢幼伟、施友忠、唐君毅等人也发表过关于黑格尔的专著或文章。至于黑格尔原著的翻译，则有王灵皋译《黑格尔历史哲学纲要》（1932年上海神州国光社出版）、张铭鼎译《黑格尔之历史哲学》（1933年上海民智书局出版）、王造时与谢诒徵合译的《历史哲学》（1936年上海商务印书馆出版）。

　　在上述学者当中，阐述黑格尔的思想、翻译黑格尔的原著花气力最大、贡献最大的当属贺麟。他早在美国留学期间，就着手翻译鲁一士关于黑格尔精神现象学的文章。为了深研黑格尔哲学，他宁肯拒绝在美国读博士也要到柏林大学去读书。1930年，他便在《大公报》第149期上发表《朱熹与黑格尔太极说之比较观》，1931年回国后又在北京大学哲学系和清华大学哲学系开设黑格尔哲学课程。他一生中写了数十篇关于黑格尔哲学的论文或讲稿，汇成50多万字的《黑格尔哲学讲演集》（上海人民

出版社1986年出版）。为了让中国哲学界真正领略黑格尔哲学的意蕴，贺
麟翻译了鲁一士著《黑格尔学述》和王尔德著《黑格尔》两书。从1941
年起，他就开始翻译黑格尔的代表作《小逻辑》，1950年方才译完，由三
联书店正式出版，此书后来又多次出新版，对于传播黑格尔哲学起了极
大的作用。他还翻译了黑格尔的《早期神学著作》《法哲学》，与他人合
作翻译了黑格尔的《哲学史讲演录》《精神现象学》，直到晚年仍牵头翻
译、编纂《黑格尔全集》。

　　贺麟介绍黑格尔哲学、翻译黑格尔的著作绝不是出于个人的学术兴
趣，而是受到时代精神的感召。正如他自己所述："我之所以译述黑格尔，
其实，时代的兴趣居多。我们所处的时代与黑格尔的时代——政治方面，
正当强邻压境，国内四分五裂，人心涣散颓丧的时代；学术方面，正当启
蒙运动之后；文艺方面，正当浪漫文艺运动之后——因此很有些相同，黑
格尔的学说于解答时代问题，实有足资我们借鉴的地方。而黑格尔之有内
容、有生命、有历史感的逻辑——分析矛盾，调解矛盾，征服冲突的逻
辑，及其重民族历史文化，重有求超越有限的精神生活的思想，实足振聋
起顽，唤醒对于民族精神的自觉与鼓舞，对于民族性与民族文化的发展，
使吾人既不舍己骛外，亦不故步自封，但知依一定之理则，以自求超拔，
自求发展，而臻于理想之域。"[①]贺麟研究黑格尔哲学，不是为学术而学术
的咬文嚼字，而是希望从中获得启发，解决中国向何处去的问题。他把自
己的学术事业紧紧地同祖国的前途和命运联系在一起。

　　贺麟研究黑格尔哲学有一个十分突出的特点，就是特别注重中西哲
学的比较参证，以便找到一条使二者融会贯通的道路。这一特点在他的
《朱熹与黑格尔太极说之比较观》中表现得十分突出。他主张用中国哲学
中的"太极"翻译黑格尔哲学中的"绝对"（Absolute），认为"太极"范

---

① 贺麟. 五十年来的中国哲学. 沈阳：辽宁教育出版社，1989：118.

畴乃是中外古今唯心论哲学家共同使用的最基本范畴，不过，有的哲学家认"心"为太极，有的哲学家认"理"为太极，而朱熹和黑格尔则强调太极为"心与理一"。要想达到"心与理一"的最高境界，是很不容易的，必须经过千辛万苦、长途跋涉、辩证发展。贺麟认为这是朱熹哲学与黑格尔哲学的一个最大的共同点。他指出，朱熹哲学中的太极就是"道理之极至"，就是"总天地万物之理"，就是朱子形而上学的本体（道体），就是朱子学的最高范畴。"这种太极的最显著的特性，就只是一种极抽象，超时空，无血肉，无人格的理。这一点黑格尔与朱子同。"[①]从黑格尔这方面来看，太极就是"一切我性，一切自然的共同根本共同泉源"，就是"绝对理念"（absolute idea）。"'绝对理念'有神思或神理之意，亦即万事万物的总则。宇宙间最高之合理性，在逻辑上为最高范畴，为一切判断的主词。其在形而上学的地位，其抽象，其无血肉，无人格与超时空的程度，与朱子的太极实相当。"[②]

贺麟看到了朱熹哲学与黑格尔哲学的共同点，但并不因此而否认它们之间的差异。他强调，二者之间的共同点正是通过一系列不同点表现出来的。换句话说，共性寓于个性之中。关于二者之间的不同点，贺麟归纳出如下几处。

（一）在心与理的关系上，黑格尔贯彻了一元论的原则，认为心即理，理即心，心外无理，明确地表现出绝对唯心论的立场。朱熹则表现出二元论倾向，有时认心与理合一，有时又析心与理为二，动摇于唯心论与唯实在论之间。

（二）在方法论方面，黑格尔在其整个体系中都贯彻了辩证的方法（当时贺麟称之为"矛盾思辨法"）。朱熹没能自觉地运用辩证方法，而是

---

① 贺麟. 黑格尔哲学讲演集. 上海：上海人民出版社，1986：630.
② 贺麟. 黑格尔哲学讲演集. 上海：上海人民出版社，1986：630.

运用博学、审问、慎思、明辨、笃行的治学方法和修身方法。

（三）在自然观方面，黑格尔已彻底排除了物质因素，以绝对理念正、反、合的矛盾运动过程解释世界的形成和发展。在"正"的阶段上，绝对理念作为"上帝尚未创造世界以前的纯理世界"，只是逻辑研究的对象。在"反"的阶段上，绝对理念外化为自然界。在黑格尔看来，自然界不过是不自觉的理念而已，并不是物质存在的形式。在"合"的阶段上，绝对理念表现为理念与自然相统一的绝对精神，这种绝对精神便成为精神哲学研究的对象。"精神的最高境界，就是自觉其与外界自然或形气世界为一。或征服外界使与己为一，而为自己发展或实现之工具。征服形气界之要道，在于了解外界并奋斗前进使不合理者皆合理，顽冥不灵者皆富有意义，使向之似在外者，均成为自己之一体。"[①]由此可见，黑格尔的自然观是一种彻底的唯心主义自然观。与黑格尔相比，朱熹的自然观却没有把唯心主义贯彻到底。这主要表现在朱熹哲学体系引入了物质范畴——气。"朱子的理老是被'气'纠缠着（朱子的气有自然或物质之意，西人之治朱学者大都译气为matter，甚是），欲摆脱气而永摆脱不开，欲克制气又恐克制不了。既不能把理气合而为一，又不能把理气析而为二，所以真是困难极了。"[②]贺麟所指出的黑格尔哲学与朱熹哲学的差异，其实正是古代唯心主义与近代唯心主义的差异。经过这样的比较，贺麟进一步明确了把中国古代哲学引向深入的发展方向。

（四）在价值观方面，朱熹把太极视为内在的价值源泉，视为内心最高的境界，视为安身立命的所在。贺麟称朱熹的太极说为"道德的唯心论"。按照朱熹的意思，人生的"究竟法"或"安身立命"之处就在于"尽其心而可以知性知天，以其体之不蔽，而有以究夫理之自然也；存心

---

① 贺麟. 黑格尔哲学讲演集. 上海：上海人民出版社，1986：632.

② 贺麟. 黑格尔哲学讲演集. 上海：上海人民出版社，1986：631.

而可以养性事天，以其体之不失，而有以顺夫理之自然也"①。朱熹哲学把本体体验与价值体验合而为一，"一方面可满足科学上、哲学上理智的欲望，一方面可满足道德上、宗教上、艺术上情志的要求"②。朱熹哲学充分表现出哲学、伦理、宗教合而为一的特点，表现出理智理性与价值理性合而为一的特点。相比之下，黑格尔却不具有这些特点。如果说朱熹的价值取向是内向型的，则黑格尔的价值取向就可以说是外向型的。朱熹比较注重道的自主，而黑格尔则比较注重知识的来源，偏重于理智理性而不是价值理性。贺麟很同意鲁一士对黑格尔的评价，认为黑格尔虽然观察别人的精神生活异常深刻精到，而他自己却甚缺乏内心经验。黑格尔不怎么讲究朱子所说的那种涵养工夫。

（五）他们关于道德的看法不同。朱熹把道德本体化，特别强调"仁为心之德"，把宗教、艺术、玄学、政治等皆从属于道德，表现出泛道德主义的倾向。黑格尔只把道德看成一种社会意识，而不是绝对意识。在道德之中，尚有善与恶之分，因而是相对的，只有超善恶的宗教、艺术、玄学才算得上绝对意识。黑格尔不承认纯粹蔼然爱人利物的仁心，怀疑纯滢的绝对的善，认为太极乃是恶被宽恕或被征服以后的心境。在道德、政治、宗教的三者关系之中，黑格尔的看法是："道德生活乃政治的心髓或实质，政治乃道德生活的组织与实现，而宗教又是政治与道德生活的根本。是以政治基于道德，道德本于宗教。"③黑格尔取消了道德的本体地位，认为道德从属于宗教，这种看法显然与朱熹的仁心"包四德而贯四端"的道德本体论观点不同。贺麟用形象的语言描述它们之间的差异："黑格尔的太极是向外征服恶魔的战士，而朱子的仁心是向内克治情欲的

---

① 转引自贺麟. 黑格尔哲学讲演集. 上海：上海人民出版社，1986：635.

② 贺麟. 黑格尔哲学讲演集. 上海：上海人民出版社，1986：635.

③ 转引自贺麟. 黑格尔哲学讲演集. 上海：上海人民出版社，1986：637.

警察。"①

（六）他们关于实现太极境界的途径不同。朱熹把个人看成太极实现的主体，认为太极就是个人由涵养而得到的内心境界。这种得到是当下的得到，没有过程可言。朱熹的太极注重个体，故有"人人有一太极，物物有一太极"的说法。黑格尔不会接受朱熹"一物一太极"的说法，他认为凡物皆是太极的表现。至于太极的实现，他认为应当以社会为主体，并且强调太极的实现是一个过程，太极实现的过程也就是人类走向理想世界的过程。从这个角度看，"世界历史就是太极自己表现，自求解放发展的历程"②。从远古时代到当今社会，每次社会制度的变革与重大事件的出现，无一不是太极的不同程度的表现。这样的太极观表现出黑格尔哲学的理想主义特征，"而他归结到人生理想在于'在一个自由民族，一个有组织的社会的总意识里，寻找我们的真职责和真自我表现。足以代表全国民的真生命的国家，就是每一个忠实公民的客体自我。所以国家就是个人的真正自我，也可以分配各个人应有的职责，指定各个人相当的职业，赋予各个人的德行以意义和价值，充满各个人心坎以爱国热忱，并且保持各个人生活的安全与满足'"③。黑格尔的太极说充满了历史的辩证法思想，这正是朱熹哲学所缺乏的，也是中国现代学人应当学习与借鉴的。

（七）朱熹和黑格尔不但用抽象思维的形式表达自己的本体论思想，而且还运用形象思维的形式表达自己的本体论思想。贺麟把这称为"活用太极"或"具体化太极"。例如，朱熹在他的诗句中把太极具体化作一种神仙境界。贺麟从朱熹的诗作中找出好多这样的诗句，如："武夷连日

---

① 贺麟. 黑格尔哲学讲演集. 上海：上海人民出版社，1986：637.

② 贺麟. 黑格尔哲学讲演集. 上海：上海人民出版社，1986：637.

③ 贺麟. 黑格尔哲学讲演集. 上海：上海人民出版社，1986：638.

听奇语，令我两腋风泠然。初如茫茫出太极，稍似冉冉随群仙。"再如："不遇无极翁，深衷竟谁识。"黑格尔虽很少写诗，但他的《精神现象学》一书中的多处写法都是富有诗意的。他常常把他的太极人格化成德国神话中的神仙或基督教中的上帝，有时甚至把太极化作战将式或霸王式的人格。例如，他1806年在耶拿看到拿破仑时，称拿破仑是"马背上的绝对精神"。尽管朱熹和黑格尔都运用形象思维的形述描述自己心目中的太极，但所呈现的意境却不一样。"朱子的太极是仙佛境界，黑格尔的太极是霸王威风。朱子的太极是光风霁月，黑格尔的太极是洪水猛兽。朱子是代表东方文化的玄学精，黑格尔是代表西方精神的玄学鬼。"①

　　贺麟不仅从微观上对黑格尔哲学与朱熹哲学加以比较对勘，而且从宏观上对黑格尔哲学与中国哲学加以比较对勘，努力从中国哲学的角度理解、阐释黑格尔哲学。他对黑格尔哲学的基本内容做了这样的概括："黑格尔对于知识论的识度，一言以蔽之曰，'主客合一'（能知与所知合一）。黑格尔宗教哲学上的识度，一言以蔽之曰，'天人合一'。他的社会哲学的识度，一言以蔽之曰，'人我合一'。而他对于自然哲学的识度，一言以蔽之曰，'内外合一'。"②"主客合一""天人合一""人我合一""内外合一"都是中国哲学中的一些命题，贺麟以此概括黑格尔哲学的基本内容，并不是比类相附，而是从客观的角度揭示中国哲学与黑格尔哲学的共同点，以便中国现代学人能够理解、借鉴黑格尔的思想观点，把黑格尔哲学变成发展中国哲学有用的思想材料。贺麟还指出："黑格尔哲学就是以历史为基础的系统。他认为哲学就是世界历史所给予吾人的教训。因此他的见解和他的方法实有足资吾人借鉴之处。太史公所谓'究天人之际，通古今之变，成一家之言'，几可以说是描写黑格尔哲学的最好最

① 贺麟. 黑格尔哲学讲演集. 上海：上海人民出版社，1986：640.
② 贺麟. 黑格尔哲学讲演集. 上海：上海人民出版社，1986：645.

切当不过的话。"①经过这样的解释，自然会消除中国学人对黑格尔哲学的陌生感，从而打通中西哲学之间的隔阂。

贺麟研究黑格尔哲学是从《精神现象学》一书入手的。他在北京大学讲过《精神现象学》的课程，认为精读这本书对于掌握黑格尔的思想体系十分必要。在他看来，这本书包含着黑格尔哲学的全部秘密，是进入黑格尔哲学大厦的门径。打通了《精神现象学》这一环节之后，他便花气力啃《小逻辑》这枚最大的酸果。他用了十几年的时间，边研究，边讲课，边翻译，终于搞清楚了黑格尔哲学体系的思想内涵。1948年，他写了一篇较系统的论著《黑格尔理则学简述》，收入《国立北京大学五十周年纪念论文集》之中。在这篇文章中，他阐述了自己对黑格尔哲学体系的看法。研究黑格尔哲学的学者通常都以黑格尔《哲学全书》为根据，把黑格尔的哲学体系分为逻辑学、自然哲学、精神哲学三大组成部分。贺麟不同意这种分法，认为这样分有一个明显的缺欠，那就是忽视了《精神现象学》在黑格尔哲学体系中的独特地位，并且没有把黑格尔所有的哲学著作都包括进去。贺麟认为，《精神现象学》为整个黑格尔哲学体系的导言，构成体系的第一个环节；《逻辑学》（包括《大逻辑》与《小逻辑》）为体系的中坚，构成第二个环节；《精神哲学》（包括《自然哲学》《历史哲学》《艺术哲学》《法哲学》等）为体系的发挥，构成第三个环节。他在《黑格尔理则学简述》中写道："《精神现象学》的特点是活泼创新，代表黑格尔早年自由创进的精神，《逻辑学》的长处是深造谨严，代表他中期的专门艰深的纯哲学系统。《精神哲学》《自然哲学》等是应用逻辑学，其长处是博大兼备，代表他晚年系统的全体大用，枝叶扶疏。"②显然，贺麟的概括要比通常的看法准确得多、全面得多，反映

---

① 贺麟. 黑格尔哲学讲演集. 上海：上海人民出版社, 1986：644.

② 贺麟. 五十年来的中国哲学. 沈阳：辽宁教育出版社, 1989：124.

出他研究黑格尔哲学功力之深。

在20世纪30年代和40年代，贺麟对黑格尔哲学的研究和介绍侧重以下几点。

（一）突出黑格尔哲学中逻辑与历史一致的原则，强调黑格尔思维方式的历史感。他曾引用鲁一士的说法，把黑格尔逻辑与历史一致的观点解释为"逻辑与历史或逻辑中的矛盾进展与人文进化的平行论"，"盖因黑格尔的事实是具有逻辑的必然性的，而他的逻辑是符合于人类文化变迁演化的事实的"。[①]中国近代哲学以阐扬进化论为显著特征，这对贺麟的思想不能不形成巨大的影响。他接受了进化论，但并没有停止在进化论的水平上，而是进一步寻求贯穿进化发展过程中的必然性，于是接受了黑格尔逻辑与历史一致的观点。这种思想发展是顺理成章的。贺麟基于逻辑与历史一致的原则，强调中国现代社会发展的必然性，从而形成他的哲学思考的进步性与时代性。他认为中国的农业文明必然为工业文明所取代，这是不以任何人意志为转移的客观规律。基于逻辑与历史一致的原则，贺麟把寻求"逻辑主体"作为自己思考的主题，从而规定了他的哲学思想的唯心主义性质。

（二）突出黑格尔历史观中"理性的机巧"这一观点，并且运用这种观点重新认识中国哲学中的理欲关系问题。黑格尔认为理性是历史的主宰，整个历史就是理性自我实现的过程，历史的公道发展是借助于个别情欲之间的斗争实现的。在这种斗争中每个人互有得失，互有损害，但这并不影响理性的主宰地位。黑格尔指出，历史上涌现出的伟大人物其实不过是理性的工具而已，当他们完成使命时，便被理性舍弃了。黑格尔把这种假欲济理、假恶济善、假私济公的情形叫作"理性的机巧"或"理性的狡黠"。贺麟很赞成黑格尔这一观点，并且指出中国哲学家王夫

---

① 贺麟. 哲学与哲学史论文集. 北京：商务印书馆，1990：331.

之早在黑格尔100年前就已提出类似的看法："船山于提示'理性的机巧'一观念时，都举出秦皇、汉武、武则天、宋太祖一类黑格尔所谓具有大欲（master passion）或权力意志的英雄，以作例证……他认为历史上的重大事迹如统一、开边等，皆由于'天之所启'及时已至、气已动，人只能'效之'，而'非人之力也'。而且皆由于天之'假乎于时君及才智之士以启其渐'，换言之，伟大的英雄不过是天假借来完成历史使命和理性目的的工具。这与黑格尔对于英雄在历史上的地位的看法，简直如合符节。"①贺麟从黑格尔"理性的机巧"的观点中受到启发，认识到动机与效果之间的不一致，从而突破了传统儒家的唯动机论伦理观念，扬弃了宋儒"存天理，灭人欲"的过了时的主张，形成了他的理欲调和的伦理思想。

（三）他认为黑格尔哲学的最大的特点就是贯彻于其哲学体系中的辩证法（dialectical method，当时贺麟译为矛盾法）。他着重介绍黑格尔的辩证法，并且用这种方法思考一系列哲学问题，构筑新心学体系。按照贺麟当时的理解，对于黑格尔的辩证法应当从三个方面来把握。第一，黑格尔的辩证法是一种矛盾的实在观。"所谓矛盾的实在观，就是认为凡非真实的东西必是不合理的，自相矛盾的。凡是真实的东西必是合理的，必是整个的、圆满合一的。黑格尔以为凡是实在皆经过正反合的矛盾历程以达到合理的有机统一体，所以他认为非用正反合的矛盾方式不能表达实在之本性。"②第二，黑格尔的辩证法又是一种矛盾的真理观。在黑格尔看来，"真理是包含有相反的两面的全体，须用反正相映的方式才能表达出来"③。例如，黑格尔在《精神现象学》中指出："当下赤裸裸的见闻即是最虚幻最不可靠的见闻，最具体即最抽象"，"分即为合，合即为分；

---

① 贺麟. 文化与人生. 北京：商务印书馆1988：269—270.

② 贺麟. 黑格尔哲学讲演集. 上海：上海人民出版社，1986：645—646.

③ 贺麟. 黑格尔哲学讲演集. 上海：上海人民出版社，1986：648.

绝对相反之物，即为同一之存在"。①黑格尔主张用辩证的观点把握对象，从正反两方面的联结与转化中全面揭示真理。第三，黑格尔的辩证法还是一种"以子之矛攻子之盾"的矛盾辩难法。贺麟指出，矛盾辩论的方法通过指出对方自相矛盾之处而达到辩胜对方的目的。这样的辩难法很容易流为诡辩。黑格尔的"矛盾法不是用来与人辩难，乃是用在分析意识生活，观察世界现象的矛盾点上面。他只是指出好的东西有其坏的方面在，或我中有人，分中有合，苦中有乐，死中有生的矛盾之理，而在徐求解除或调和此矛盾的综合一贯之总原则。换言之，他人用矛盾法作辩论的武器，而黑格尔则用矛盾法来解释经验，解释宇宙人生，而求得一简易一贯的识度。这是黑格尔矛盾法的特色，也是黑格尔对于矛盾法的空前妙用"②。

正如费尔巴哈拒绝唯物主义这一名称而不能否认他的哲学的唯物主义性质一样，贺麟拒绝辩证法这一名称也不能因此而否认他介绍黑格尔辩证法的功绩。他确实抓住了黑格尔哲学的核心与实质——关于矛盾的辩证学说。贺麟在当时还不能把黑格尔的辩证法与唯心主义区分开来，甚至可以说黑格尔的唯心主义对贺麟的影响比辩证法思想的影响还要大。事实上，贺麟研究和介绍黑格尔哲学的过程，也正是他构筑新心学思想体系的理论准备过程。由于受黑格尔的影响，他确立了唯心主义的哲学信仰。黑格尔哲学是贺麟感受最深的哲学，也是对他思想影响最大的哲学。

---

① 贺麟. 黑格尔哲学讲演集. 上海：上海人民出版社，1986：649.
② 贺麟. 黑格尔哲学讲演集. 上海：上海人民出版社，1986：652.

鲁一士与中国哲学

贺麟是经过美国新黑格尔主义者鲁一士而接受黑格尔哲学的。如果说黑格尔对贺麟的影响最深，那么，可以说鲁一士对他的影响最直接。

鲁一士（Royce Josiah，1855—1916）现通译为罗伊斯，1875年毕业于加利福尼亚大学，后到德国莱比锡、哥廷根等地学习哲学。1878年回国获霍普金斯大学哲学博士学位，之后在加利福尼亚大学教英文4年。自1882年起到哈佛大学讲授哲学，并且成为有名望的教授。1914年继乔治·赫伯特·帕尔默担任阿尔佛德讲座教授。他自认是借助于黑格尔思想的绝对唯心主义者，对美国20世纪哲学影响很大。主要著作有《哲学的宗教方面》（1885）、《近代哲学的精神》（1892）、《善与恶之研究》（1898）、《世界与个人》（1900—1901）、《忠的哲学》（1908）等。

贺麟在美国留学期间就阅读了鲁一士的著作，很想早些把他的思想介绍到中国来。1936年，他翻译出版鲁一士著《黑格尔学述》并写了一篇长序。他在北京大学开设《现代西方哲学》课程时，特辟专章介绍鲁一士的哲学思想。讲稿收入《现代西方哲学讲演集》（上海人民出版社1984年）。贺麟把自己的第一本论文集命名为《近代唯心论简释》，显然也是从鲁一士《近代哲学的精神》一书的书名中受到了启发，由此可见鲁一士对贺麟影响之大。

鲁一士研究黑格尔哲学侧重于黑格尔早期的思想，贺麟翻译鲁一士的著作时，准确地抓住了鲁一士的这一思想特征。他在《黑格尔学述》的译序中指出："我之翻译此册，也就是附带介绍鲁一士的思想。因为鲁一士此书虽述黑格尔之学，而他于选材与着重之间，已暗示他自己的主张之大凡了。所以我们不妨说黑格尔有三。一为少年之黑格尔，自由浪漫；一为老年之黑格尔，独断保守；一为新黑格尔，亦即美国化或英国化之黑格尔，为前二黑格尔之综合与修正。兹册所载，可以说是新黑格尔对于少年黑格尔之绍述。"①贺麟也不喜欢黑格尔老年时代保守独断的思想，而欣赏青年黑格尔生动活泼的辩证法思想。他认为中国所需要的是青年黑格尔而不是老年黑格尔，因此，必须对黑格尔哲学加以分析处理，取其精华去其糟粕，以适应中国现实的理论需要。基于这种学术立场，他表示同意鲁一士研究黑格尔所持的指导思想。他说："鲁一士是一个最善于读黑格尔，而能够道出黑格尔之神髓，揭出黑格尔之精华而遗其糟粕的人。他之特别表彰黑格尔早年少独断保守性且富于自由精神的《精神现象学》一书，与其特别发挥黑格尔分析意识生活的学说，都算得独具慧眼。而且鲁一士自己所期许的就是要揭穿'黑格尔的秘密'，把他的学说从晦涩系统的坟墓里以流畅而有趣致的笔调表达出来。所以鲁一士叙述黑格尔学的几篇文章比较少教本式或学究式的干枯之病，足以使人很有兴会地领略到黑格尔学说的大旨。"②事实上，贺麟正是通过鲁一士来了解黑格尔的，直到他接受了马克思主义哲学之后才摆脱了鲁一士的影响。

贺麟研究和介绍鲁一士的哲学思想侧重于以下几个方面（他在绍述鲁一士的哲学思想时常常同中国哲学加以比较对勘）。

（一）绝对唯心主义的本体论。贺麟注意到西方唯心主义哲学往往同宗教有密切的联系。"本来宗教在西洋人生活中的地位，有时比科学、哲学、道德、艺术等都更重要，讨论宗教问题也可以说是讨论西洋文化的核心。自从文艺复兴、启蒙运动以来，神学在理论上的地位愈来愈站不住了，但西洋人精神上依然存有仰望神圣世界，以求精神的寄托和归宿的要求，所以西洋的哲学家尤其唯心论者，都打算把宗教建基在哲学上，

① 贺麟. 黑格尔哲学讲演集. 上海：上海人民出版社，1986：644.
② 贺麟. 黑格尔哲学讲演集. 上海：上海人民出版社，1986：643.

使二者打成一片，以满足精神上对于宗教的需要。"①康德、费希特、黑格尔哲学是这样，鲁一士哲学也是这样。关于鲁一士哲学的基本性质，贺麟分析说："哲学上他属于唯心论，思想上要寻找'绝对'的本体，所谓太极，这二者在他的系统中是浑然一体的。上帝和本体二词可以换用。哲学上的太极亦即宗教上的神。因此他对这二者的寻求，对这两种存在的论辩常常混为一谈，在哲学上去为宗教上的神找论证。"②鲁一士同安瑟伦一样，也采取"本体论证明"的方法，证明"绝对"的实在性。他在《哲学的宗教方面》第12章中提出"错误何以可能"的问题，他的看法是，首先承认真理的存在，然后才会有发现错误的可能；同样道理，首先有了对"绝对"的信仰，然后才会有怀疑"绝对"的可能；首先承认上帝至善，然后才会发现人有罪恶。贺麟在论述鲁一士的论证方法时说："大体上，它是由人有罪恶证明上帝至善，由有限证无限，由变灭证常在，由末知本，由用求体的证法。"③在贺麟看来，这种方法并不像鲁一士所说的那样，算不上创新，因为在他之前的柏拉图、康德都用过类似的方法。尽管如此，鲁一士以论辩的态度证明其哲学观点，毕竟表现出哲学家的态度，而不是宗教家的态度。

贺麟指出，鲁一士"绝对即本体，即上帝"的观点，同宋明理学中"天者理也""天理自在人心"的观点很相似，都把形而上的精神实体看成宇宙万物的究极本体，看成人精神的归宿，看成安身立命之地。无论是鲁一士哲学，还是宋明理学，都致力于重建意义的世界，寻找精神价值的本源，因而二者可以相互解释、融会贯通。正是由于这个原因，鲁一士的绝对唯心主义成了贺麟建构新心学的思想材料之一。

---

① 贺麟. 现代西方哲学讲演集. 上海：上海人民出版社，1984：165.

② 贺麟. 现代西方哲学讲演集. 上海：上海人民出版社，1984：165—166.

③ 贺麟. 现代西方哲学讲演集. 上海：上海人民出版社，1984：166.

（二）绝对唯心主义的真理观。在鲁一士哲学中，本体论与真理论紧密结合在一起。他强调，哲学是一种关于人类知识的理论，同时也是关于人类愚昧的理论；而愚昧则是一堆无组织的片断的经验。在这一堆片断的经验中，必然包含有一组绝对有组织的经验作为它的背景，这种绝对有组织的总体经验就是真理。他由此得出结论：真理乃是错误的基准；实在乃是虚幻的基准。鲁一士采取思辨的方法证明他的观点。他指出，无论是哲学还是宗教，思考都是从怀疑开始的，而怀疑就是怀疑某一事物或某一命题的真理性。这样一来，判断与对象之间处于对立状态。从判断与对象的对立，必然地逻辑地挤出一个较高的意识，它使原有的对象和判断一同化为自己的组成部分。这种较高的意识又被鲁一士称为"深我"（deeper self）或"后我"（subseouent self）。贺麟对鲁一士的这一论断做了这样的理解："第一，真理就是真理自身的标准。判断两个意见的对错，要一种较高的意识，也仍是一种较高的意见，因此鲁一士仍叫人在知识范围内寻找标准而不外求。第二，贯通说，必须一切可能的意识都相连接才能判别部分意识的对和错，因此最后的真理必定也是最有系统的可以解决一切矛盾的讲法，鲁一士称这为无所不包的思想，这就是他的绝对。"[1]贺麟准确地抓住了鲁一士绝对唯心主义真理观的两个基本特征，一是主观主义，二是整体主义。前者启发贺麟承接主张"心即理"的陆王学脉；后者启发贺麟承接主张"性即理"的程朱学脉；综合起来，便构成贺麟新心学调和程朱陆王的学术特征。

贺麟指出，鲁一士的这种绝对唯心主义真理观其实同中国哲学有接近之处。"这个理想的裁判官，即较高意识层层上推而得的最高意识，是绝对或中国哲学中的最高范畴太极，也是上帝或天。"[2]因此，在贺麟看

① 贺麟. 现代西方哲学讲演集. 上海：上海人民出版社，1984：167.

② 贺麟. 现代西方哲学讲演集. 上海：上海人民出版社，1984：167.

来，鲁一士哲学同中国哲学是可以融会贯通的。

（三）绝对自我说。鲁一士把绝对本体、绝对真理两方面统一起来，同"我"相连，推绎出了他的"后我""大我""深我""绝对的自我"（absolute self）等观念。他在分析意识过程时指出，凡是没有离开自己的、当下的、无前无后的自我只是一个没有意义的赤裸裸的自我（bare self）。要想使当前的我有意义，就必须不断地扬弃自己，以进入"大我"和"后我"的境界，从"后我"的立场反省反观我之所以为我，使当前的我获得意义。他分析说，没有人能够知道现在如何，人类只能知道过去如何。要知道现在的我如何如何，必须从后我的角度反观，也就是说，必须飞离自己才能把握自己、维持自己，因为今我在现在的环境中，只有后我才能把今我和今我的环境一齐认识。例如，人到了中年、老年，才会发现青春的意义，一件事情过去以后才能反省此事的意义与影响。总而言之，"一切情感、一切思想、一切生活，它们之所以为我们而存在，就因为我们能反省，能自外观察，能自远处透视，能从以后的我来把握，来认识，用新的思想来加以解释，后面的意识永远是接受、承继、反省、解释前面的意识的"①。如果把今我看作小我，那么后我可称为大我；如果把今我看作浅我，那么后我可称为深我。由大我、深我、后我更进而推至绝对的自我。把握了绝对的自我，便把握了绝对的本体或绝对的真理。鲁一士把绝对的自我看成宇宙真理最后的判断，贺麟认为"大有中国吾心即是天理乃至与天地参的意味"②。

对于鲁一士的"绝对自我"说，贺麟有两点体会。第一，他认为鲁一士解决了人我关系、物我关系这类问题。"这些关系可能都是用'大我'来判断调整的，因为不管人和我或物和我，都是构成'大我'的一

---

① 贺麟. 现代西方哲学讲演集. 上海：上海人民出版社，1984：169.

② 贺麟. 现代西方哲学讲演集. 上海：上海人民出版社，1984：168.

分子，'大我'是理想的，客观的。"①贺麟很欣赏鲁一士叫人"逃出在内的我（inner self）的监狱"的观点。因为人们的内心生活永远是基于"大我"的一种召唤，或者说是清醒的"大我"对糊涂的今我的一种召唤，召唤着人们打通人我界限、物我界限，追求全人类的普遍意识或全宇宙的普遍意识。鲁一士强调整体至上、群体至上，要求打通人我界限、物我界限，这同宋明理学中"仁者与万物同体"的思想很相似，因而对贺麟新心学思想的形成无疑会发生影响。第二，他认为鲁一士以矛盾中求合一的方式解决了善恶问题。"鲁一士以为宇宙间无恶不能显善，但有恶而善为恶战胜，自然也不是合理的世界秩序。因此必须有部分的恶以显明善的价值，而又常为善所战胜，这才是宇宙间的永恒原理。善恶的矛盾上面，仍然有一较高的助善胜恶的动力，这种较高的动力必定仍是思想，仍是大我、深我，仍是宗教上的上帝。"②贺麟把鲁一士的这一思想同中国哲学相比较，认为"始终同情良善赞助良善的上帝，这也就是'知我者其天乎'和'孤忠应有天知我'（陆游诗句）的天，和大我深我后我相结合的天"③。在这里，他对鲁一士的思想做了儒家式的理解与阐释。

（四）忠的哲学。鲁一士著有《忠的哲学》一书，此书被贺麟的学友谢幼伟译成中文，在中国思想界产生不小的影响。贺麟也很重视鲁一士关于忠的论断。鲁一士提出："忠忱即对于某一志业的鞠躬尽瘁。"在他看来，忠忱乃是一种高尚的敬业精神，在忠的实现中，尽忠者把骄傲与谦逊两个对立的方面有机地统一起来。为了事业取得成功，尽忠者表现出忍让谦逊的美德，而事业获得成功，他引为最大的骄傲和自豪。鲁一士举了这样一个例子，说明他的观点。有一位英国议会长非常忠于职守，

---

① 贺麟. 现代西方哲学讲演集. 上海：上海人民出版社，1984：170.
② 贺麟. 现代西方哲学讲演集. 上海：上海人民出版社，1984：170.
③ 贺麟. 现代西方哲学讲演集. 上海：上海人民出版社，1984：170.

在议会开会的时候，国王率兵到议院，要逮走他所痛恨的某议员。这位议长为了维护议会的尊严和成员的自由，他置个人的荣辱于度外，竟向国王屈膝求情，拒绝国王率兵闯入议院捕人。在这位议长身上一方面表现出谦逊忍让的美德；另一方面他足以为维护了议会的尊严和成员的自由而引为骄傲。贺麟把鲁一士关于忠的思想同中国儒家的忠恕之道相联系，对之做了儒家式的理解与发挥。他说："鲁一士在讲忠道中附带也就涵括了恕道，他的意思是当我忠于某一志业时，常会因他人忠于另一志业而互起冲突，因此对于旁人的所忠必须有不加阻挠的雅量，而且应该鼓励旁人对他所遵循的志业尽忠，实则所尽忠的既是永恒普遍的真理，是上苍或绝对的我所赞成的，那么人人都可能向它尽忠。在恕道中，人类得以寻到一条逐渐调谐的途径。"[①]贺麟把鲁一士的忠的哲学同儒家的忠恕之道结合起来，提出了"对理念尽忠"的观点。

基于忠的哲学，鲁一士认为理想的社会应该是最忠且充满爱的社会。他在《大社会的希望》（*The Hope of Great Community*）一书中提出，最忠且充满爱的社会也就是人人都应该向它尽忠的对象；只有这样的社会才是真实的，因为它就是绝对本体、绝对真理的具体化身。与最忠且充满爱的社会相比，任何离开它的孤立的个人，都不过是幻象而已。贺麟认为，鲁一士的这一思想是对黑格尔"社会是个人的真理"的观点的发展。

鲁一士以及其他新黑格尔主义者对贺麟新心学思想体系的影响是最直接的。贺麟主要是运用新黑格尔主义的思想材料和思想方法挖掘、解释、发挥陆王心学的观点，铸造了新心学思想体系。他之所以能够把新黑格尔主义同陆王心学融会贯通，大概有这样一些原因。第一，新黑格尔主义公开标榜唯心主义，同陆王心学中"吾心即是宇宙，宇宙便是吾心""心

---

① 贺麟. 现代西方哲学讲演集. 上海：上海人民出版社，1984：171.

外无理，心外无物"等观点比较接近。新黑格尔主义者从黑格尔的客观唯心主义转向主观唯心主义，把黑格尔置于康德和贝克莱的主观唯心主义之下。他们既反对唯物主义，也反对伪装中立的新实在主义。新实在主义与新黑格尔主义在理论上的分歧十分明显：新实在主义声称是对绝对唯心主义的反叛，新黑格尔主义公开举起唯心主义的旗帜则是对新实在主义的回敬。这种分歧同中国哲学史上程朱派与陆王派之争很相似。当贺麟要求从程朱推进到陆王时，新黑格尔主义自然成了他的知音。

第二，新黑格尔主义强调整体思维，同陆王心学"先立乎其大"的思路比较一致。新黑格尔主义者视"心"为绝对实在，主张内在关系说，反对新实在主义的外在关系说。他们针对分析哲学的片面性，强调综合，举起了整体主义的旗帜。这种思想方法对贺麟颇有启发。据此，他力图克服新理学中"真际"与"实际"的对立，突出了"心理合一"的本体论原则。

第三，在伦理思想方面，新黑格尔主义宣扬国家至上、社会至上，主张个人服从群体，这种思想同注重群体的儒家伦理思想比较接近。一般说来，西方哲学家在伦理学方面大都彰显个人主义原则，强调个人的人权。新黑格尔主义受到黑格尔"国家是地上的伦理实体"的思想影响，独树一帜，把群体置于个体之上。有深厚儒学学养的贺麟当然很容易认同于新黑格尔主义的这一伦理准则。

由上述原因，贺麟在创立新心学思想体系时，较多地借鉴、运用了新黑格尔主义的思想观点和思想方法。他站在现代新儒家的学术立场上，努力寻找传统儒学同新黑格尔主义之间的共同点，试图把二者结合起来，创立新的学说体系。毋庸置疑，新黑格尔主义是贺麟新心学的一个重要的思想来源。但若以此为据把贺麟归结为"新黑格尔主义者"，似乎也不妥当，还是把他看成现代新儒家较为贴切。

基督教与中国文化

贺麟不但对西方哲学做了同情的理解，而且对西方的宗教——基督教也做了同情的理解。他虽不是基督徒，但十分重视基督教的文化意义，写出了《论研究宗教是反对宗教传播的正当方法》《基督教和中国的民族主义运动》《基督教与政治》等研究论文。他运用辩证的观点剖析基督教，力图去其糟粕，取其精华，推动中国传统文化的现代转换。

（一）研究基督教与传播基督教的分疏。1925年基督教大同盟在北平举行会议，一些人表示赞成，一些人表示反对。当时正在清华读书的贺麟以清华周刊编者的名义发表《论研究宗教是反对外来宗教传播的正当方法》一文，就此事表达了他独特的看法。他并不赞成在中国传播基督教，也承认西方传教士来中国传播基督都是一种文化侵略。但他强调必须采取正当方法对付基督教的传播。采取暴力的手段，如屠杀传教士、烧毁教堂，实属愚昧的举措，事实证明并不能抵制基督教的传播。如果针对教会组织一个非基督教大同盟，以非暴力的手段抵制基督教的传播也属不智，因为这出于一种全盘否定基督教文化价值的偏狭心态。贺麟明确地主张："据余管见所及，以为反对外来宗教传播之最和平、最公正、最有效的根本方法厥为研究基督教。"[1]他指出，研究不等于信仰，"故信耶教者多，则研究耶教者自少；而研究耶教者多，则信耶教者亦自必减矣"[2]。信仰建立在非理性基础之上，而研究建立在理性基础之上。换句话说，贺麟是主张以理性的态度对待基督教。在他看来，对待基督教这样一种外来文化，应当如同对待中国的固有文化一样，都不可盲从，不可墨守，都必须放在理性的天平上，运用科学的眼光重新估计价值。

① 贺麟.文化与人生.北京：商务印书馆，1988：146.
② 贺麟.文化与人生.北京：商务印书馆，1988：146.

贺麟认为应当从下列五个方面入手研究基督教。

第一，关于耶稣其人的研究。如耶稣的生平事迹怎样，耶稣的12个弟子是否确有其人，12个弟子中为什么会出现一个叛徒，耶稣是否死在十字架上，都值得认真研究。

第二，关于新约和旧约的研究。其中包括新约旧约的文学价值以及神话的研究、新约旧约的伦理学价值的研究、天主教与新教的沿革和异同、新约旧约的翻译等项内容。

第三，关于教会及教会学校的研究。其中包括教会与帝国主义之间的联系、教会与资本家的关系、教会与男女社交、教会与旅馆宿舍或游艺场等项内容。

第四，关于教徒的研究。如教徒的操行怎样，教徒中的犯罪现象是否比平常人多，外国传教士怎样参与殖民侵略活动，外国教徒是如何欺压中国平民、包揽诉讼的，都需要加以研究。

第五，关于教义的研究。内容涉及基督教与国家主义、基督教与社会主义、基督教与进化论以及科学、基督教教义与回教或佛教教义的比较等方面。

贺麟认为，研究基督教是中国开明人士的责任，通过这些研究，可以启发理性，从而有效地抵制基督教在中国的消极影响。贺麟关于研究基督教的主张既反对盲目地排外，也反对盲目地接受基督教，具有相当大的合理性。

（二）基督教与基督精神的分疏。在关于基督教的研究中，贺麟首先把基督教教会同基督精神区别开来。基督教教会属于具体的组织方面，基督精神属于精神方面。基督教教会的代表人物不外乎主教、牧师、社会上的长老以及绅士、公民等等，"其功用在于凭借组织的力量以熏陶后生，感化异族，稳定社会，保存价值"；"他们随时都准备着惩罚并警诫那些特立独行、离经叛道、不理于众口的青年后生，以维护正教，保卫正道"。①而基督精神即是耶稣基督的人格所表现的精神，或者是《圣经》中所包含的精义。"精神的耶教便是健动的创造力，去追求一种神圣的无限的超越现实的价值。"②贺麟指出，基督教的这两个方面相激相荡，相反相成，构成明显的区别与矛盾。"耶教的精神是文化艺术的创造力或推动力，可以说是'艺术之母'。而教会的耶教，如礼拜堂、钟楼、颂神歌、音乐仪式，及许多宗教上的雕刻、塑像、图画等，可以说都是耶教精神的产物，即是'艺术之本身'。"③从理论上说，基督教教会本应体现基督精神；然而在现实中却常常出现二者相互疏离的情况，以至于出现这样的现象：最能代表基督精神的人反不为教会所承认，并且受到教会的迫害、驱逐；而自命为正教的教会中的显赫领袖反不能代表真正的基督精神。

贺麟援引著名思想家斯宾诺莎、卢梭、蒲徕士等人的说法，作为区别基督精神与基督教教会的理论根据。斯宾诺莎提出"容许个人自由的内心的宗教"的观念即是指基督精神，而提出"宗教的外表仪式节文"的观念即是指基督教教会。卢梭所说的"人的宗教"即是指基督精神而言，而"公民的宗教"即是指基督教教会。蒲徕士认为人们最容易把宗教情绪同宗教信条混淆起来，主张把二者区别开来，也是要求把基督精神同基督教教会区别开来。"总结起来，他们三人所谓虔诚的本身，所谓人的宗教，所谓宗教，就相当于我所谓精神的耶教或耶教的精神，他们三人所谓外表的礼仪节文，所谓公民的宗教，所谓教会，就相当于我所

---

① 贺麟. 文化与人生. 北京：商务印书馆，1988：129.

② 贺麟. 文化与人生. 北京：商务印书馆，1988：129.

③ 贺麟. 文化与人生. 北京：商务印书馆，1988：129.

谓耶教的具体组织。"①

　　对于基督精神和基督教会这两个方面，贺麟更为重视的是前者而不是后者。关于基督精神的特点，贺麟做了这样的概括："耶教的精神可以说是一种热烈的、不妥协的对于无限上帝或者超越事物的追求，藉自我的根本改造以达到之。真正信仰耶教的人具有一种浪漫的仰慕的态度，以追求宇宙原始之大力，而企求与上帝为一。"②按照他的理解，基督精神其实是对人性的一种认识。基督教中的原罪意识从表面上看是对自我的贬抑，而从深层来看，则是由卑谦入手以达到大无畏，由自我贬抑以达到自我实现。所以，基督精神是"人之无限渺小与无限伟大的自觉"两个方面的有机统一："一方面使人觉悟自身的弱点和身心疵病，养成人谦卑的态度，力求自我的改造与再生。一方面唤醒人认识神圣的理想或价值在前面，促其进取和实现，并且进一步力求其所谓善或价值的普遍化，强聒不舍，必使别人接受他所崇奉的价值。这就是传播福音，'己之所欲则施于人'的精神。"③正是由于基督精神具有如此特点，所以它曾在西方历史上发挥了促进自我改造、唤醒再生努力的积极作用，哺育出一大批勇于献身殉道、博爱悲悯、常存孤臣孽子之心的基督徒。

　　贺麟努力把基督精神同基督教教会区别开来，其实就是要把理性从蒙昧中分离出来。他用理性主义的眼光看待基督教，把耶稣看成完美的理想人格，把皈依基督教看成人类理想的追求方式，实则把基督精神当成了理性精神、人文精神的代名词。

　　（三）基督精神对政治的影响。贺麟认为，基督精神既是超越教会组织的，也是超越政治组织的。基督精神作为一种独立的精神力量，对西

---

① 贺麟. 文化与人生. 北京：商务印书馆, 1988：132.

② 贺麟. 文化与人生. 北京：商务印书馆, 1988：132.

③ 贺麟. 文化与人生. 北京：商务印书馆, 1988：132.

方政治生活的发展变迁产生巨大的影响。

贺麟指出，在基督教初创时期原始的基督精神就曾对希腊罗马政治发生深刻的影响。他同意法国著名的古代社会史家辜朗治（Fustel de Conlanges）在《古代城市》一书中所做的分析，认为原始的基督精神对罗马政治的影响集中体现为以下两点。

第一，它在政治上给人以大同的观念，从而超出国家、家庭、种族以及阶级的界限。基督教作为一神教是针对整个人类而言的，不是针对哪个国家、哪个民族而言的，它的宗旨在于教导信徒对于陌生人，甚至对于仇人皆有遵循正义与仁爱的义务，从而打破了人我界限和国家界限，变成联络人类整体的精神纽带。

第二，它使宗教与政治分开，使宗教与政治彼此独立，分工互助。基督教认为天国不是现实的国家，所以宗教既不管现世的事，也不管国家政治中的种种问题。耶稣的主张是：归还恺撒的东西给恺撒，归还上帝的东西给上帝。这就清晰地划分了宗教与政治的界限，改变了古代宗教与政治混而为一的情形。贺麟引证辜朗治的说法，认为宗教与政治分离带来了三种好处：首先，由于政治活动不受宗教权威的限制，政治设施也就不必恪守神圣的礼仪，无须征求谶言以定吉凶，从而摆脱了宗教信条的种种束缚。其次，宗教活动也不受政府的干涉。教徒在物质方面的活动必须遵守国家法律，而在精神方面享有灵魂自由，他只对上帝负责，不受政府的管辖过问。再次，提高人的自由、尊严与内心道德生活。政治和战争不再占据人的全部灵魂，道德也不仅限于爱国。政治与宗教分开之后，法律也随之同宗教分开。法典由于不再受到宗教的干涉与束缚，能够较适应于自然与社会的需要以及道德的进步。

基督教与政治的分离对于欧洲的政治生活既有好的影响，也有不好的影响。贺麟引证了卢梭在《社会契约论》一书中对不良影响所做的三点剖析。第一，基督徒不能反抗暴政，只能做腐败政府的奴隶。第二，基督徒不去监督政府，也不以高尚的道德行为帮助或指导政府，只得退入深山寺院过着枯寂清苦的生活，间接地助长了政府的暴虐与腐败。第三，基督教离开政治自成一统，独立发展，当其势力发展到一定程度以后，便会与政府争锋，造成教权与王权的冲突。二者冲突的结果是教权占了上风，遂形成中世纪宗教与政治合而为一的局面。在中世纪，教会的权力高于一切，政治上的君主必须听命于教会，教皇有节制政治君主之权。"教皇有权取消不服从教会命令的君主。国君即位须履行教皇加冕之礼，方属有效。"[①]贺麟认为，基督教与政治混而为一之后，导致真正的基督精神的丧失，教会脱离了基督精神，便成了基督教的躯壳；而脱离了教会的基督精神必须别寻途径，另有所表现。

贺麟指出，欧洲经过文艺复兴、宗教改革及18世纪的启蒙运动以后，旧的宗教信仰已根本改观，基督精神已从根本上改变了动向。基督精神的表现方式之一是由出世而转向入世。近代新式的基督徒已从他界大国的睡梦中觉醒过来，把目光转向现实，将基督精神转化为浮士德精神，"近代的浮士德精神，即转了动向的新耶教精神，它不欲升入天国，而欲以灵魂换取现世的快乐、知识和权力。换言之，即欲在现世追求无限，实现神圣"[②]。贺麟认为基督精神的这种转向顺应了历史发展的大趋势，应当予以肯定的评价。他指出，自近代以来，"代表基督教真精神的人物，已不复是寺院的僧侣、教会的牧师、神父等人了，而是文艺复兴以后具有浮士德精神的新人，宗教改革后具有信仰自由的个人。不服从君主，亦不服从教主，个人内心的理性、自然之光，才是各个人所应当服从的。昔日牺牲自我，死在十字架上的耶教烈士，到此时已转变为具有战斗思

---

① 贺麟. 文化与人生. 北京：商务印书馆，1988：137.

② 贺麟. 文化与人生. 北京：商务印书馆，1988：138.

想和信仰自由的科学烈士、哲学烈士了。昔日在上帝前一切人平等的信仰，已转变为天赋人权、人人自由平等的新思想了。昔日老死在寺院里的僧侣，已转变成具有冒险精神、牺牲性命于异域的传教士了。昔日追求无限、企仰缥缈虚无的天国的精诚信徒，现已转变成冒险牺牲、远涉重洋、攫取金宝奇珍的探险家了"[①]。

在基督教世俗化、人化之后，基督精神进一步理性化，成为爱国主义的思想源泉。文艺复兴运动以后，自由独立的个人出现，进而发展为自由独立的国家。"因而基督精神亦多表现在爱国志士身上，昔日的敬事上帝，转变成近代的忠爱祖国。"[②]贺麟认为，黑格尔哲学可以说是将基督精神转化为爱国主义精神的杰作。首先，黑格尔提出了"上帝即是理性"的观点，主张理性之所在，便是神圣之所在，理性之表现，即是上帝之工作，认为现世生活就是神圣天国的积极的确定的表现。其次，黑格尔提出了"日耳曼人为基督精神的负荷者"的观点，认为人人都有宗教的使命，教会不能包办上帝。在黑格尔看来，普通人与牧师无区别。人人皆有心，人人皆可以直接认识真理，教会阶层中人，不能包办真理，不能包办精神生活。再次，黑格尔提出了"国家即是宗教"的观点。他认为法律、宪法、典章制度都是宗教的表现，都具有宗教的意义与功能，"因此由良心或自由意志出发以服从法律，以尽对国家的职责，亦是神圣的天命……（就一个公民而言）没有比对于国家的忠爱可视为更高或更神圣的职责"[③]。贺麟指出，经过黑格尔的阐释，基督精神被赋予爱国主义的内涵。于是，"国旗与十字架有同样不可侵犯的象征意义。国歌、爱国歌曲，与颂神诗有同样的感人能力。对民族英雄、爱国烈士的崇拜，实无

---

① 贺麟. 文化与人生. 北京：商务印书馆，1988：139.

② 贺麟. 文化与人生. 北京：商务印书馆，1988：139.

③ 转引自贺麟. 文化与人生. 北京：商务印书馆，1988：140.

异于宗教上对于圣贤的崇拜"①。

在贺麟看来，基督教世俗化、人化之后，还将成为共产主义思想源泉。他认为共产主义者想彻底改造世界，以牺牲性命的精神宣传主义，实则也是基督精神的表现。当时的贺麟所理解的"共产主义"当然不是马克思创立的科学的共产主义，乃是他自己所说的"乌托邦的或基督教的共产主义"。

贺麟从历史到现实对基督教与政治的相互关系做了深入的研究与考察，从中得出两点结论：第一，"基督教，概言之，宗教，是一有机的发展与政治的演变，和其他文化部门的演变一样，皆在不断放弃其旧的形式，而在创造其新生中"②。他认为基督精神不是僵化的信条，而是随着时代的变化而变化的源头活水。因此，基督教并没有在西方社会中衰落，仍在人们的精神生活中发挥着巨大作用，只不过发挥作用的方式有了变化而已。第二，"宗教与学术相同，皆超政治而有其独立的领域和使命，但又有指导、监督、扶持政治而为政治奠坚定基础的功能"③。他认为宗教与政治是既有区别又有联系的文化领域，把二者混同起来是错误的，把二者割裂开来也是错误的。贺麟关于基督教与政治相互关系的研究，力求贯彻发展的观点与普遍联系的观点，这是符合辩证法的；他努力阐扬理性原则，拒斥蒙昧主义，也是值得肯定的。但他把基督精神描绘为脱离现实的抽象的精神发展过程，则反映出他的唯心主义哲学立场。

（四）基督教在中国的传播。贺麟研究基督教，目的在于处理基督教与中国固有文化之间的关系问题。为了解决这一问题，贺麟对基督教在中国传播的历史过程做了考察。他认为基督教在中国传播的历史可划分

---

① 贺麟. 文化与人生. 北京：商务印书馆，1988：142.

② 贺麟. 文化与人生. 北京：商务印书馆，1988：144.

③ 贺麟. 文化与人生. 北京：商务印书馆，1988：144.

为以下4个阶段。

第一个阶段以天主教的基督教为代表,开始于公元7世纪。公元635年,一位名叫阿洛彭的传教士得到唐太宗的允许,在中国布道。唐太宗授予他"精神之主"的称号,称他传播的基督教为"光明教"。从此以后200年间,基督教在中国还算传播得顺利。但不知什么原因,到9世纪传教士都销声匿迹。贺麟猜测这可能同五代十国期间发生的排佛风潮有关。在这次风潮中,基督教的传教士可能同佛教徒遭到了同样的命运。风潮过后,佛教很快地恢复过来,而基督教却一蹶不振了。

第二个阶段以天主教的圣方济会信徒和新景教的传教士为代表,开始于13世纪。蒙古帝国横跨欧亚大陆,客观上为东西方文化交流提供了方便。1265年,马可·波罗来华打开了通道,为基督教的再次传入做了极大的努力。后来方济会传教士纷至沓来,建立教堂和学校,使成千上万的人信奉基督教,就连忽必烈的母亲也成了虔诚的基督徒。可惜好景不长,随着元朝帝国的垮台,基督教又很快地在中国绝迹了。

第三个阶段以利玛窦领导的天主教耶稣会会士为代表,开始于16世纪。在明代,基督教第三次传入中国。耶稣会会士们接受以往失败的教训,改变了传教的方法。"他们学说中国话,穿中国人的衣服,注意观察中国人的习俗,通过讲授科学同中国人真正交朋友,从而逐渐达到了宣传福音的目的。"[1]他们同中国学者合作,成功地把欧几里得几何学和亚里士多德的逻辑学翻译成中文,促成中西方文化大规模的交流。一些耶稣会会士被朝廷任用为官员,负责天文历法、武器制造等方面的工作,获得皇帝给予的很高的荣誉。由于采取了这样一些新办法,基督教在中国的传播卓有成效。据说,一个叫施卡尔的耶稣会会士曾使12 000人皈依基督教。可是,到18世纪中叶,宗教仪式的论争使基督教在华传播事业受

---

① 贺麟. 文化与人生. 北京:商务印书馆,1988:151.

挫。多米尼加教派和方济会指控耶稣会对佛教、儒教和当地习俗采取妥协态度，有损于基督教的尊严。无知的罗马教皇竟然为此下令耶稣会不得允许中国的基督教徒参加祭典以及儒教的其他活动。罗马教廷的狂妄激怒了中国的最高统治者，康熙皇帝针对罗马教廷发表严正声明："我们祭孔，以为我们的师表；我们祭祖，以表达我们的感激之情。我们在孔夫子和祖先的香案前并不为荣誉和幸福而祷告。如果这些意见不合你的口味，那你就考虑离开我的帝国吧。"雍正皇帝比他的父亲更强硬，于1724年发出一道圣旨，在全国禁止基督教，没收教会的财产，除了在北京保留一少部分懂自然科学知识的传教士外，其他人一概流放驱逐。至此，耶稣会会士辛辛苦苦开创的在华传教事业宣告彻底失败。

第四个阶段以现代天主教和新教基督教为代表，开始于19世纪。1807年新教传教士罗伯特·莫里逊第一个来到广东，再次开拓基督教在华传播事业。贺麟认为莫里逊的工作是具有划时代意义的。"他的开拓性的工作是把《新约》翻译成中文，而且还编了一本汉英词典。全版《新约》于1814年出版，他编的词典的第一卷于1817年印出，整个词典是4开本，6卷，4595页，于1823年出版，费用达12 000英镑。"[1]鸦片战争以后，西方帝国主义用大炮轰开了中国的大门，基督教的传播有了迅速的发展，从这以后，中国政府不再干预传教士的布道活动。这样，基督教在中国的势力越来越大，传教士的人数也逐渐增加，1925年已达到8158人之多，来自西方200个不同的教会团体和组织。圣经被传教士们翻译成中国的文言文、白话文甚至方言，总共有42个不同的版本。传教规模也越来越大，仅在1928年11个月里，美国圣经会、英国圣经会、外国圣经会和民族圣经会就发放了11 453 783本《圣经》《圣约书》和分册本。

以上贺麟所划分的四个阶段，比较准确地反映了基督教在中国几起

---

① 贺麟. 文化与人生. 北京：商务印书馆，1988：152.

几落的传播情况。贺麟的研究表明，基督教在中国的传播尽管是几起几落，但毕竟对中国文化发生了巨大的影响。一些非文化的因素虽然能一时打断基督教的传播过程，但不能永久制止它的传入。20世纪的中国学人必须正视基督教在中国的势力，采取正确的文化战略对付它、消化它，化解中西文化的冲突，寻求文化融合的道路。

（五）基督教与中国民族主义的关系。19世纪，基督教是随着侵略者的炮声传入中国的，不可能不受到中国民族主义情绪的拒斥。因此，基督教在中国的传播也就不可能不面临着严重的危机。对于这种情况，贺麟看得很清楚。他引用胡适的话以代表上层知识分子对于基督教的拒斥心态。胡适说："基督教信仰的宣传，在这个新中国看来是不会被许可而有多少光明前途的。恰恰相反，基督教到处都面临反对。基督教占领中国之梦看来很快就破灭了——可能是永远破灭了，这不需要再做进一步的解释了。""确实，有一些为狭隘民族主义的攻击所做的论证，把基督教的传教士看作帝国主义侵略的代理人。但我们必须认识到，正是民族主义——一种与过去文化割裂的民族自我意识——曾经在中国扼杀过景教——最早期的基督教、拜火教和摩尼教。正是这同一个民族主义，曾四次对佛教进行迫害，把已完全征服中国逾千年的佛教最后也扼杀了。这同一个民族的意识现在又反抗外来的基督教。"[1]

贺麟还引用一份传单上的话，以说明知识青年对基督教的拒斥心态。传单上写道："同胞们！如果我们都变成基督徒，如果中国都基督化了，那么，帝国主义也就成了遍布全国的刽子手的快刀利斧。它就要掠夺我们的田园家舍，就要把我们斩成碎块。我们必须组织起来，联合起来，尽我们的最大力量来反对这股势力。""我们的口号是：反对文化侵略；打倒帝国主义的工具——基督教；拯救受压迫的人——教会学校的学生；

---

[1] 转引自贺麟. 文化与人生. 北京：商务印书馆，1988：154.

教会学校的学生们：离开使你们遭受罪恶的学校吧!"[①]

据贺麟分析，中国人之所以如此强烈地拒斥基督教，有两个重要因素值得注意。其一，民族主义运动总是在某种程度上同外来宗教的宣传相敌对的。贺麟认为这种敌对状态是暂时的，随着民族独立问题的解决，敌对状态将会消解。他表示："我相信，一旦中华民族的危机克服了，那么基督教所面临的危机，会像在日本一样，也会得到克服。而且基督教会越是不受任何政治集团的影响，那就越不会引起怀疑和不友好的反应。"[②]其二，民族主义运动本质上是革命的，它不仅仅把基督教视为批判的对象，也把佛教和儒教作为批判的对象。归结起来，他认为中国人还没有摆正基督教与民族主义的关系，仅看到二者之间的对立方面，而没有看到二者之间相容的方面。他指出，如果换一个角度来看，基督教可以有助于民族主义运动的开展。

第一，基督教的传入有助于中国物质建设的发展。贺麟认为，基督教输入中国之后，"既是精神的传教，也是物质的传送。传教士走到哪里，就在哪里建造医院、教堂和西方类型的学校。从传教士学校出来的学生最为适合在银行、邮局和许多其他企业里做事，中国外交界的绝大多数成员都是传教士学校的产物。此外，基督教在中国的慈善组织，对遭受战祸和水旱灾害的穷苦人民也提供直接的物质帮助"[③]。因此，没有理由仅把基督教看成中国发展物质建设的障碍。

第二，基督教的传入有助于唤醒中国人民的民族意识。贺麟完全同意民族主义者的观点，民族意识对于中国的复兴是必需的，但他不同意民族主义者关于基督教的世界主义学说会冲淡我们的民族意识和爱国热

① 转引自贺麟. 文化与人生. 北京：商务印书馆，1988：157.

② 转引自贺麟. 文化与人生. 北京：商务印书馆，1988：158.

③ 贺麟. 文化与人生. 北京：商务印书馆，1988：159.

情的说法。他不否认，的确有少数中国的基督教徒已丧失民族意识，但从总体上看，大多数的基督教学生都能积极参加民族主义运动和爱国主义的游行示威，同非基督教学生相比毫不逊色。另外，"基督教是推动普及教育的一股重要力量，而那些受过普及教育的工农现在已经成了中国爱国主义运动的基本力量"[①]。贺麟还举例说明，孙中山是一名基督教徒，同时又是中国民族主义运动的领袖；现代民族主义运动的先驱太平天国的领袖们也曾受到基督教信仰的鼓舞。可见，基督教并不妨碍中国人民民族意识的觉醒，反而会起到促进作用。

第三，基督教可以鼓舞中国青年大无畏的战斗精神，成为中国现代化和充满生机的能动之源，帮助中国的改革者打破旧的习俗，锐意图新。贺麟认为，一些人指责基督教宣扬"谦卑的德行""奴隶式的服从"和"缺少战斗精神"，他们只看到基督教的一个方面，而没有看到它的另一个方面。基督教在西方可能是保守的力量，而在中国也可以转化为一种生气勃勃的、进步的力量，例如，"一些冒险传教士的献身和耶稣基督的不妥协的精神与生活的典范，将永远是鼓舞中国青年的精神力量"[②]。

第四，基督教鼓励了科学的研究和对技术的追求。贺麟反对把基督教同科学对立起来，认为基督教既有限制科学发展的方面，也有保护、促进科学发展的方面。他并没有否认基督教在历史上曾参与过迫害科学家的事情，可正是"由于对科学家的迫害，基督教使科学变成了宗教，即把科学变成了精神上献身的对象，把科学家变成了精神上的殉道士；靠这些与科学正相矛盾的神秘和教条的信念，基督教成了激起科学想象，引起科学兴趣和研究科学最好的能动之源。对科学家的迫害也说明了教

---

① 贺麟. 文化与人生. 北京：商务印书馆，1988：159.
② 贺麟. 文化与人生. 北京：商务印书馆，1988：160.

会对科学问题的关注"①。相比之下，中国由于没有出现一个类似基督教那样的宗教，没有人激烈地反对科学，同样也没有人以殉道的精神献身于科学研究。所以把基督教引入中国不仅不会阻碍科学的发展，反而会促进科学的发展。

把以上四条总括起来，贺麟得出的结论是："自文艺复兴以来，基督教已是这个世界的方向，它把现代西方世界最优秀的科学成果、民主和民族主义，都作为组成部分而吸收于自身之内。这样，基督教的影响在中国的反映本质上是科学的、民主的和民族主义的。"②贺麟关于基督教与民族主义的关系的看法的确与众不同。他没有受民族情绪的干扰，以冷静的、理性的、辩证的眼光看待基督教的传入。毋庸讳言，贺麟的确对基督教抱着同情的态度，但他更为同情民族主义，同情科学与民主。他对基督教的阐发，并不是牧师的布道，而是挖掘现代基督教中包含的现代精神——科学与民主。实际上，贺麟是把基督教当作文化资源来开发的。他虽然不像激进的民族主义者那样排斥基督教，但他对基督教的阐释旨在说明民族主义的合理性、正当性，因而并没有脱离民族主义立场。

（六）基督教与儒家的比较。上文已述，贺麟是把基督教当作一项文化资源来开发的。为了凸显基督教的文化价值，他不能不把基督教同中国的儒家作一番比较。

首先，从文化构成上看，基督教同儒家有相似之处。贺麟认为，基督教可以分为"基督精神"和"基督教教会"两部分；同样，中国的儒家也可分为精神的和组织的两个部分。"孔子的人格和《中庸》所谓诚，《论语》所谓仁，代表儒家的精神方面。而中国的礼教，乃风格习惯的结

---

① 贺麟. 文化与人生. 北京：商务印书馆，1988：160.
② 贺麟. 文化与人生. 北京：商务印书馆，1988：161.

晶，便属于儒家的组织方面。"①无论是基督教还是儒家，都是各自所在社会的文化主体，都从精神方面和组织方面起着导向作用。

其次，从文化功能上看，基督教和儒家都曾对政治生活发生重大影响。在西方，基督教虽然离政治而独立，是一种超出现世使命的宗教，但仍然影响着西方社会政治的发展变化，对此贺麟做过专题研究。至于儒家，"数千年来的传统，是将宗教与政治及家庭生活打成一片，故仅有礼法之名，而非离政治而独立的宗教"②。儒家始终发挥着指导、监督并且纯化政治的功用，并且没有流于功利和狂诞。

再次，贺麟认为经过黑格尔理性化之后的基督教同儒家思想更为接近。"如他认上帝是理性，与儒家天者理也之说，颇有相通处。他认理性的命令即神圣的命令；世界历史，人文进化，皆所以表示天理天道，人人皆可于其本心中知见天道，认识真理；人人皆有传道行道的宗教使命，非独立的教会阶级所能包办。凡此种种看法，皆儒家宗教观应有之义。至于黑格尔欲将宗教与政治打成一片，尤其认家庭为有宗教功能的道德组织的说法，可以说是道出了儒家传统的思想。因为传统儒家即认家庭及国家皆是有宗教功能的道德组织。所以儒家中理想的天子皆奉天命而有其位，替天行道，不仅是政治首领，而且负有精神的宗教的任务。如天子有祭天、祭宗庙等宗教职务，及寅恭虔诚，畏天命，畏天意的宗教修养（其实昔日中国皇帝之黎明临朝，其仪式隆重，颇富有宗教意味，而与今日的元首循例按时办公之纯基于方便实用者不同）。即使大臣亦有'燮理阴阳'的宗教职责。"③贺麟很欣赏黑格尔"上帝即是理性""人人皆有宗教使命""宗教与政治打成一片"等观点，认为这些观点同中国儒家

① 贺麟. 文化与人生. 北京：商务印书馆，1988：129.

② 贺麟. 文化与人生. 北京：商务印书馆，1988：141.

③ 贺麟. 文化与人生. 北京：商务印书馆，1988：140—141.

思想是相通的。通过黑格尔，贺麟找到了沟通中国儒家与西方基督教思想联系的关节点。

以上，我们概要地介绍了贺麟关于基督教及其与中国文化的关系的研究。他的研究有三个显著的特点。第一，贯穿了理性主义原则。贺麟对基督教中荒诞的教义并不感兴趣，而看重所谓"基督精神"。他所说的"基督精神"，其实就是理性精神。第二，贯穿了民族主义原则。贺麟虽然对基督教抱着同情的态度，但始终没有放弃民族主义立场。他主张以开放的心态研究基督教，批评了某些激进民族主义者的观点，但始终没有背离民族主体性的原则。他试图说明基督教与民族主义的相容性，力图把曾被帝国主义当作侵略工具的基督教改变成为推动民族解放运动、反击文化侵略的思想武器。第三，贺麟把基督教当作一项文化资源来开发。他认为基督教文化同中国儒家是可以融会贯通的，并且能够成为推动发展中国固有文化的动力之一。贺麟指出，在中国历史上，佛教的输入曾促进了中国文化的繁荣。"我们过去曾有过佛教的时代，既然基督教一点也不比佛教差，那么我们就有各种理由，想着在中国的未来会有一个基督教的新时代。"①他对这样一个时代的到来充满了信心。他说："佛教对中国所做的事，基督教现在同样也可以做到。我常想，如果基督教与道教的玄学及佛教相融合，且由儒教的实践伦理学来补充，那么，在中国产生的新基督教将比它过去的历史更加光辉灿烂。"②尽管中国历史并没有按照贺麟的预想发展，但他这种吸收外来文化、转化外来文化以期为我所用的开放心态却是不可非议的。这样的开放心态对于我们今天处理中外文化的关系仍有借鉴意义。

---

① 贺麟. 文化与人生. 北京：商务印书馆，1988：161—162.
② 贺麟. 文化与人生. 北京：商务印书馆，1988：162.

第三章　深研国学求新解

贺麟是以西方哲学为主要研究对象的哲学史家，但他懂得，研究西方哲学仅仅是手段而不是目的；研究西方哲学是为了促进中国哲学的发展。为了达到这个目的，他在研究西方哲学与宗教的同时，花费相当大的精力研究中国固有的学术思想，并且注意西方哲学与中国哲学的共同点和不同点，形成了一系列新的学术见解。

杨墨的新评价

杨朱是道家的代表人物之一，墨翟是墨家学派的创立者。在先秦百家争鸣时期，道家、墨家、儒家互相辩难，形成了学术上的繁荣局面。道家的代表人物杨朱主张"贵生""重己""全性葆真，不以物景形"，认为保全个人的天性和生命比什么都重要。韩非称他"不以天下大利，易其胫之一毛"，为"轻物重生之士"（《韩非子·显学》）。杨朱要求摆脱名缰利锁的束缚，企慕自由的人生境界，以"为我"为根本的价值取向。

墨家学派的创始人墨翟主张"以兼易别"，使"天下兼相爱，交相利"，反对儒家的"爱有差等"思想，以"利他"为根本的价值取向。战国时期杨、墨的学说很盛行，出现"杨朱、墨翟之言盈天下""天下之言不归杨则归墨"（《孟子·滕文公下》）的局面。孟子为了维护儒家的主张，对杨朱、墨翟提出批评："杨氏为我，是无君也；墨氏兼爱，是无父也。无父无君，是禽兽也。""杨墨之道不息，孔子之道不著，是邪说诬民，充塞仁义也。"（《孟子·滕文公下》）作为一位现代新儒家，贺麟没有拘泥于孟子的结论，对杨朱、墨翟的思想做出新的评价。

　　贺麟认为，要想恰当地评价杨朱和墨子的学说，首先必须弄清楚人与我或己与他的关系。据他分析，人与我或己与他的利害关系大约不外乎下列6种可能：一是人己两利，二是利人不损于己，三是利己无损于人，四是损己利人，五是损人利己，六是人我两损。在这6种不同的行为中，"人我两利"是最理想最合理的行为，而"损人利己"是最大的恶行，至于"利人不损于己""人我两损"都不是应当遵循的普遍原则，只有"利己无损于人"和"损己利人"不失为一道德的理想或理性的原则。

　　根据上面的分析，贺麟进一步指出，主张"利己无损于人"的就是伦理学上的利己主义。中国古代的杨朱可以说是利己主义的代表之一。他提出"不拔一毛以利天下"的说法，其含义之一是"利己"，即看重自己生命的价值；其含义之二是不以社会为功利目标，不有意地为社会谋利益，但也不能为害于社会。贺麟不完全同意孟子对杨朱的批评，肯定杨朱的利己主义具有一定道德价值。"因为必须能保持自己的生命、利益或幸福，虽不去有意地做利他之事，但至少不要危害别人的幸福，才可算得利己。且自保自利系自然的本能的要求，但亦须有相当的才智学养，方能维护自己的利益；亦须有相当的修养和克制，方能不致损害别人的正当利益。故利己主义，亦有其道德价值。"①

贺麟指出，杨朱倡导利己主义是针对损人利己的自私态度而发的，有校正极端利己主义的积极意义。贺麟力图划清合理的利己主义和极端的利己主义之间的界限。在他看来，前者有校正后者的功用，"'利己'即所以满足人的自然愿望，不取伪善，不唱高调。'不拔一毛以利天下'即极言其既不损己以利人，以示与损己利人的利他主义相反，亦不损人以利己，以示与损人利己的恶人相反，而取其两极端的中道"②。至于后者损人利己的恶行，毫无道德价值可言。贺麟认为，在反对损人利己的恶人这一点，杨朱同历来主张惩恶扬善的儒家已经达成共识，大可不必过分责备杨朱，以至于放过了共同的敌人——损人利己的恶人。

贺麟认为，杨朱的利己主义思想也有其所以形成的社会根源，"他们之所以走上消极的利己主义的途径，大概由于看透了人世的虚伪险诈，从而对人生失望，而思回返纯朴的自然，特别由于对政治失望，深感到政治的污浊，痛恨贪官污吏的损人利己，并揭穿大奸巨憝假为国为民的美名以自遂私图的假面具，而思过自我享乐的山林高雅的生活。且由于他们爱好个人的自由，不愿受社会国家礼教的束缚和拖累，而走上逃避厌世的途径"③。贺麟不否认利己主义有逃避责任、厌世自保的消极的一面，但他也充分肯定利己主义具有保持个人自由、愤世嫉俗的积极的一面。他认为利己主义其实是对污浊不合理的政治的一种反抗，"这种古典的高人隐君子式的巢由余风的利己主义者，的确多少可以救治一些社会上和政治上贪污奔竞无耻的风气，可以多少使得那些损人利己的恶人，感到自惭形秽"④。

① 贺麟. 文化与人生. 北京：商务印书馆，1988：200.
② 贺麟. 文化与人生. 北京：商务印书馆，1988：201.
③ 贺麟. 文化与人生. 北京：商务印书馆，1988：203.
④ 贺麟. 文化与人生. 北京：商务印书馆，1988：203.

贺麟还指出，杨朱式的利己主义者积极努力用艺术或有艺术的纯学术贡献于世，他们大都是艺术的维护者。利己主义者当中多为诗人、艺术家或隐君子，他们"好以诗酒书画、抚琴垂钓、莳花种菜以资赏乐，寻求观山玩水的清欢，邀约几位气味相契的朋友，相与往还，忘怀尔我，超然物外，不以世俗荣利、天下国家介怀"①。这样的利己主义享受的是美好人生境界，他们以其富有诗意的行为和富有诗意的作品，显示率真的情怀，对于社会风气的转变形成良好的影响。在促进艺术发展这一点上，中外的利己主义是相通的："在中国，利己主义的杨朱'全性葆真''不以物累己'，力求保持天然本性之纯朴，不役于物，接近老庄颇具隐遁山林，超然物外，敝屣荣利的艺术家风味。在西洋，则以求个人的身体无痛苦，精神无烦恼的伊壁鸠鲁为利己主义的代表。但他的生活理想亦在于享受有艺术意味的高雅的快乐。"②贺麟在研究西方哲学时，常常把西方哲学家的思想同中国哲学家的思想加以比较；而在研究中国哲学时，又常常把中国哲学家的思想同西方哲学家的思想加以比较。这是他特有的学术风格。

贺麟从对人我关系的分析中得出的另一个结论是：主张"损己利人"的就是伦理学上的利他主义。中国古代的墨翟可以说是利他主义的代表之一。墨翟同情人群，摩顶放踵，做出许多牺牲自我救助他人的可歌可泣的义烈行为，不能不使人表示敬佩。因此，利他主义亦有其相当的道德价值。利他主义者的"损己利人"同极端利己主义者的"损人利己"正相反对，在针对"损人利己"的恶人这一点上，利己主义、利他主义以及儒家都是一致的。从这个意义上看，孟子没有责备墨家的必要。

贺麟认为，利他主义者大都是宗教的宣扬者。"在中国，利他主义

---

① 贺麟. 文化与人生. 北京：商务印书馆，1988：203.

② 贺麟. 文化与人生. 北京：商务印书馆，1988：202.

的代表墨子，摩顶放踵，以利天下，无疑是最富于宗教精神。在西洋倡导爱仇敌爱邻如己的普爱主义的教主，耶稣基督，可以说是第一个有力地将利他主义的理想尊崇为宗教的要素、道德的核心的人。"[①]利他主义者常常是救人于苦海、拯民于水火的宗教家或先知先觉之士，他们仿佛觉得自己生在世上的责任就是唤醒世人，使知悔改，指点世人，促其再生。他们关心他人胜过关心自己，富有神圣的使命感和民胞物与的同情心。"他们信仰一种超人的力量，信仰一种神圣的使命，他们希望众人也信仰他们，信仰他们之所信仰。他们要吸收信徒，组织会社，由共同信仰、理想、使命，而产生共同救世的行为。他们不惟不辞劳瘁牺牲，而且即使为救世救民之原因而上十字架、断头台亦死而无悔，视死如生。由此足见利他主义的文化背景为宗教，未有真正的宗教家而不以利他为怀，亦未有持利他主义而乏宗教家舍身救世之精神者。这样的利他主义者大都具有宗教家超世俗脱形骸的襟怀，他自觉他是世外的人，不食人间烟火。他之不慕世俗的荣华，不争世间的权利，就好像成年人乐意赐糕饼给儿童，而不与儿童争食糕饼，又好像父母愿意儿女快乐，而不妒忌儿女快乐一样。"[②]贺麟没有详细地讨论墨子的思想，而是把墨子的兼爱思想同基督教联系在一起，揭示其利他主义的一般特征，并且做出肯定性评价。贺麟关于利他主义同宗教有密切联系的看法是一种独到的见解。他把利己主义的根源归结为人的自然性，而把利他主义的根源归结为超越的神性。

尽管贺麟对利己主义的杨朱和利他主义的墨子都做了一些肯定性的评价，但他并不完全赞成他们的思想主张，并且分析了他们思想的局限性。他指出，这两种学说都存在着武断偏执的毛病。贺麟分析说，人与

---

① 贺麟. 文化与人生. 北京：商务印书馆，1988：202.

② 贺麟. 文化与人生. 北京：商务印书馆，1988：204.

人之间其实是休戚相关、利害与共的关系。究极而言，天地间的事不是人我两利，就是人我两损。利己主义者想利己而又不损人是办不到的，利他主义者想损己利人也没有可行性。利他主义者如果出于愚昧去损己利人，结果往往是人我两损；如果出于明智去损己利人，结果往往又是人我两利。"因此就纯理论讲来，利己和利他主义，皆失之武断偏执，其理论基础，皆甚为薄弱。尤其不明人我一体、利害与共的观点，而分别人我，计较利害，不如忘人我、超利害、本天理、依本性而行的境界，为其共同弱点。"①在贺麟看来，无论是利己主义还是利他主义，都没超出功利主义的范围，因而都不如"忘人我、超利害、本天理、依本性而行"的道德理想主义深刻、坚实。

贺麟认为利己主义与利他主义的另一个严重缺陷是有违于人本主义的原则。杨朱式的利己主义者清高风雅，主张到山林去隐逸，归于自然，趋向超道德的艺术，以自然主义反对人本主义。墨翟式的利他主义悲悯为怀，主张到民间去拯救，皈依神圣，趋向超道德的宗教，以信仰主义反对人本主义。"两者皆注重超脱政治，离开家庭，特别蔑视君臣父子夫妇（因利己主义者多抱独身主义）之伦，为其共同之点。""利己主义与利他主义发展到了极端，同是反对礼教所予君父的权威，反对家庭私恩，反对参与政治，反对齐家治国、尊崇君父的儒家思想。"②正是因为这个原因，孟子才把杨朱和墨子当作论敌，贺麟认为其批评"杨朱为我，是无君也"确是一语中的；批评"墨子兼爱，是无父也"也是实话实说。

以上就是贺麟对杨朱、墨子所做的新评价，从中反映出贺麟现代新儒家的学术立场。他立足于中国社会由传统向现代转型的现实，要求重新厘定道家、儒家、墨家三者之间的关系，重新调整中国固有文化的构

---

① 贺麟. 文化与人生. 北京：商务印书馆，1988：201.

② 贺麟. 文化与人生. 北京：商务印书馆，1988：204.

成，以适应中国思想现代化的需要。他接受了儒家道德理性主义的原则，但并不一味排斥道家和墨家的思想，而是对之加以分析，充分肯定其学术价值，主张以道家和墨家的优长弥补儒家传统思想的缺陷。贺麟认为，传统儒家思想有一个明显的不足，那就是"较为缺乏超脱人世、家庭和政治经济组织之伟大艺术和宗教"，而注重艺术欣赏的道家和注重宗教精神的墨家刚好可以发挥补助作用。贺麟还把道家和墨家思想看成儒家复兴以及融会西方文化的桥梁。他说："现代的中国，业已经过新文化运动以来的破坏摧毁。杨子的思想已随着西洋个人主义的输入而抬头，墨子的思想，亦随西洋的宗教思想、人道教以及社会主义思想的输入而复兴。故今后新儒家思想的发展，似亦不得不部分地容纳杨墨的精华，而赋予新的意义。且西洋近代注重社会理想的伦理思想，便是以杨子的为我为出发点，而以墨子的兼爱为归宿点（梁任公称费希特语），以维护个人权益为出发点，以造福于人类社会为归宿点，便可说是得到相当可取的调解，而值得我们的借鉴了。"[1]贺麟的这番话表明，他关于道家和墨家的研究，他对杨朱和墨子所做的新评价，实则是为创立现代新儒家学说所做的一种理论准备。

诸葛亮新探讨

诸葛亮是三国时代的重要历史人物，在民间被视为智慧的化身，但在哲学史上却算不上著名的思想家。可是，专治哲学的贺麟却对诸葛亮发生了浓厚的兴趣。在上节中我们谈到，通过重新评价杨朱、墨子的思想，贺麟对道家、儒家、墨家的关系提出一新看法；在这一节中，我们

---

① 贺麟. 文化与人生. 北京：商务印书馆，1988：205.

将会看到，贺麟通过深入探讨诸葛亮的思想特质，对儒法关系也提出一新的看法。

贺麟不同意某些学者把诸葛亮说成道家的说法。他不否认诸葛亮有道家的学养，但不能因此将他归结为道家，正如朱熹有道家的学养而不能归结为道家、王阳明有佛老的学养而不能归结为佛老一样。诸葛亮确实倡导过"淡泊明志，宁静致远"之教，但并不能由此而证明诸葛亮就是道家，因为在"淡泊明志，宁静致远"这一说法中，既可以表达老子"致虚守静，知黑守白"的意思，也可以表达儒家的修身主张。贺麟的看法是："我们认为孔明淡泊宁静之教，不惟道出了儒道两家的共同之点，且亦道出了千古学人应有的生活态度，所谓'平淡的生活与高远的思想'（plain living and high thinking）实中外学人应有之风致。不能纯认作道家一派的特征。淡泊宁静实以颜渊为最好代表，'致远'如果指曾子式之'任重致远'，'明志'如果指表明忠贞纯洁之志，无功名利禄、欺人孤儿寡妇之野心，如孔明受托孤后之所表现者，则儒家色彩亦相当浓厚。"[①]

贺麟也不赞成某些学者把诸葛亮看成法家的观点。他不否认诸葛亮有法家的学养，擅长以法治国、以法治军，但不能因此而证明诸葛亮就是法家。贺麟强调，讲究法治并不是法家的特征，儒家同样可以讲究法治。贺麟说："我根本否认儒家不重法治，我只承认儒家不采用申韩之术。我认为诸葛式的法治即顺人情、兼德礼而言法治，为儒家法治的代表。"[②]

贺麟认为诸葛亮既不是道家，也不是法家，他对诸葛亮做了这样的定位："我们即令承认孔明有道家、法家的学养，我们亦不能因此便否认孔明是代表儒家精神的政治家。因为具有法家、道家的学养，也许更足以充实他儒家的学养，增加他学术思想里的新成分，使他超出狭隘迂拘

---

① 贺麟. 文化与人生. 北京：商务印书馆，1988：168.

② 贺麟. 文化与人生. 北京：商务印书馆，1988：171—172.

的旧传统，而蔚然成为一个新儒家。"①在贺麟的眼里，诸葛亮是一位较妥当地处理了儒、道、法各种学说之间关系的新儒家，是一位突破旧传统、富有革新精神的新儒家，因而更值得后人重视，更有对他的思想进行深入探讨的必要。

贺麟认为诸葛亮在理论上的最大贡献就是提出了儒家的法治观念，建立了基于道德的法学体系以及切实可行的实施法治的方法。诸葛亮的法治思想同申韩式的法治思想有根本的不同。申韩式的法治重视功利而蔑视德教，把人民当成实现功利政策的工具，以法律为贯彻武力征服或强权政治的手段，运用奖赏和刑罚两手政策引诱或驱使人民就范。贺麟对申韩式的法治思想做了这样的评价："此类型的法治的长处，在于赏罚信实，纪律严明，把握着任何法律所不可缺少之要素。其根本弱点在于只知以武力、强权、功利为目的，以纵横权术为手段，来施行强制法律。不本于人情，不基于理性，不根于道德、礼乐、文化、学术之正常。如商鞅之徒木立信等武断的事，均同时犯了不近人情、不合理性、不重道德的弊病。徒持威迫利诱以作执行法令的严酷手段。此种法治有时虽可收富强的速效，但上养成专制的霸主，中养成残忍的酷吏，下养成敢怒不敢言的顺民，或激起揭竿而起的革命。"②在贺麟看来，申韩式的法治是一种低级的法治类式，存在着许多弊端。比申韩式的法治高明的法治类型则是诸葛式的法治。诸葛式的法治的特点是以德量为本，以法律为用，一切法令设施的目的在求道德的实现，以便为人民谋福利。诸葛式的法治有申韩式的法治的优点，但已克服其缺点。比如，诸葛式的法治也讲究执法严格，然而"所谓'严'并不是苛虐残酷的意思，乃含有严立法度、整饬纪纲的意思。父教子以严，上治下以严，严即表示执法令者对

① 贺麟. 文化与人生. 北京：商务印书馆，1988：168.
② 贺麟. 文化与人生. 北京：商务印书馆，1988：46—47.

于遵法令者有一种亲属的关切，故欲施以严格的教育与训练。治之严正所以表示爱之切"①。诸葛亮的法哲学与道德哲学紧密地结合在一起，"严"与"爱"是相联系的。贺麟以诸葛亮"挥泪斩马谡"的故事为例，说明诸葛亮顾全"严"与"爱"两个方面，与残酷不近人情的申韩迥然不同。

诸葛亮在《出师表》中写道："陟罚臧否，不宜异同。若有作奸犯科及为忠善者，宜付有司论其刑赏，以昭陛下平明之理。不宜偏私，使内外异法也。"贺麟认为这些话表达了诸葛亮道德法治最精要的内容。诸葛亮执法并不是残酷无情的，却是公平无私的，恰当地处理了惩罚与教化之间的关系，充满了儒者的仁德，表现出儒者的风度。

贺麟还把诸葛亮的法治思想同现代西方的政治思想加以比较，发现诸葛亮的法治思想有似于"开明专制论"。按照开明专制论的观点，执法者应当依据人民的公意，去干涉人民的行为，"强迫人民自由"，从而加速社会的发展。所谓"人民的公意"并不是"人民全体的意志"，因为"人民全体的意志"往往充满矛盾和错误，缺乏长远打算。"人民的公意"乃是指"为人民真幸福打算应当如此的理想意志"。它来自先知先觉的大政治家的远见卓识，由政治家灌输给人民群众，化为人民群众行为的准则。贺麟认为，这种强迫人民自由的开明专制同诸葛亮的法治有一点是共同的，即都把法治建立在道德的基础之上，并且有一定的强制性。贺麟指出，实行诸葛式的法治或者开明专制必须具备两个条件："一，人民知识程度尚低，不能实行普遍民主；二，政府贤明，有德高望重、识远谋深的政治领袖，以执行教育、训练、组织民众之责。"②在他看来，这种类型的法治学说既有一定的历史合理性，又有一定的历史局限性。

贺麟认为，法治的类型有三种，一种是申韩式的基于功利的法治，

---

① 贺麟. 文化与人生. 北京：商务印书馆，1988：47.

② 贺麟. 文化与人生. 北京：商务印书馆，1988：48.

另一种是诸葛式的法治，再一种就是基于学术的近代民主式的法治。这三种法治类型构成由低到高的发展历程。"由申韩式的基于功利的法治，进展为诸葛亮式的基于道德的法治，再由道德的法治进展为基于学术的民主式的法治，乃法治之发展必然的阶段。"①贺麟把诸葛亮的法治思想看成近代民主式的法治的桥梁，这正是他研究诸葛亮的深意之所在。

通过对诸葛亮法治思想的研究，贺麟突出了三个鲜明的观点。第一，他认为必须破除儒家重德治反对法治的观念。他指出，儒家与以申不害、韩非为代表的法家之间，固然有分歧，但这种分歧并不是德治与法治的分歧，而是基于道德礼乐的法治与基于功利权术的法治之间的分歧。贺麟举例子说，孔子有"刑罚不中，则民无所措手足"的论断，孟子曾有"上无道揆，下无法守"和"徒善不足以为政，徒法不足以自行"的感慨，而宋儒中的周敦颐、朱熹都有治狱的政绩，诸葛亮更是一杰出代表。"由此愈见真正的儒家，不惟不反对法治，甚且提倡法治，提倡诸葛一类型的法治"。平心而论，传统儒家思想的确存在着重德治、轻法治的倾向，所以贺麟才没有从思想家中找一典型人物来支持他的论点，而是解剖政治家诸葛亮的思想和政策来支持他的论点。贺麟要求破除重德治轻法治的传统观念，实则是对传统儒家思想的改造和发展，表达了一种现代新儒家的学术见解。

第二，他认为应当树立正确的法律意识。从对诸葛亮的法治思想的肯定，贺麟顺理成章地引导出树立法律意识的必要性。他反对无政府主义者把法律看成是桎梏人性、侵剥自由的枷锁的观点，批评了他们要求取消任何法律的主张。贺麟认为"法律乃正是发展人性、保障公民自由的一种具体机构，且是维持公共生活和社会秩序的客观规律。公民犯法，只要政府能执法以绳，则无损法律的真价，亦无妨社会秩序。而且对于

---

① 贺麟. 文化与人生. 北京：商务印书馆，1988：49.

被法律制裁的公民来说，也是一种训练和教育"①。他把法律比作语文中的文法、思维中的逻辑。没有文法无法表达语句的意思，没有逻辑无法形成思想，而"没有法律的政治，就是乱政，无治，即无有组织、不能团结、未上轨道的政治"②。贺麟依据法律的客观性与有效性，将法治与人治两个方面统一起来，力图解决中国政治思想史上长期争论的一个问题。他指出，真正的法治"必以法律的客观性与有效性为根本条件。所谓客观性，指法律作为维持公众秩序和公平的客观准则而言。所谓有效性，指立法者与执法者以人格为法律之后盾，认真施行法律、爱护法律、尊重法律，使其有效准而言。二者缺一，不得谓为法治。故法治的本质，不惟与人治（立法者，执法者）不冲突，而且必以人治为先决条件"③。贺麟关于法律的看法以及关于法治与人治统一的观点，已超出传统儒家思想的范围。他通过对诸葛亮法治思想的研究，力图实现传统儒家思想与现代法律意识的对接。

第三，他认为应当采纳民主式的法治。贺麟能够科学地、恰当地评价诸葛亮的法治思想，没有把古人现代化。他不讳言诸葛亮法治思想的局限性，要求从诸葛式的基于道德的法治进展到基于学术的民主式的法治。他指出："此类型的法治之产业，可以说是由于文化学术的提高、政治教育的普及、自由思想的发达、人民个性的伸展，亦可以说是前一类诸葛式的法治之自上而下、教导民德、启迪民智之应有的发展和必然的产物。"④在贺麟看来，民主式的法治才是最合理的政治体制。实行民主式的法治应当遵循"人民自己立法，自己遵守"的原则，政府不再充当

---

① 贺麟. 文化与人生. 北京：商务印书馆，1988：45.

② 贺麟. 文化与人生. 北京：商务印书馆，1988：45.

③ 贺麟. 文化与人生. 北京：商务印书馆，1988：46.

④ 贺麟. 文化与人生. 北京：商务印书馆，1988：48.

教育人民的导师，而是执行人民意志的公仆。一切权力归人民所有，每一件重要法案的成立，都需经过学者专家的精密研究，然后由人民代议机关通过。人民自愿地服从自己参与制定的法律，形成良好的社会秩序。"无论政府与人民，都要认识国家法纪的庄严与神圣，它不仅是个人自由权利之所系，而且是国家民族的治乱安危之所托，应当用最大的努力与决心去建立国家的法纪。"①毋庸置疑，贺麟对民主政治是十分向往的，他研究诸葛亮的法治思想，其目的在于超越传统观念，力图实现儒家思想与现代民主意识的对接。

王安石新阐释

　　王安石是贺麟感兴趣的另一位政治家。他认为王安石和诸葛亮一样，都是道德、学问、文章兼备的伊周型的政治家，不过他是一个失败的代表。通过对王安石的新评价和新阐释，贺麟试图把儒家思想同革新精神联系起来。

　　王安石是11世纪中国最杰出的改革家。北宋中叶，他在宋神宗的支持下，提出了以"理财"和"整军"为主要内容的变法措施，先后公布了青苗法、募役法、方田均税法、农田水利法、将兵法、市易法、均输法等法令。"王安石变法"实施以后，初步扭转了宋朝"积贫积弱"的局面，收到了一定的效果，但也遭到了儒家保守派司马光等人的反对，最后不得不以失败告终。"王安石变法"失败以后，如何评价变法活动，如何评价王安石仍是学术界有争论的问题。相当多的儒家代表人物对王安石及其变法活动持否定的观点。程颢认为"安石博学多闻则有余，守

---

① 贺麟. 文化与人生. 北京：商务印书馆，1988：50.

法则未也"（《河南程氏遗书》卷二），视王安石为"害了后生学者"的"大患"。朱熹指责王安石"废春秋，弃旧说，尽废先儒之说"（《朱子文集》卷七十），背离了儒家的道统。面对一片反对王安石的声音，唯有陆九渊敢于做出肯定性的评价。陆九渊在《荆国王文公祠堂记》中批评那些王安石的攻击者们"大抵极诋訾之言，而不折之以至理。平者未一二，而激者居八九"。他盛赞王安石"英特迈往，不屑于流俗。声色利达之习，介然无毫毛得以入于其心。洁白之操，寒于冰霜，公之质也。扫俗学之凡陋，振弊法之因循。道术必为孔孟，勋绩必为伊周，公之志也。不蕲人之知，而声光烨奕，一时钜公名贤为之左次，公之得此，岂偶然哉？"①贺麟认为陆九渊对王安石的评价很公道，并且进一步发表了一些肯定性的看法。

贺麟指出，伊周型的政治家是儒家最尊崇的政治家，因为他们代表着政治上的理想主义，追求着传统儒家一贯憧憬着的大同之治，实行王道政策。三代以下这类政治家甚为少见，除了诸葛亮比较见有"儒者气象"之外，大多数政治家都没有承继这一传统。宋朝开国后尊儒重道，定下不杀文臣的祖宗之法，情况有了好转，伊周型的政治家不断涌现。"在历代培养文治的传统下，在杰出之士皆达到道德、学问、文章兼备为政治家的理想的风气下，王安石不过是最杰出、最完善的代表而已。"②贺麟认为王安石绝不是离经叛道者，而是儒家左派的代表。他称赞王安石倡导积极有为的政治，倡导"当法尧舜"的主张。王安石变法虽然失败，但不影响他仍为杰出的伊周型的政治家。

至于王安石变法失败的原因，陆九渊做过这样的分析："介甫慕尧舜三代之名，不曾踏得实处，故王不成，霸不就。本原皆因不能格物，模

---

① 陆九渊. 陆九渊集. 北京：中华书局，1980：232—233.

② 贺麟. 文化与人生. 北京：商务印书馆，1988：285.

索形似，便以为尧舜三代，如此而已。所以学者先要穷理。"[1]贺麟把陆九渊的分析概括为两点："第一，法尧舜的理想政治是应该提倡的，不可因荆公之失败，而根本反对儒家法尧舜行仁政的王道理想，而陷于重私利的实际政治。第二，单是理想是不够的，必须格物穷理，辅之以学问，庶理想方可真正实现出来。"[2]他很同意陆九渊的分析，认为王安石变法的失败并不是儒家理想主义政治的失败，而是具体政策有误。"譬如王安石以学问文章及政治家风范论，皆可比拟诸葛，但他推行新法的手段和他图近功速效的迫切，却又杂采申韩之术。"[3]贺麟和陆九渊一样，都是站在正统的儒家立场上评判王安石的得与失，都对他抱有十分同情的态度。在贺麟看来，王安石在变法活动中体现出来的革新精神并不违背儒家的理想主义原则；而变法失败恰恰表明他实行理想主义原则不够坚决，不够彻底。在这里，他把革新精神同儒家理想主义巧妙地统一起来，驳斥了那种认为王安石"离经叛道"的观点。

贺麟还试图剖析王安石革新精神的哲学基础，揭示王安石哲学的特质。学术界通常都把唯物主义看成王安石哲学的主导倾向，并且把革新精神同唯物主义联系在一起。贺麟不这样看。他认为王安石是个唯心主义者，基本思路同陆九渊接近，可算作心学的先河。他把王安石的革新精神归结为他的唯心主义哲学。他说："王安石的哲学倾向，最接近孟子的心性之学，而他所推尊的哲学家除孔子之外，为孟子及扬雄。他所最反对的哲学家为荀子。"[4]"讲陆王之学的人多比较尊崇王安石、张居正式的有大气魄的政治家。同时，王安石、张居正一流的政治家亦多比较喜

---

① 陆九渊. 陆九渊集. 北京：中华书局，1980：442.

② 贺麟. 文化与人生. 北京：商务印书馆，1988：232.

③ 贺麟. 文化与人生. 北京：商务印书馆，1988：49.

④ 贺麟. 文化与人生. 北京：商务印书馆，1988：286.

欢陆王一路的思想。这也许是出于偶然，但亦多少可表明政治家与哲学家亦有其性情的投契，政治主张与哲学思想亦有其密切的关联。同时我也约略暗示了王安石的哲学思想，以得自孟子、扬雄为最多，而与陆王的思想最为接近。"[①]

　　贺麟认为，王安石是讲究"为己之学"的人，取法乎本末兼赅、体用合一的儒家正道。他诙谐地说："如果你问王安石，救国救民从何处救起，他一定说先从救自己做起。治国平天下，亦先从治自己做起。"[②]用现代哲学术语来说，王安石的为己之学就是以"建立自我"为出发点的哲学。从一方面看，建立自我是王安石在实践中做的立本、立大、务内的修身工夫，"他的个性倔强，卓越不拔，有创造力，有革命精神，都可以说是他建立自我的功夫"[③]。从另一方面看，建立自我又是王安石在理论上寻求本体的探索，即把自我意识认作宇宙的大本大源。这两方面在王安石哲学中是统一的："建立自我为宇宙之本，提出建立自我，知的方面以自我意识为认识外物的根本，行的方面即利人济物、修齐治平的事业，不过是自己性分内事，是自我的实现罢了。"[④]所以，在贺麟看来，弄清"建立自我"的哲学内涵是掌握王安石哲学的关键。按照贺麟的分析，"建立自我"包含有四层意思。

　　第一，从消极方面来看，建立自我就是要使自我不受物欲名利的拖累，摆脱物欲名利的束缚，做一番克服物欲名利限制的工夫。因为只有冲破了物欲名利这一关，才能使自我抬起头来。贺麟指出，王安石对士大夫中"沉没利欲，以言相尚，不知自治"的风气深为忧虑，王安石所

---

① 贺麟. 文化与人生. 北京：商务印书馆，1988：286—287.

② 贺麟. 文化与人生. 北京：商务印书馆，1988：287.

③ 贺麟. 文化与人生. 北京：商务印书馆，1988：288.

④ 贺麟. 文化与人生. 北京：商务印书馆，1988：288.

说的"自治"就是"自我建立"的意思。他引用王安石在《进戒疏》中的话说："不淫耳目于声色玩好之物，然后能精于用志。能精于用志，然后能明于见理。"贺麟对王安石的这段话做了这样的解释："这已经把他生平的学问修养，全盘托出来了。这也就是他'洁白之操，寒于冰霜'的所自来了。必定要摒绝嗜欲，然后才能保持自我的纯真的天机，才能用志不纷，集中精力，以格物穷理。我们须得明白，建立自我，乃是拯拔自我，保持自我，以求体察真理。并不是刚愎任性，放任主观意见。"①按照贺麟的理解，建立自我就是要树立理性之我，而要树立理性之我，首先必须摆脱感性之我的桎梏。在处理理性之我与物欲的关系时，必须保持理性之我的主体性，而不至于沦为物欲的奴隶。

第二，从积极方面来看，建立自我就是要使自我不受世俗之见的摆布，勇于追求真理，以道或理为依归，有操守有主见，不以众人的意见为意见。贺麟认为王安石《送孙正之序》中的一段话最能体现这种积极建立自我的精神。王安石在文中写道："时然而然，众人也。己然而然，君子也。己然而然，非私己也，圣人之道在焉耳。夫君子有穷苦颠跌，不肯一失诎己以从时者，不以时胜道也。故其得志于君，则变时而之道，若反手然，彼其术素修而志素定也。"贺麟很佩服王安石这种"己然而然"的主体意识，并加以发挥说："己然而然，不时然而然，表示他重自我的主观精神。然而他所谓己或自我乃是有普遍性永久性的道，理想和主义的寄托，不诎己以从时，并不是乖僻傲慢，而乃是不随世俗趋时代而牺牲自己平素所服膺的道、主义、理想，去改变时代、转移世俗。"②在贺麟看来，王安石"己然而然"的主体意识同坚持真理的理想主义原则是一致的，正因为如此，王安石才敢于力排众议，毅然而然地实行新法。

① 贺麟. 文化与人生. 北京：商务印书馆, 1988：288.
② 贺麟. 文化与人生. 北京：商务印书馆, 1988：289.

这就是说，积极地建立自我，就是要有一种相信自己、相信真理的精神，在处理自我与世俗之见的关系时，保持清醒的主体意识，而不至于沦为世俗之见的俘虏。

第三，从认识论的角度看，建立自我就是心中自有主宰，不随外物转移，贯彻由心到物的认识路线。贺麟指出，王安石之所以能做到无书不读，是因为他在读书时心中自有主宰。能自致良知以读书，把诸子百家都当作自我意识的注脚，不受狭义的正统观念的束缚，能自己受用，随意驱遣，而不陷于支离。"其博极群书有似朱子，其去取百家之书以明吾道，致吾知，较象山六经皆我注脚的精神似尤为阔大。"①

贺麟进一步指出，王安石不受书本束缚，也不受外物的束缚，"因为他根本认为外物之所以为外物，并非'形骸自为'，并非独立不依，由于外形如此便如此，而有其隐微的来源，这来源就是先天的自我，或未发的心性"②。在贺麟看来，王安石哲学中的"先天的自我"同陆九渊哲学中的"本心"、王阳明哲学中的"良知"都是一个意思，他们在处理心物关系时都把心放在首要的位置，主张物从属于心。因而，他们在认识论方面都遵循由心到物的认识路线。在王安石哲学中，"有了先天自我的立法性和灵明性，则视、听、言、动自有准则（即有礼），而视、听、言、动所接触之外物自有条理，自受规范，因外物并非形骸自为，而乃为自我所建立，受自我之陶铸而成者"③。贺麟认为王安石这种由心到物的认识路线同康德"人为自然界立法"的先验论思想很相似，都强调自我在认识过程中的主导作用，都超出了单凭耳目的感觉主义，进入注重理性的理性主义，并且把理性看成感觉的根本。

① 贺麟. 文化与人生. 北京：商务印书馆, 1988：288.
② 贺麟. 文化与人生. 北京：商务印书馆, 1988：290.
③ 贺麟. 文化与人生. 北京：商务印书馆, 1988：290.

 贺麟认为王安石贯彻由心到物的认识路线，实际上已开陆王心学的先河。这是他在研究王安石哲学时提出的独特见解。他引用王安石在《虔州学记》中的一段话，证明他的这一看法。王安石在文中写道："周道微，不幸而有秦，君臣莫知屈己以学，而乐于自用，其所建立悖矣。而恶夫非之者，乃烧《诗》《书》、杀学士，扫除天下之庠序，然后非之者愈多，而终于不胜。何哉？先王之道德出于性命之理，而性命之理出于人心。《诗》《书》能循而达之，非能夺其所有而予之以其所无也。经虽亡，出于人心者犹在，则亦安能使人舍己之昭昭而从我于聋昏哉？"贺麟从王安石的这段话中分析出这样几层意思：其一，包含有陆九渊人同此心、心同此理的意思；其二，表明人的本心本性是《诗》《书》即道德文化的源头，只要顺人心中的性命之理就能表达发挥出来；其三，既然本心本性是道德文化的源头，那么道德文化便永远不会沦亡；其四，人心中固有的义理或良知不是专制权威所能蔽塞消灭的。贺麟由此得出结论："这简直与象山'斯人千古不磨心'同一口吻。同时也就不啻提出内心的良知，以做反对专制权威的最后武器了。"[①]

 第四，从价值论的角度看，建立自我就是以"内心之所是"为随机应变的准则，反对外在权威，反对泥古保守，倡导顺应时代要求的权变革新，勇敢地投身于自由解放和变法维新的运动之中。王安石在《非礼之礼》一文中写道："古之人以是为礼，而吾今必由之，是未必合于古之礼也。古之人以是为义，而吾今必由之，是未必合于古之义也。夫天下之事，其为变岂一乎哉？固有迹同而实异者矣。今之人谫谫求合于其迹而不知权时之变，是则所同者古人之迹，而所异者其实也。事同于古人之迹而异于其实，则其为天下之害莫大矣，此圣人之所以贵乎权时之变者也。"贺麟很钦佩王安石这种"贵乎权时之变"的思想，认为这种思想

---

① 贺麟. 文化与人生. 北京：商务印书馆，1988：292.

为改革维新、自由创造大开方便之门，有力地驳斥了守旧复古、泥古拘迹的保守论点。他认为："这是他由建立自我，求心同不求迹同的心学，而发挥出自由革新的精神的地方，也是中国思想史上少见的卓识，而为陆王思想中所特有的色彩。"[①]

贺麟认为王安石不仅继承发挥孟子的心性之学，表现出明显的唯心论倾向，而且也接受了孟子的性善论思想。他认为王安石在人性论方面的思想发展历程是：承继孔孟，调解孟扬，反对荀子的性恶论，以性情合一论为出发点，以扬雄的性善恶混之说为过渡，最后归结到孟子的性善论。

性情合一论是王安石人性理论的出发点。王安石认为"性者情之本，情者性之用"，提出"性情一也"的命题。贺麟认为王安石的这一提法体现了体用合一的原则，反对性善情恶说，包含着重视情感、反对枯寂冷酷的禁欲主义的深意，还包含着情善性亦善、情恶性亦恶的意思，并且由此过渡到扬雄式的性善恶混的说法。王安石在《性情论》中写道："盖君子养性之善，故情亦善；小人养性之恶，故情亦恶，故君子之所以为君子，莫非情也；小人之所以为小人，莫非情也。""然则性有恶乎？曰：孟子曰养其大体为大人，养其小体为小人。扬子曰：人之性，善恶混。是知性可以为恶也。"

性善恶混说并不是王安石的最后极致之见。他的进一层的看法是："且诸子（指孟、荀、扬、韩）之所言，皆吾所谓情也，习也，非性也。扬子之言为似矣，犹未出乎以习而言性也。"贺麟认为王安石的这一提法包含着以理，以太极，以未发之中而言性的意见，已将性视为超善恶的真纯之本。"于是他便超出心理方面情习方面的性论，而升入从形而上学的观点以言性，使我们不能不钦佩他超迈独到的识见。"性超善恶，在另

---

① 贺麟. 文化与人生. 北京：商务印书馆，1988：293.

一较高意义上也可以说是至善的，所以王安石最后复归到孟子的性善论，认为"欲明其性，则孔子所谓'性相近，习相远'，《中庸》所谓'率性之谓道'，孟轲所谓'人无有不善'之说是也"（《性论》）。

贺麟认为王安石的人性论有值得重视的观点。第一，他认为人性超出心理上的善恶，而归结到人的本心、本性仍是善的看法，与王阳明晚年天泉证道的四句话即"无善无恶是心之体，有善有恶是意之动，知善知恶是良知，为善去恶是格物"（《传习录下》）同条共贯，可以互相发明。换句话说，王安石的人性思想包含着陆王一派的共识。第二，王安石调解孟、扬的说法，提出正性与不正之性的区别，已包含有程颐分别义理之性与气质之性的见解，就是说王安石的人性论同程朱一派也是可以相互沟通的。第三，王安石充性、复性、顺性、养性的观点，将礼乐教化视为实现本性的手段，并且强调"只有力行苦干，有所事事，对于礼乐刑政有所兴革设施，方足以收顺性尽道之妙用"[①]。照贺麟看来，这些看法足以表明王安石是儒家正统人性论思想的继承者。

贺麟论述了王安石的心学和性论之后，意犹未尽，在《王安石的哲学思想》一文的后记中又补充论及王安石的"命论"即对"终极关怀"的看法。他指出："安石晚年超脱尘世学佛学禅，境界甚高。我对于他晚年的佛学思想毫未提及，亦殊觉遗憾。这里我愿意附带介绍安石的一首最富于哲理与识度的诗：'风吹瓦堕屋，正打破我头。瓦亦自破碎，岂但我血流。我终不嗔渠，此瓦不自由。众生造众恶，亦有一机抽。渠不知此机，故自认愆尤。此但可哀怜，劝令真正修。岂可自迷闷，与渠作冤仇。'这诗充分表现出斯宾诺莎式的决定论。同时也颇能代表他晚年静观宇宙人生，胸怀洒脱，超脱恩怨、友仇、成败、悲欢、荣辱的高远境界

---

① 贺麟. 文化与人生. 北京：商务印书馆，1988：301—302.

和他学佛后宽恕一切、悲悯一切的菩萨心肠。"[①]这表明，王安石跟他同时的理学家一样，也力图把儒学同佛学熔为一炉。

从贺麟以上关于王安石哲学思想的研究中我们可以看出，他力图证明王安石是儒家正统思想的继承者，反对把王安石排除在儒家营垒之外；证明王安石哲学以唯心主义为主导，同陆王心学一派接近；证明王安石的革新精神同他的新儒学思想之间有着内在的联系。贺麟的这些看法的确有新颖独到之处。不过，也应当看到，贺麟对王安石哲学的研究也受到他的现代新儒家学术立场的限制，因此他的结论并不是不可以商榷的。贺麟作为现代新儒家中新心学的代表人物，很倾慕陆王心学，所以，他按照陆王的模式理解王安石、解释王安石，也在情理之中。他对王安石思想的某些解释，其实也正是他本人思想倾向的流露。例如，他把革新精神同心学联系起来，实则是他自己对心学的一种新理解、新认识，表明他建构新心学也正是要弘扬革新精神，以促进现代中国社会变革。由此可见，贺麟关于王安石哲学的研究并不是学究式的探讨，而是表达他自己新心学思想的特殊方式。

宋明理学的新评价

宋明理学曾经是中国哲学发展的高峰，对于中国文化发生过巨大的影响。但是中国社会步入近代以后，它却一直处于被批判的地位。严复指斥宋明理学"无实""无用"，"质而言之，则直师心自用而已"[②]。五四新文化运动中，宋明理学在劫难逃，更是新思潮攻击的对象，"礼教吃

---

① 贺麟. 文化与人生. 北京：商务印书馆，1988：302.

② 严复. 严复集：第1册. 北京：中华书局，1986：44.

人""打倒孔家店"一类的口号在相当大的程度上都是针对宋明理学而发的。在五四新文化运动后期出现的现代新儒家思潮，为了给自己开辟发展道路，必须对宋明理学做出新的评价。事实上也是如此。现代新儒家学者中，许多人都把重新评价宋明理学当作自己责无旁贷的理论任务。梁漱溟、冯友兰、熊十力、钱穆、唐君毅、牟宗三、张君劢……都曾发表过关于宋明理学的看法。贺麟也同他们一样，努力为宋明理学正名辩诬，力图做出新的评价。

一些批评宋明理学的人常常以程颐说的"饿死事小、失节事大"为例，把宋明理学说成"吃人的礼教"。贺麟对此提出不同的看法。他指出，抓住程颐的"饿死事小、失节事大"一句话，便痛斥他不讲道理，压迫女性，刻薄不近人情，提倡片面贞操，害死不少人等，似乎误解了程氏的原意。贺麟不否认，程颐说这话有毛病。"伊川的错误似乎不在于提出'饿死事小、失节事大'这一概括的伦理原则，只在于误认妇女当夫死后再嫁为失节。"[①]按照贺麟的看法，从具体的意义上说，程颐这句话有错误。因为寡妇再嫁并不意味着失节。因此，反对寡妇再嫁是不对的。中国唐代以前，不把寡妇改嫁看作失节，外国人更没有这种观念，婚姻是自由的。程颐之所以如此说，贺麟猜测大概是宋代的风俗礼教使然。"他的'饿死事小、失节事大'一语，只不过为当时的礼俗加一层护符，奠一个理论基础罢了，"并不能说是由于程颐说了这句话之后才形成不准寡妇改嫁的礼俗。从抽象的意义上说，程颐"所提出的'饿死事小，失节事大'这个普遍性的原则，并不只限于贞操一事，若单就其为伦理原则而论，恐怕是四海皆准、百世不惑的原则，我们似乎仍不能根本否认。因为人人都有其立身处世而不可夺的大节，大节一亏，人格扫地。故凡忠臣义士，烈女贞夫，英雄豪杰，矢志不二的学者，大都愿意牺牲性命

---

① 贺麟. 文化与人生. 北京：商务印书馆，1988：192.

以保持节操，亦即所以保持其人格"①。贺麟认为程颐强调"守节"这一点
并没有错，也符合儒家的一贯思想，同孟子"舍生取义""贫贱不能移"
等说法是一致的，都追求高尚的人格，宁肯饿死也不愿意丧失操守，宁
牺牲性命也不愿意失掉人格。在贺麟看来，这正是传统文化的精意之所
在，在民族危亡日趋严重的抗日战争时期仍有积极的意义。他指出，那
些宁肯饿死或者宁肯被敌人迫害而死的爱国志士，那些宁肯贫病致死而
不失其忠于教育和学术之节的穷教授，都是这种人格精神的具体体现。
基于这种理解，贺麟对程颐做出这样的新评价：

> 程伊川的错处仅在于误认夫死妻再嫁为失节，与近代人对夫妇
> 及贞操的看法不同。假如伊川生在现代，他也许不再固执那种旧贞
> 操观念。伊川所提出的"饿死事小、失节事大"的根本原则，至今
> 仍有效准。在饥饿线上尚在为教育、为学术守节操的学者们，已经
> 在实行并证实伊川的原则了。更无法去反对他。②

从贺麟的这种新评价中，不难看出的他的现代新儒家的学术立场。
他依据时代的需要对程颐的说法做了取其精华、去其糟粕的处理：摒弃
了封建的节烈观，接受了新式的婚姻自由的观念；发扬讲究人格节操的
儒家传统观念，并且融入爱国主义的新内容。尽管贺麟没有像新文化运
动的代表人物们那样用激进的词句去抨击儒家思想，并且对程颐抱着同
情的态度，但他表达的观点是新的，同新文化运动代表人物倡导新思想
文化、新习惯的主张并不冲突。

一些批评宋明理学的人常常把宋代国势衰弱以及宋明亡于异族的历

---

① 贺麟. 文化与人生. 北京：商务印书馆，1988：193.
② 贺麟. 文化与人生. 北京：商务印书馆，1988：197.

史责任归罪为理学家们，视宋明理学为不祥之物。贺麟认为这只是表面立论、似是而非的说法，并不符合历史事实。他指出，宋朝国势衰弱、受制于异族的原因应从政治和军事方面去寻找，而不应当只从思想文化方面去寻找。宋朝在开国之初，鉴于唐朝藩镇割据的教训，采取削弱将臣兵力的政策，导致军事力量下降，始终没能控制异族；以后又推行成摧残、猜忌武将的不良传统，遂形成积贫积弱的局面。造成这种局面的责任应当追究那些当权者，而不能追究既没有政权又没有兵权的理学家们。他们只是研究宇宙、人生、文化、心性方面的根本问题，与军事、政治、财政并没有直接的关系。贺麟很同意王夫之关于宋代历史教训的剖析，他说："船山指出宋代重文轻武，贬抑武臣，致酿成靖康之祸，追溯均开国时国策有误，而与道学无关，这似乎是很正确平允的看法。今欲以宋代数百年祸患，而归罪这几位道学家，不仅诬枉贤哲，而且太不合事实，太缺乏历史眼光了。"①

　　贺麟认为，当国家处在衰亡之际，宋明理学家不但不是一种消极的社会力量，反而是一种积极的社会力量。他们绝不像犹太学者那样只知讲学而不关心祖国的存亡，而是大力提倡民族气节，为了保持个人节操和民族正气，甚至不惜以身殉国。"且于他们思想学说里，暗寓尊王攘夷的春秋大义，散布恢复民族、复兴文化的种子。"②在他看来，宋明理学中包含着伟大的爱国主义精神，在这种精神的哺育下，涌现出文天祥、方孝孺、史可法等一大批彪炳史册的英雄志士。这就充分说明："宋代之衰弱不振，亡于异族，主因是开国时国策有错，宋儒责任甚轻。宋儒哲学中寓有爱民族，爱民族文化的思想，在某种意义下，宋明儒之学，可称

① 贺麟. 文化与人生. 北京：商务印书馆，1988：194.
② 贺麟. 文化与人生. 北京：商务印书馆，1988：194.

为民族哲学，为发扬民族、复兴民族所须发扬光大之学。"①

贺麟还力图把官方化的"宋明理学"同真正的宋明理学区别开来。他指出某些统治者表面上推崇宋明理学，实则出于政治利用者多，基于真知灼见者少。这并非出自理学家的本意，他们也绝不会以此为荣耀。实际上，宋明理学家并不是趋炎附势之辈，而是令人敬佩的正人君子。"至于大多数的道学家，即在盛世，亦是过的山林清简的生活。但一遇专制君主或权奸在位，他们就成了有权势者的眼中钉。他们处处受逼害、受贬谪。如韩侂胄之禁伪书，如魏忠贤之害东林。这些道学家的力量虽弱，但却是唯一足以代表民意的呼声，反抗奸邪的潜力。他们在政治上自居于忠而见谤、信而见疑的孤臣孽子的地位。他们没有享受过国家给予他们的什么恩惠或权利，他们虽在田野里讲学论道，但他们纯全为尽名分，为实践春秋大义，为实现治国平天下的王道理想起见，他们决没有忘记过对民族的责任。他们对民族复兴和民族文化复兴有着很大的功绩和贡献。"②贺麟对宋明理学家表示深深的同情与敬意，试图扭转他们在人们心目中的官方哲学家的形象，将他们视为代表社会良心与正义的民族哲学家。

贺麟还反驳了认为宋明理学"虚玄""空疏""不切实用"的说法。他说："说这话的人，如果意思是说程朱陆王之学，只是道学或哲学，不是军事、政治、经济、工程等实用科学，我们可以相当承认。因为他们不是万能的人，用现代分工分科的看法，他们只是哲学专家，谁也知道，哲学的用处是有限度的。"③尽管如此，绝不意味着宋明理学家们都是无能无用之辈，都是"平日袖手谈心性，临危一死报君王"的废物。贺麟指出，朱熹、陆九渊、王阳明等理学大师都是颇有政绩或事功的，可见，

---

① 贺麟. 文化与人生. 北京：商务印书馆, 1988：197.

② 贺麟. 文化与人生. 北京：商务印书馆, 1988：195.

③ 贺麟. 文化与人生. 北京：商务印书馆, 1988：195.

说理学家虚玄、空疏、不切实用，并不符合事实。

贺麟强调，宋明理学的大用处在文化、教育、政治、社会、人心、风俗等方面，它的实际影响真可以说大得惊人。对于中国文化来说，宋明理学划一新时代、加一新烙印、走一新方向。它对于政治、社会以及人民生活的影响异常久远，成为支配中国人信仰和道德礼仪生活的正统权威。在教育方面，朱熹所编注的书籍，如《四书集注》《近思录》《通鉴纲目》《女诫》《朱子家礼》，等等，被明清两代政府正式颁布为教科书，其影响长达数百年之久。宋明理学为什么会有如此大的影响呢？据贺麟分析，其原因在于："凡源远者流必长，根深者叶必茂。程朱之学，凡事必推究至天人心性，而求其究竟至极之理，其理论基础深厚，犹源远根深，而其影响之远大，犹如流之长，枝叶之茂。"[①]由此可见，"宋儒格物穷理，凡事必深究其本源，理论基础甚深厚，虽表面上似虚玄空疏，而实有大用，故发生极大的影响，说宋儒不切实用，大都是只就表面而论，而不明程朱学说之全体大用者"[②]。

贺麟不否认宋明理学也有一些不健康的成分，表现出某种病态。例如，程朱的生活态度严酷冷峻，山林道气很重，不如孔孟的生活态度淳厚朴茂，有栖遑救世的热忱。因此，应当努力发扬先秦汉唐的精神，用以校正宋明理学的偏蔽。但总的来说，他对宋明理学抱着肯定的态度。针对五四新文化运动以来学术界流行的过分否定宋明理学的虚无主义倾向，贺麟做出一些积极的、肯定性的评价，确实起到了正人视听的作用。贺麟的新评价没有无原则地颂扬封建主义的糟粕，而是挖掘、提炼宋明理学中体现民族精神的精华，这种分析的态度还是可取的。他提出的一些观点也是相当中肯的。不过，也应当看到，他的评价也受到他现代新

---

① 贺麟. 文化与人生. 北京：商务印书馆，1988：197.

② 贺麟. 文化与人生. 北京：商务印书馆，1988：197—198.

儒家学术立场的限制。他过分强调宋明理学的民族性，却讳言它的时代性。实际上，宋明理学既是一种民族哲学，又是一种官方哲学，贺麟只谈前者，而不谈后者，势必难以做出全面的评价。

冯友兰说，他的新理学是接着宋明理学讲，而不是照着宋明理学讲的，贺麟的新心学何尝不是如此？他对宋明理学所做的新评价，正是要为发展宋明理学铺平道路。从这个意义上说，他对宋明理学的新评价也是他创立新心学体系的必要的理论准备。

朱熹评说

贺麟是一位陆王型的现代新儒家，但他并不像其他陆王型的新儒家那样固执门户之见，极力抬高陆王而贬低程朱，视程朱"别子为宗"。他正视程朱一派长期在思想占统治地位这一历史事实，很注重对朱熹哲学的研究。

我们在上一章谈到，贺麟把朱熹视为可以同黑格尔媲美的"谈太极的大师"，并且在《朱熹与黑格尔太极说之比较观》一文中多方面、多角度地对朱熹与黑格尔的本体论思想做了比较。贺麟对朱熹的本体论思想相当重视，他认为朱熹哲学中的太极有两点含义：一是太极指总天地万物之理言；二是太极指心与理之全体或灵明境界言。所谓心与理一之全，亦即理气合一之全。他的这一看法比较准确地抓住了朱熹太极说的本质特征。

贺麟的朋友、清华大学哲学系教授张荫麟写过一篇《论宋儒太极说之转变》的文章，对朱熹颇有微词。贺麟不同意张荫麟的观点，写了《与张荫麟兄辨宋儒太极说之转变》一文，与之商榷。贺麟认为，朱熹继承并发展了周敦颐的太极说，使理学的本体论思想更加明确。诚然，朱熹的说法同周敦颐的说法有区别，但是并没有原则上的分歧，"而乃有似源与流，根与枝干的不同"①。"朱子之太极说实出于周子，而周子之说亦实有足以启发朱子处。周子措辞较含混，较简单，朱子发挥得较透彻，较明确。若谓周子的太极纯是物理的气而绝非理，朱子的太极则纯是形上之理，朱子强以己意附会在周说上，反使周说晦而难解，是则不唯厚诬朱子，且亦恐不能说明从周到朱之线索。"②贺麟很重视中国哲学史上从周敦颐到朱熹这一段，在他看来，这段哲学发展史占有重要地位，其意义不亚于西方哲学史上从苏格拉底到亚里士多德，或者从康德到黑格尔。如果说周敦颐是理学太极说的奠基人，那么，朱熹则是理学太极说的集大成者。

贺麟认为，朱熹对周敦颐提出的太极说的重大发展，首先在于提出太极为理的观点。周敦颐《太极图说》中太极、无极两个概念之间的关系不够清楚，容易造成歧义，朱熹完全排除了造成歧义的可能，明确了理的本体地位。"且周子之提出无极，其作用本在提高或确说太极之形而上的地位，勿使太极下同于一物，故释太极为理，是否完全契合周子本意，虽不可知，但要使周说更明晰，更贯彻哲学理论，求进一步发展周说，其不违反周子本意，其有补于周说之了解与发挥，当亦无可置疑。"③其次，朱熹强调太极为理与气的合一，更加明确了太极的总体性。朱熹"认理气合一为太极，较之纯认理为太极，似更与周子原旨接近。于此更足见朱子之忠于周子，忠于真理，而无丝毫成见"④。贺麟指出，周敦颐和朱熹提出太极说，目的在于为道德修养奠立理论基础，为希贤希圣指出形上门径，乃是一种"后道德学"（meta-ethics）或者先天修养学，不能从西方式的物理学或"后物理学"的角度来理解。他的这种看法凸显了

---

① 贺麟. 哲学与哲学史论文集. 北京：商务印书馆，1990：388.

② 贺麟. 哲学与哲学史论文集. 北京：商务印书馆，1990：388.

③ 贺麟. 哲学与哲学史论文集. 北京：商务印书馆，1990：391.

④ 贺麟. 哲学与哲学史论文集. 北京：商务印书馆，1990：391.

中国哲学与西方哲学的差别，强调中国哲学的特质，是一种相当深刻的识见。他关于周敦颐和朱熹之间关系的看法也是符合事实的。

贺麟除了研究朱熹的本体论之外，还特别注重研究朱熹的思想方法。学术界有一种很流行的观点，认为朱熹与陆九渊的思想方法不同。朱熹的方法是分析的，而陆九渊的方法是直觉的。贺麟不同意这种观点，他指出，朱熹的方法固然与陆九渊有区别，但不一定就是这种区别。也有人认为朱熹的方法是一种求知识的科学方法，贺麟也不完全同意。他承认，"盖以朱子之虚心穷理，无书不读，无物不格的爱智精神，实为科学的精神也"[1]。但朱熹建立哲学体系的方法绝不是科学方法，因为"科学方法则只求认识其表面的、粗的、部分的方面，并没有认识形而上的、里面的、精的、全体大用之职志也"[2]。朱熹所设定的格物目标是"众物之表里精粗无不到，而吾心之全体大用无不明"（《四书集注·大学章句》），运用科学的方法显然不能达到这一目标。朱熹的方法也不是修养的方法，因为修养的方法只适用于实践领域，而不适用于理论领域，不可能用这种方法建构哲学理论体系。

那么朱熹的方法到底是怎样的呢？贺麟说："依我的说法，朱子的格物，既非探求自然知识的科学方法（如实验方法、数学方法等），亦非与主静主敬同其作用的修养方法，而乃寻求哲学或性理学知识的直觉方法，虽非科学方法，但并不违反科学违反理智，且有时科学家偶尔一用直觉方法，而用直觉方法的哲学家，偶尔亦可发现自然的科学知识。"[3]他认为朱熹运用格物穷理的直觉方法构造出理学体系，但他并不排斥科学方法，故而能在考据学以及天文地理律历方面有所发现，做出成绩。朱

---

① 贺麟. 哲学与哲学史论文集. 北京：商务印书馆, 1990：190.

② 贺麟. 哲学与哲学史论文集. 北京：商务印书馆, 1990：191.

③ 贺麟. 哲学与哲学史论文集. 北京：商务印书馆, 1990：190.

熹的直觉方法同修养的方法也是相容的，"因直觉既是用理智的同情以体察事物理会事物的格物方法，故并不是与情志、人格或修养毫不相干。直觉的格物法可以使人得到一种精神的真理，足以感动人的情志的真理（spiritual truth or inspiring truth），换言之，直觉法是可以使人得到宋儒所谓'德性之知'或今人所谓'价值的知识'或'规范的知识'（knowledge of the value or norm of things）的方法"①。贺麟强调，只有用直觉的方法，朱熹才能深入其里、探究其精，形成一种总体的、形而上的哲学识度，这是其他方法所不能替代的。

贺麟对朱熹、陆九渊的直觉方法加以比较，认为二者既有相同之处，又有不同之处。"二人对直觉方法之着重点与得力处不同。陆象山注重向内反省，似回复本心，朱子注重向外体认，以穷究物理。但象山所得力的各点，朱子亦兼收其所长。"②他指出，朱熹、陆九渊的直觉方法大体相同之处概括起来有两点。

第一，朱熹同陆九渊一样，也反对读死书。贺麟除了引证王阳明《朱子晚年定论》中的材料说明这一点之外，还挖掘出两条更有说服力的材料。朱熹在《答潘叔度书》中写道："熹衰病。今岁幸不至剧……决得日前外面走作不少，颇恨盲废之不早也。"朱熹还"今一向耽着文字，令此心全体都奔在册子上，更不知有己，便是个无知觉不识痛痒的人，虽读得书，亦何益于曾事耶！"由此可见朱子反对读死书的坚决态度。朱子痛斥骛外友离、耽溺于书册文字，恐怕陆九渊反对读死书也不过如此。但朱熹反对读死书则是在经历"一物未格则一物之理未尽，一书未读，便一书之理未尽"的实践之后总结出来的教训，故而更具深刻性。

朱熹和陆九渊虽然都反对读死书，但是根本态度并不一样。陆九渊

---

① 贺麟. 哲学与哲学史论文集. 北京：商务印书馆，1990：191.

② 贺麟. 哲学与哲学史论文集. 北京：商务印书馆，1990：191.

反对读死书而专注于"自我"或"德性"，偏重于主观；朱熹反对读死书却"掉转方向陶醉于大自然怀抱中，仍是向外的，与陆之向内寻求本心，一味不向外走作者大不相同。盖象山注重提醒此心，无时忘掉自我，有似费希特，而朱子不是忘掉自己于书本，即是忘掉自己于自然，放心于外，复收之回内，忘掉自己又归还自己，则有似黑格尔"①。在贺麟看来，朱熹虽反对读死书，但仍偏重于自然，偏重于客观，同陆九渊仍有区别。

第二，朱熹和陆九渊一样，也注重向内反省，求放心，求回复本心。例如，朱熹在解释《大学》中"明德"时说："明德是我得之于天，而方寸中光明底物事。统而言之，仁义理智。……本不待自家明之，但从来为气禀所拘，物欲所蔽，一向昏昧，便不光明。而今却在挑剔揩磨出来，以复向来得之于天者，便是明明德。"（《朱子语类》卷十四）贺麟指出，朱熹在这里对"明明德"的解释同陆九渊"自己回复本心"的说法是一致的。再如，朱熹说："人之本心不明，一如睡人都昏了，不知有此身，须是唤醒，方知。恰如瞌睡，强自唤醒，唤之不已，终会醒。某看来大要工夫只在唤醒上。然如此等处，须是体验教自分明。"（《朱子语类》卷十二）根据这段材料，贺麟说："朱子此处明言须用自己体验的工夫，唤醒那原来灵明的本心，更是显然与象山如出一辙。所以，如果我们试比较本篇所引的朱陆两人的说法，实在无须牵强附会，即可见得他们中间实在无有根本区别。"②

尽管朱熹、陆九渊都采用"回复本心"的向内反省的直觉方法，他们中间没有根本的区别，但仔细研究起来，仍存在着同中之异。贺麟指出，朱、陆的同中之异处有二。其一，他们运用此种方法的艺术有工拙之不同。陆九渊较工，他能熟练运用直觉法持守自己的本心，善于从血

---

① 贺麟. 哲学与哲学史论文集. 北京：商务印书馆，1990：193.

② 贺麟. 哲学与哲学史论文集. 北京：商务印书馆，1990：194—195.

脉上感动他人，唤醒别人的本心，颇有大宗教家点化世人使之幡然悔悟的风度。相比之下，朱熹较拙。"他自己就很难把持他的本心，不令其向外走作。他用简单有力的言语，当下即直接点化人或感动人的力量和效果似均不及象山。"①其二，就时间而言，他们有先后的不同。陆九渊把回复本心当作最先最初步的工夫，常教导从学弟子"先立乎其大"，而"朱子则以回复本心为学问思辨格物穷理方能达到的高远的最后理想，故教人先泛观博览，先博学于文，然后方返之'约'，然后方'复礼'，方复'本心之德'"②。与这种区别相联系，陆九渊把"回复本心"当作教人的根本方法，而朱熹则把它当作校正读书格物的支离散漫之弊的途径。

朱熹与陆九渊直觉方法的真正区别在于，陆九渊采用偏重向内反省本心的直觉法，而朱熹采用偏重向外体认钻究的直觉法。关于朱熹的直觉法的特点，贺麟用"虚心涵泳，切己体察"8个字来概括，并且解释说：

> 虚心则客观而无成见，切己则设身处地，视物如己，以己体物。体察则用理智的同情以理会省察。涵泳有不急迫，不躁率，优游从容，玩味观赏之意。朱子大学章句集注，采程子之说，训"格"为"至"，释"格物"为"穷至事物之理，欲其极处无不到也"，其意亦是用"虚心涵泳，切己体察"工夫，以穷究事物之理，而至乎其根本极则，贯通而无蔽碍，以达到"用力之久，而豁然贯通焉，则众物之表里精粗无不到，而吾心之全体大用无不明"的最后的直觉境界。③

按照贺麟的理解，朱熹所说的"格物"，并不是格外界客观的、具

---

① 贺麟. 哲学与哲学史论文集. 北京：商务印书馆，1990：194—195.

② 贺麟. 哲学与哲学史论文集. 北京：商务印书馆，1990：195.

③ 贺麟. 哲学与哲学史论文集. 北京：商务印书馆，1990：196.

体事物，而是物之全体。物之全体不可能作为感觉的对象，也不可能作为概念认识的对象，只能作为直觉的对象，所以他才把"格物"诠释为"至物"。在朱熹的诠释中包含着三层意思："一，与物有亲切接触，而无隔阂；二，深入物之中心，透视物之本质，非徒观察其表面而止；三，与物为一，物我无间之意。"①经过这样的诠释，朱熹所说的格物虽是向外探求，但已化解了主体与客体的对立，并没有把物对象化。这样一来，朱熹所说的"格物"与"穷理"便具有同等含义。"盖朱子格物的工夫所欲达到的非与物相接或与物一体的先理智的神秘的感性的直觉境界，而乃是欲达到心与理一的后理智的直觉境界。于此更足以见得朱子的直觉法的高明、精到而且平实。"②贺麟对朱熹的直觉法评价很高，认为这种直觉法有似于基尔凯戈尔、狄尔泰的以价值为对象的直觉法，有似于柏格森的以生命为对象的直觉法，有似于斯宾诺莎的以形而上的真理为对象的直觉法。"朱子的直观法，虽就平实处立论，从读书穷理处着力，但似兼具三方面而有之。"③

以上贺麟对朱熹思想方法的分析的确是深入而又细致的，提出许多独到的见解。贺麟把朱熹建立理学体系的思想方法定位为直觉法，是符合朱熹的思想实际的。朱熹提出"理"的观念，所建立的是一个意义的世界或价值的世界，他所说的"格物穷理"，就是追求同这一世界合而为一，这当然是一种直觉的方法。从建立意义的世界或价值的世界这一总目标上看，朱熹与陆九渊没有什么分歧。他们都注重心性之学，都采用直觉方法，不同之处仅在于朱熹偏重向外透视体认的直觉法，而陆九渊偏重向内反省本心的直觉法。但最后则殊途同归——都以意义的世界和

---

① 贺麟. 哲学与哲学史论文集. 北京：商务印书馆，1990：196.
② 贺麟. 哲学与哲学史论文集. 北京：商务印书馆，1990：197.
③ 贺麟. 哲学与哲学史论文集. 北京：商务印书馆，1990：197.

价值的世界为归宿。这样，贺麟终于找到了宋明理学中程朱派与陆王派的会通之处，并且确立了新心学"心理合一"的本体论原则。

陆九渊评说

贺麟的新儒学思想之所以称为"新心学"，已向人们显示：他承袭着陆王心学的学脉。同对朱熹的态度相比，他对心学的奠基人陆九渊表现出更多的同情与敬意。

贺麟很欣赏朱熹"理为本体"的客体原则，但更欣赏陆九渊"心为本体"的主体原则。贺麟认为，尽管朱熹偏重客体原则，陆九渊偏重主体原则，但他们之间绝不是截然对立、水火不相容的关系。"象山虽注重本心，注重理想，然而他仍与朱子一样地注理、天理、学问、格物穷理。不过象山根本认为理不在心外，且比较在行事方面在实际生活方面（而较少在书本章句方面）去求学问，去格物穷理罢了。"[1]在贺麟看来，陆九渊"心为本体"的主体原则中，也包容了"理为本体"的客体原则。他不像某些研究者那样，特别看重朱陆之间的差别，而着重强调他们之间的一致性。他在研究朱熹思想时体现出这一特点，在研究陆九渊思想时也体现出这一特点。

贺麟指出，陆九渊同朱熹一样，也是运用直觉方法建立哲学体系的，不过陆九渊的直觉方法却有其自身的独到之处。从消极方面来说，陆九渊的直觉方法可以用"不读书"三字表示。陆九渊声称："圣人之言自明白……何须得传注。学者疲精神于此，是以担子越重。到某这里，只是与他减担，只此便是格物。"（《象山全集》卷三十五）他反对朱熹的章

---

[1]　贺麟. 文化与人生. 北京：商务印书馆，1988：232.

句之学，在鹅湖之会上陆氏兄弟在诗中讥讽朱熹泛观博览而后归之约的主张，写下"留情传注翻榛塞，著意精微转陆沉""简易工夫终久大，支离事业竟浮沉"等句子。陆九渊提出一个有趣的问题：尧舜以前有何书可读？尧舜何以能成为圣人？由此可见，读书绝不是成为圣人的先决条件，首要的一条还是发明人的本心，然后博览群书才能与本心相合。

贺麟分析说，陆九渊"不读书"的直觉法绝不是"不学无术"的意思，而是欲求真学问，去把握实在，因而具有比较深刻的含义。中国哲学史上曾有老子、庄子反对读书，西方哲学史曾有卢梭反对读书，但只有陆九渊才把"不读书"当作一种直觉的方法，即从本本的束缚中解脱出来，发明本心，追求与道为一的直觉境界。所以，陆九渊才把不读书当作学道的初步工夫。贺麟不否认，陆九渊如此立说也许有些偏激，但仔细领会，便可发现他的精义。

第一，他针对朱熹过分沉溺传注的倾向而发，有矫正弊端的作用。"足见他为学的方法，首着重在减轻学术文化上的负担，解除外界的侵蚀，以保持自己的本心，而免为教育所误，书籍所蔽，文字所累。"①照贺麟看来，这种方法不仅在宋代有积极意义，就是在当今时代仍然是富有启发性的。当今时代仍存在着"教育误人"，即使人丧失纯洁的本性与天真的情形，陆九渊"不读书"的直觉法包含着改革教育的深意。第二，陆九渊反对做书本的奴隶，倡导独立思考的精神，具有思想解放的意义。他的"不读书"的主张中隐含着怀疑主义倾向，而这种倾向不啻是一副清心剂，提醒学者保持心灵的贞操，不要舍己随人，轻于信从古人。"而象山此法实具有此种种作用，可以使此心摆脱一切，赤地新立，以便一切真我作主，由本心出发。"②第三，究实而论，陆九渊并不是一概反对读

---

① 贺麟. 哲学与哲学史论文集. 北京：商务印书馆，1990：185.

② 贺麟. 哲学与哲学史论文集. 北京：商务印书馆，1990：186.

书，他只是反对被动地读死书。他本人就是一个读书、著书的学者。"不过他读书是看古人是否失得我心之已然，契合自己的本心。他未尝不著书，但著书只是出于自然，并非勉强，且不以传注为业。他亦未尝不讲论，但讲论只是启发人自己的思想，发明人的本心，教人自己反省。"①陆九渊这种主动的读书方法是有指导意义的。

从积极的方面来说，陆九渊的直觉法可以用"回复本心"四个字来概括。贺麟指出，陆九渊"回复本心"的直觉方法同他的心本体论是一致的。"本心即是他的本体，回复本心即是他的方法。他根本认为'此心本灵，此理本明，此性本善''心即是理，性即是理''人同此心，心同此理'。所谓格物穷理，即是回复本心"②。陆九渊"回复本心"的直觉法包括两个方面，一是对自己而言，要求自己反省自己的本心，向内用功夫，自己体认、领会真我，自己把握自己的真生命。在这个方面，"回复本心"同柏格森所说的"自己对自己表同情"意思相似。二是对被教育者而言，要求教育者启发受教育者反省他自己的本心，回复到他本心的先天理性。在这个方面，"回复本心"有似于苏格拉底的接生法或者柏拉图的回忆法。贺麟认为，陆九渊运用"回复本心"的方法教人很成功，能够做到"就血脉上感动他"，促人反省，颇有感化能力，常使人发汗流泪，收到很好的效果。

按照贺麟的诠释，陆九渊"回复本心"的方法又是一种解除物欲的蒙蔽、树立正确的价值标准的方法。陆九渊说："愚不肖者不及焉，则蔽于物欲而失其本心，贤者智者过之，则蔽于意见而失其本心。"又说："此心本灵，此理本明，至其气禀所蒙，习尚所梏，俗论邪说所蔽，则非加

---

① 贺麟. 哲学与哲学史论文集. 北京：商务印书馆，1990：186.

② 贺麟. 哲学与哲学史论文集. 北京：商务印书馆，1990：186.

剖剥磨切，则灵且明者，曾无验矣。"①这意味着，陆九渊视物欲为"回复本心"的最大障碍。"私欲非本心，意见非本心，见闻习染非本心，游思杂念非本心，不惟非本心，而且是蒙蔽本心，桎梏本心的障碍物。须一本'不安其旧，惟新是图'（象山语）的精神，反思反求，痛加剖剥磨切，使之扫荡无余，则本心即可回复，行为取舍即有准则，判断是非善恶自有标准了。"②在贺麟看来，陆九渊"回复本心"的直觉方法体现了宋明理学"存理灭欲"的一般原则，突出了儒家重修身的传统精神，不仅具有方法论意义，而且具有价值论的意义。

通过对陆九渊直觉方法的研究考察，进而对朱熹、陆九渊的直觉方法加以比较，贺麟得出这样的结论："一方面是向内反省，一方面是向外透视。认识自己的本心或本性，则有资于反省式的直觉，认识外界的物理或物性，则有资于透视式的直觉。朱子与陆象山的直觉方法，恰好每人代表一面。陆象山的直觉法注重向内反省以回复自己的本心，发现自己的真我；朱子的直觉法则注重向外体认物性，读书穷理。但根据宋儒所公认的'物我一理，才明彼，即晓此，合内外之道也'一原则，则用理智的同情向外穷究钻研，正所以了解自己的本性；同样，向内反省，回复本心，亦正所以了解物理。其结果亦归于达到心与理一，个人与宇宙合一的神契境界，则两者可谓殊途同归。"③贺麟这样看待朱陆的异同，强调二者的互补性、会通性，体现出他特有的学术风格。在现代新儒家当中，有些人偏向陆王，有些人偏向程朱，而贺麟却没有受到门户之见的束缚。他比较公正地处理了朱子之学与陆子之学的关系，把他们的学说都当作新心学的思想来源看待。新心学"心理合一"的本体论原则，

---

① 转引自贺麟. 哲学与哲学史论文集. 北京：商务印书馆，1990：187—188.

② 贺麟. 哲学与哲学史论文集. 北京：商务印书馆，1990：188.

③ 贺麟. 哲学与哲学史论文集. 北京：商务印书馆，1990：184.

既吸收了朱学的思想营养，也吸收了陆学的思想营养。

王阳明评说

贺麟作为新心学的倡导者，当然不会不研究心学集大成者王阳明的学术思想。他很重视王阳明的知行合一论和致良知之教。

贺麟认为，王阳明提出知行合一说具有很重要的理论价值。"王阳明之提出知行合一说，目的在为道德修养，或致良知的功夫，建立理论的基础。"[①]王阳明在他最得意的弟子徐爱在世的时候，经常同徐爱在一起讨论知行合一问题。可惜，徐爱短命而亡，从此王阳明本人很少谈知行合一问题。王阳明的后学很少继承和发挥王阳明的知行合一论，王阳明的批评者也很少涉及这一问题。贺麟要求扭转这一局面，他指出："知行合一说虽因表面上与常识抵触，而易招误解，但若加正当理解，实为有事实根据，有理论基础，且亦于学术上求知，道德上履践，均可应用有效的学说。而知行问题，无论在中国的新理学或新心学，在西洋的心理学或知识论中，均有重新提出讨论，重新加以批评研究的必要。"[②]

据贺麟研究，王阳明的知行合一说有两个含义。第一个含义是"补偏救弊的知行合一"。例如，王阳明曾说："行之明觉精察处便是知，知之真切笃实处便是行，若行而不能明觉精察，便是冥行，所以必须说个知。知而不能真切笃实，便是妄想，所以必须说个行。原来只是一个工夫。凡古人说行知，皆是就一个工夫上补偏救弊说，不似今人截然分作两件事做。如今说知行合一，虽亦是就今时补偏救弊说，然知行体段亦

---

① 贺麟. 五十年来的中国哲学. 沈阳：辽宁教育出版社，1989：130.
② 贺麟. 五十年来的中国哲学. 沈阳：辽宁教育出版社，1989：130.

本来如是。"(《王阳明全集·语录》)所谓"补偏救弊的知行合一"说，乃是针对当时思想界的弊端而提出的补救办法，"即是勉强将知行先分为二事，有人偏于冥行，便教之知以救其弊；有人偏于妄想，便教之行以救其弊。必使他达到明觉精察之行，真切笃实之知，或知行合一而后已。这样一来，知行合一便成了理想，便须努力方可达到或实现的任务"①。这种"补偏救弊的知行合一"说具有很强的针对性，当然不能算作王阳明知行学说的深意。

王阳明的知行合一说的另一个含义是"本来如是的知行合一，或知行本来的体段"。王阳明说："我今说个知行合一，正要人晓得一念发动处便即是行了。"(《传习录》)又说："知行原是两个字说一个工夫。这一个工夫须著此两个字，方说得完全无弊病。""若会得时，只说一个知，已自有行在，只说一个行，已自有知在。"(《传习录》)贺麟把王阳明"本来如是的知行合一说"概括为两个基本观点：一是认为知行为同一发动的两面；二是认为知行平行，合一并进。以这两个基本观点为基础，新心学中的"自然的知行合一观"形成了。贺麟强调，他提出的"自然的知行合一观"有许多地方可以同王阳明的知行合一说相互印证发明，并且弥补了王阳明知行合一说的不足之处。例如，王阳明的知行合一说，至少在时间观念上没有说清楚：所谓知行合一究竟是指知行同时合一呢，还是指异时合一。如果说是同时合一，则意味着人与禽兽同为知行合一，智愚贤不肖也同为知行合一，这就排除了心性修养的必要性，因而有违于王阳明的本意；如果说知行合一不是同时性的，中间拉开很长距离，需经过努力方可达到目标，似乎也不符合王阳明的本意。贺麟认为他提出的自然的知行合一观说清楚了王阳明没有说清楚的地方，关于贺麟的自然的知行合一观我们将在以后详细评述。

---

① 贺麟.五十年来的中国哲学.沈阳：辽宁教育出版社，1989：147.

贺麟对王阳明的知行合一观的特点做了这样的概括："我们试仔细理会阳明的意思，则知他所谓知行合一的本体，即非理想的，高远的，亦非自然的，毫无价值意味的，而乃持一种率真的或自动的（spontaneous）知行合一观。所谓率真的或自动的知行合一观，就工夫言，目的即手段，理想即行为，无须悬高理想设远目的于前，而勉强作积年累月之努力，以求达到。就时间言，知与行紧紧发动，即知即行，几不能分先后，但又非完全同时。换言之，可以说，就时间言，知与行间只有极短而难于区分之距离。如见父自知孝，见兄自知悌，见孺子入井自知往救等，便是阳明所谓知行合一的真体段。"①他引用王阳明在《传习录》中答徐爱的一段话证明他的这种看法：

> 爱问："今人尽有知父当孝、兄当悌者，却不能孝不能悌，知行分明是两件事。"曰："此已被私欲间断，不是知行本体。未有知而不行者，知而不行，只是不知。圣贤教人知行，正是要复那本体。故《大学》指个真知行与人看，说：'如好好色，如恶恶臭。'见好色属知，好好色属行。只见好色时已自好了，不是见后又立个心去好。闻恶臭属知，恶恶臭属行，只闻恶臭时已自恶了，不是闻后别立个心去恶。"

贺麟对王阳明"率真的自动的知行合一观"做了两点分析：第一，王阳明的知行合一观最接近自然的知行合一观，但又不同于自然的知行合一观；第二，王阳明虽反对高远的、理想的、分而后合的知行合一，但他仍在知行之间拉开极短的距离，因而仍是理想性的、有价值意味的。基于这种分析，贺麟对朱熹与王阳明的知行观做了比较。他认为，朱熹关于知行问题的根本见解，包含着两个基本点：一是从理论上说，知先

---

① 贺麟. 五十年来的中国哲学. 沈阳：辽宁教育出版社，1989：149.

行后，知主行从；二是从价值上说，知行应当合一，穷理与履践应当兼备。因此，朱熹的知行观虽然从知先行后说起步，但仍以知行合一为归宿。他引证朱熹的原话作为立论的依据：

> 问："南轩云'致知力行互相发'。"曰："未须理会相发，且各项做将去。若知有未至，则就知上理会。行有未至，则就行上理会。少间自是互相发。"

> 学者工夫，唯在居敬、穷理二事，此二事互相发。能穷理则居敬工夫日益进，能居敬则穷理工夫日益密。譬如人之两足，左足行，则右足止。右足行，则左足止……其实只是一事。(《朱子语类》卷九)

贺麟把朱熹的知行观定位为"理想的价值的知行合一观"。他指出，朱熹的知行观与王阳明的知行观有很大的区别。朱熹强调知先行后，把知行合一视为理想目标，在知与行之间拉开相当大的距离，没有王阳明那种即知即行的说法。在朱熹的知行观中，知与行界限分明，而在王阳明的知行观中，知与行没有原则界限。尽管如此，王阳明与朱熹在知行观方面却存在着许多共同点。贺麟认为他们的知行观都是价值的知行合一观，朱熹为理想的价值的知行合一观的代表；而王阳明则是直觉的价值的知行合一观的代表。在贺麟看来，王阳明和朱熹的知行观是相通的，"其实朱子虽注重坚苦着力的理想的知行合一，但当他深讲涵养用敬，讲中和，讲寂感时，已为王阳明的直觉的知行合一观预备步骤。王阳明虽讲直觉的率真的知行合一，但当他讲知行之本来体段时，已具有浓厚的自然的知行合一观的意味，故自然的知行合一论，实由程朱到阳明讨论知行问题所必有的产物"①。贺麟认为他的自然的知行合一论是从朱熹到王阳明的第三个发展阶段,承认他的知行观与王阳明有直接的联系,但并没有因此而贬抑朱熹知行观的地位。他强调朱学与王学同中有异,异中有同,比较全面地揭示了二者的思想联系,丝毫没有受到门户之见的束缚。立足于程朱派与陆王派的会通,这是贺麟新儒学思想的独到之处。

贺麟还指出,知主行从是贯穿王阳明知行观的一条基本原则。王阳明说:"知是行的主意,行是知的功夫。知是行之始,行是知之成。"(《传习录》)贺麟对王阳明的这一提法评价很高,称"知是行的主意"为讨论知识问题的不朽名言。这句话表明知不是一堆死概念,认识主体也不是被动地接受外界印象的白纸。王阳明充分肯定认识的主动性,强调认识支配行为的作用。在贺麟看来,"这个学说与鲁一士'观念是行为的计划'(Idea is a plan of action),或'观念是行为的指针'(Idea is a guide to action)的说法如合符契,一扫死观念、空观念、抽象的观念之说。至阳明所谓'行是知的工夫',即系认为行为是实现所知的手续或行为是补足我们求真知的功夫之意,意思亦甚深切,且亦确认知主行从的关系"②。贺麟也看到王阳明知行学说的局限性,认为王阳明哲学中的知行观念仅限于德行和涵养心性方面的知行,尚未上升到一般认识论的高度。他相信,如果突破这一局限,王阳明的知行合一说"只消应用在自然的知行和理论的知识方面,便可以做科学思想,以及道德以外的其他一切行为的理论根据"③。事实上,贺麟本人正是要推进王阳明的学说,他的自然的知行合一论不仅继承了王阳明知行并进、知行为同一活动的观点,也继承了王阳明知主行从的基本原则。

---

① 贺麟. 五十年来的中国哲学. 沈阳:辽宁教育出版社, 1989:156.

② 贺麟. 五十年来的中国哲学. 沈阳:辽宁教育出版社, 1989:151.

③ 贺麟. 五十年来的中国哲学. 沈阳:辽宁教育出版社, 1989:151.

贺麟很重视王阳明早年提出的知行合一观，更重视王阳明晚年提出的致良知之教。他认为，知行合一说只是讨论知行的关系，对于知行关系的逻辑分析和心理研究有贡献，但还不能反映王阳明的本体论思想和方法论思想。直到王阳明晚年提出致良知之教，才算完成了体用兼赅的理论体系。在王阳明哲学体系中，良知是本体，致良知是工夫，本体与工夫紧密结合。王阳明说：

> 人心是天渊，心之本体无所不赅，原是一个天，只为私欲障碍，则天之本体失了。心之理无穷尽，原是一个渊，只为私欲窒塞，则渊之本体失了。如今念念致良知，将此障碍窒塞一齐去尽，则本体已复，便是天渊了。（《传习录》下）

由这段话可以看出，王阳明说的致良知是对陆九渊回复本心的直觉方法的继承和发展。王阳明还依据致良知对《大学》中的格物做了新的诠释，认为"格物如孟子'大人格君心'之格，格者正也。格物者是去其心之不正，以全其本体'良知'之正"。贺麟评述说："不管他是否曲解原书，他所指格物，就是致良知，就是消极地克去此心之不正，积极地回复到本心之正。"[①]贺麟认为，王阳明解释经书的风格同陆九渊"六经注我"的风格都是一致的，王阳明的良知与陆九渊的本心都是同等程度的哲学范畴，他们的哲学体系都建立在"主体即本体"的原则之上。

贺麟还把陆王心学同西方哲学加以比较，他认为"本心或良知"的哲学含义绝不是洛克所说的"天赋观念"（innate ideas）。因为洛克所批评的"天赋观念"，乃是由乳母的迷信、老妇的权威、邻居的喜怒赞否等外部经验逐渐熏陶而形成的道德意识，同"良知""本心"等我固有之的自

---

① 贺麟. 哲学与哲学史论文集. 北京：商务印书馆，1990：189.

我意识并不是一回事，相反，这种外部经验熏陶而成的天赋观念正是陆王所要克治的桎梏本心之物或蒙蔽良知之物。贺麟指出，陆九渊所说的本心和王阳明所说的良知大体上相当于康德哲学中的"道德律令"。"康德所谓道德律即是我固有之，非由外铄，心与理一的良心或本心。要想认识这种道德律，不能向外钻究，只需向内反省。因为陆王的本心，既非经验所构成，故他们的方法不能采取向外研求的经验方法，而特别提出向内反省以回复本心的直觉法"。[①]贺麟是现代新儒家当中最早注意康德哲学与儒家哲学的共同点的学者，他的这一发现几乎得到所有现代新儒家的认同。

陆九渊与王阳明是对贺麟哲学思想影响最大的两位中国哲学家，贺麟所创立的新心学实则为陆王心学在现代的继承和发展，或者可称为陆王心学的现代转换。新心学与陆王心学之间存在着十分密切的思想联系。第一，新心学继承了陆王心学的主观唯心主义本体论原则，并自觉地从哲学基本问题的角度对此做出新的论证。贺麟提出的"心为物之体，物为心之用"，同陆九渊"吾心即是宇宙，宇宙便是吾心"、王阳明"心外无理，心外无物"的观点是一脉相承的。第二，新心学继承了王阳明的知行合一论，并且从生理学与心理学的角度加以发挥，形成所谓"自然的知行合一观"。贺麟指出，王阳明的知行合一观可以印证自然的知行合一观，而自然的知行合一观亦可以解释、发挥、批评王阳明的"直觉的价值的知行合一观"。尽管在某些细节上他们尚有分歧，但他们的基本精神是一致的，都贯彻了一条由心到物、销行归知的主观主义思想路线。第三，新心学继承了陆王"扶持纲常名教"的传统，力求从本体论高度证明"三纲五伦"的合理性。贺麟认为，五伦是礼教的核心，而三纲又是五伦的核心。他认为"三纲五伦"仍然是现代社会行之有效的伦理规

---

① 贺麟. 哲学与哲学史论文集. 北京：商务印书馆，1990：189.

范。同陆王一样，贺麟也以扶持"三纲五伦"为己任，不过他对这一传统的伦理规范做了改铸发挥，赋予了现代的内容。但是，在把本心本体视为伦理规范的形上根据这一点上，贺麟同陆王并没有原则分歧。

王夫之哲学思想研究

贺麟的新心学直接继承发扬了陆王心学一脉，但他并不排斥程朱理学。追求朱陆协调、朱陆同存，这是贺麟新儒学独特的风格。对于贺麟形成这种风格颇有影响的是明清之际最著名的哲学家王夫之。

贺麟对王夫之在中国哲学史上的地位评价很高，认为他是"王阳明以后第一人"，在中国哲学史上的地位远远超过与他同时代的顾炎武、黄宗羲等人。"他的思想的创颖简易或不如阳明，但体系的博大平实则过之。他的学说乃是集心学和理学之大成。道学问即所以尊德性，格物穷理即所以明心见性。表面上他是绍述横渠，学脉比较接近程朱，然而骨子里心学、理学的对立，已经被他解除了，程朱陆王间的矛盾，已经被他消融了。"[1]王夫之通常被哲学史家们视为张载气学的继承人，视为中国朴素唯物主义的集大成者。贺麟不同意这种看法，他把王夫之诠释为宋明道学的集大成者。按照黑格尔的思维模式，程朱一派的理学偏重于客体性，可以说构成正题；陆王一派的心学偏重于主体性，可以说构成反题；而王夫之主客体兼顾，正好构成理学与心学的合题。

贺麟认为，王夫之的哲学思想以"合"为显著特征。他指出："王船山的基本思想是一个不偏于一面的一元论或合一论。在各种对立的双方中，他要力求其偏中之全，对立中之统一。他的一元论，不是孤立的单

---

① 贺麟. 文化与人生. 北京：商务印书馆，1988：258.

一的一元论,而是一种谐和的调解对立、体用兼赅的全体论或合一论。
而他的合一论也并不是漫无区别的混一论或同一论,而自有其体用主从
之别。大体说来,他的思想是以理为体、物为用的理学,以心为体、物
为用,知为主、行为从的心学。"[1]贺麟从以下5个方面展开论述他的这一
看法。

(一)道器合一论。王夫之说:"未有弓矢而无射道,未有车马而无
御道"。(《周易外传》卷五)提出"无其道而无其器""无其器则无其
道""器之虚寂,即道之虚寂"等命题。根据这些材料,贺麟认定王夫之
是道器合一论者。他不同意某些学者把王夫之说成唯器论者,因为在他
看来,这样诠释王夫之,似乎把王夫之看成了只知用而不知体的肤浅之
辈。他不否认王夫之说过"天下惟器而已矣,道者器之道,器者不可谓
之道之器"(《周易外传》卷五)一类的话,但认为这是王夫之针对王学
末流离器言道的空寂倾向而提出来的,似乎不足以表示王夫之哲学的根
本立场。"为补偏救弊计,他比较注重不可离器而言道,或器外无道之
说,诚所不免,但他从来没有离开他的道器合一论。"[2]的确,王夫之有道
器合一的思想,但是否如贺麟所解释的那样,却是大可商榷的。王夫之
明确地提出"盈天地间皆器"(《周易外传》卷六),"据器而道存,离器
而道毁"(《周易外传》卷二)的观点,显然把道器合一论建立在"器在
道先""天下惟器"的唯物主义哲学基础之上的。贺麟囿于唯心主义的哲
学立场,不愿意看到王夫之在道器关系问题上的唯物主义倾向。

(二)体用合一论。王夫之说:"天下之用,皆其有者也。吾从其用
而知其体之有……体用胥有而相需以实。善言道者,由用以得体,不善
言道者,妄立一体,而消用以从之。不可说空道虚,而强名之曰体。求

---

① 贺麟. 文化与人生. 北京: 商务印书馆, 1988: 261.

② 贺麟. 文化与人生. 北京: 商务印书馆, 1988: 261.

之感而遂通者，日观化而渐得其原，如执孙子而问其祖考"。(《周易外传》卷二）贺麟认为王夫之在这里提出的"体用胥有而相需以实"的命题，深刻地揭示了体用合一的原则。他认为王夫之的体用合一论同道器合一论是一致的，"道即体，器即用，道器合一说即体用合一说"[①]。王夫之提出体用合一论是针对"说空道虚"的玄虚倾向而发的，旨在强调道的现实性。由于贺麟立足于唯心主义哲学立场，没有揭示王夫之体用论的这一特点。

（三）心物合一论。贺麟从王夫之的《尚书引义·尧典》中找到一句话，"心无非物也，物无非心也"，遂断定王夫之是心物合一论者，应当说他的理由是不充分的。因为孤零零的一句话并不能代表王夫之的根本观点。贺麟自己也承认王夫之对这两句话没有作透彻发挥。贺麟还引用了王夫之《尚书引义·毕命》中的一段话："一人之身，居要者心也。心之神明散寄于五脏，待感于五官，肝脾肺肾，魂魄志思之藏也。一脏失理，一官失用，而心之灵已损矣。无目而心不辨色，无耳而心不知声，无手足而无能指使。一官失用而心之灵已废矣。其能孤挖一心以绌群明而可效其灵乎？"贺麟认为这段话阐发了身心合一之理，同斯宾诺莎的身心平行论相似。他说："在中国哲学里，讨论身心问题，有这种见解，实新颖可喜，足以引人研究生理学及心理学的兴趣。可惜他未能详细发挥。"[②]应当说王夫之在这段话中主要讲的是形神合一说，诠释为身心合一论亦未尝不可，但很难从中引申出心物合一论来。

（四）知行合一论。贺麟认为从王夫之的心物合一论或身心合一论必然引申出知行合一论或知能合一论，并引用王夫之论"知不可废能"的一段话作为证据。王夫之说："夫能有迹，知无迹。故知可诡，能不可诡，

---

①　贺麟. 文化与人生. 北京：商务印书馆, 1988：261.

②　贺麟. 文化与人生. 北京：商务印书馆, 1988：262.

异端者于此，以知为首。尊知而贱能，则知废。知无迹，能者知之迹也。废其能则知非其知，而知亦废。"（《周易外传》卷五）王夫之在这里强调的是能或行的重要性，同王夫之在《尚书引义·说命》中讲的"行可兼知，而知不可兼行"是一致的。可是贺麟却用王阳明式的知行合一论诠释王夫之的这段话，他说："他这里以行能为知之迹象，则知是体、行是用，知是主、能是从，自不待言。"[1]贺麟的这一结论是难以成立的，他没有看到，王阳明的知行合一论以"知"为基础，而王夫之的知行合一论乃以"行"为基础。贺麟后来在1989年出版的《五十年来的中国哲学》一书中纠正了他以前的观点，认为"船山自己的学说，可称为唯物的或重行的知行合一说，与阳明的重知的知行合一说正相反"[2]。

（五）物我合一论。贺麟认为王夫之由心物合一论引申出物我合一论，并引证王夫之在《尚书引义·尧典》中的一段话为根据。王夫之写道："且夫物之不可绝也，以己有物。物之不容绝也，以物有己。己有物而绝物，则内戕于己。物有己而绝己，则外贼乎物。物我交受其戕贼，而害乃极于天下。况乎欲绝物者，固不能充其绝也，一眠一食而皆与物俱，一动一言而必依物起。不能充其绝，而欲绝之，物且前却而困己，己且龃龉而自困。"王夫之在这里是从认识论的意义上论证主观与客观的相互作用，并不能从中引申物我合一的本体论观点。

贺麟对王夫之哲学思想的诠释，显然受到新心学哲学立场的限制，颇有一些"我注六经，六经注我"的味道。贺麟对王夫之哲学的诠释，很大程度上是他本人哲学思想的阐述，难免流露出解释学的偏见。不过，也应看到，贺麟对王夫之在哲学史上地位的肯定是很有见地的，他指出，王夫之吸收了程朱陆王两派的理论思维成果，把中国哲学发展到新的理

---

① 贺麟. 文化与人生. 北京：商务印书馆，1988：262.
② 贺麟. 五十年来的中国哲学. 沈阳：辽宁教育出版社，1989：204.

论高峰，他把辩证的综合看成王夫之哲学的特征，这些见解都是相当精辟、相当深刻的。

贺麟对王夫之的历史哲学做了深入细致的研究。他认为王夫之的历史哲学是他的纯粹哲学的应用与发挥；王夫之晚年所著《读通鉴论》和《宋论》是他在历史哲学方面的代表作。在这两部名著中，王夫之"执一中心思想以评衡历史上的人物与事变，自评论历史以使人见道明理而入哲学之门。书中透出了他个人忠于民族文化和道统之苦心孤诣的志事，建立了他的历史哲学、政治哲学和文化哲学，指示了做人和修养的规范，可以说他书中每字每句都是在为有志做圣贤、做大政治家的人说法"①。

什么是历史哲学？照贺麟看来，司马迁在《太史公自序》中说的"明天人之际，通古今之变，成一家之言"是对历史哲学的性质与任务的最好的诠释。历史哲学的任务就是通过考察历史探究国运盛衰、时代治乱、英雄成败、文化消长、政教得失、风俗隆污的道理，以求得普遍性的教训、鉴戒或原则。历史哲学的性质乃是哲学家以哲学原理为主，而以历史的事实作为例证和参考，把历史学家所暗示的教训发挥出来，批评历史学家写史时所抱的根本主张及其所假定的前提。因此，历史哲学是哲学，而不是历史。贺麟认为，王夫之的历史哲学研究准确地把握住了历史哲学的任务，充分体现出历史哲学的特质。

关于王夫之研究历史哲学的方法，贺麟指出三点。第一，采取以事实注理则，以理则驭事实的方法，借历史事实以说明哲学原理，将历史事实作为哲学原理的例证。贺麟认为王夫之所依据的哲学原理主要是儒家的天道观念，以大量的历史事实证明天道的公正不爽。此外还有儒家的仁的观念以及体用合一的观念。贺麟评论说，这种方法的好处在于使理论富有哲学识度，将历史过程贯通起来，排除矛盾；缺点是容易流于

---

① 贺麟. 文化与人生. 北京：商务印书馆，1988：258.

空洞议论而缺少真切的感受。所以，王夫之需要把这种方法同其他方法结合在一起运用，才能使自己的理论既丰富又亲切感人。

第二，采取即用以观体、因物以求理、由部分以窥全体、由特殊以求通则的现象学的方法。王夫之说："知言者，因古人之言，见古人之心。尚论古人之世，分析古人精意之归。详说群言之异同，而会其统宗；深造微言之委曲，而审其旨趣。"（《宋论》卷六）又说："千载以下，可按迹以知心。义不义决于心，而即征于外。"（《读通鉴论》卷十六）贺麟把王夫之的意思归纳起来，认为王夫之所采用的理解历史的方法，就是由看得见的古人的言论与事迹等现象入手，去探求那看不见的心与道，故而称其为现象学的方法。这种方法的基本要求是因言见心，因迹见道，即用观体，由外知内，由现象求本质。

第三，采用体验方法。王夫之在《读通鉴论·叙论（四）》里说："设身于古之时势，为己之所躬逢。研虑于古之谋为，为己之所身任。取古人宗社之安危，代为之忧患，而己之去危以即安者在矣。取古昔民情之利病，代为之斟酌，而今之兴利以除害在矣。""得可资，失亦可资也。同可资，异亦可资也。故治之所资，惟在一心，而史特其鉴也。"贺麟认为王夫之体验的方法包括知与行两个方面。从知的方面来说，教人虚心地、设身处地地体察古人的事迹，要有真情实感；从行的方面来说，教人求得深刻的教训，用作自己立身处世的鉴戒。所以，王夫之的体验方法不是单纯求抽象知识的方法，而是一种知行合一的方法。

贺麟对王夫之研究历史哲学的方法的剖析是深入而细致的，大体上揭示了王夫之特有的学术风格。贺麟的剖析表明，王夫之研究历史哲学的方法是史实与史论的有机结合，是由现象到本质的步步深入，是理论概括与情感体验的交契融会。正是因为王夫之能够熟练地运用上述三种方法，所以才取得了令人瞩目的研究成果。

　　贺麟指出，王夫之历史哲学的基本问题是天道与人事的关系问题。对于这一问题，王夫之总的看法是在历史上事理是合一的，天道与人事是不可分的。天道不是脱离人事的抽象原则，人事也不是不受天道制约的无序过程。关于王夫之历史哲学中天道范畴的内涵，贺麟做了五点解析："第一，天道具有理则性，是灵明而有条理的，是历史上事物变迁发展的法则或节奏。第二，天道具有道德性。天道是公正的，大公无私，赏善罚恶。这一点与老子的天地不仁的看法相反，而是代表正统儒家思想。第三，天道复有自然性，不息，不遗，无为，不假人为，无矫揉造作。第四，天道具有内在性，即器外无道，事外无理，天道不在宇宙人生之外，而是内在于器物事变中，主宰推动万事万物。第五，天道有其必然性，真实无妄，强而有力，不可抵抗，人绝不能与天道争胜。凡此特点，均儒家的天道观应有之义。"①按照贺麟的分析，天道是一种客观的历史规律，它体现在历史过程之中，不以人的意志为转移；天道是一种价值尺度，起着价值导向作用。贺麟的这种分析是符合王夫之思想实际的。

　　基于上述天道观念，王夫之对天、事物、心三者之间的关系做了这样的说明："无以知天，于事物知之尔。知事物者，心也；心者，性之灵、天之则也。"（《读通鉴论》卷七）"天不可知，知之以理，流俗相沿，必至不乱，拂于理则违于天，必革之而后安……以理律天，而不知在天者之即为理。以天制人，而不知人之所同然者即为天。"（《读通鉴论》卷十九）"君子之所贵于智者，自知也，知人也，知天也。至于知天而难矣。然而非知天则不足以知人，非知人则不足以自知。'天聪明，自我民聪明；天明威，自我民明威。'即民之聪明明威，而见天之违顺。"（《读通鉴论》卷十四）贺麟认为，王夫之的这种看法一方面吸收了朱熹即物

___
① 贺麟. 文化与人生. 北京：商务印书馆，1988：264.

穷理的思想，发挥了"天即是理"的理学的说法；另一方面也吸收了陆九渊"此心同此理同"的思想，又体现出心学的倾向。"由此我们可以看出，船山不离理而言天，由事物以求明理知天，处处不离理学规范。然而他又不离心而言理，不离心而言天，处处鞭辟近里，一以心学为宗主。所以我们敢断言他是集理学与心学之大成的人。他格物穷理，以救心学的空寂。他归返本心，以救理学的支离。"①贺麟认王夫之为理学心学集大成者的说法当然不是不容置疑的定论，但他指陈了这样一个事实：王夫之一方面揭示出历史发展过程中存在着客观规律性，另一方面也揭示出人在历史发展过程中所表现的主观能动性，并且力图把客观规律性与主观能动性统一起来。这的确是王夫之历史哲学中的精彩之处。

贺麟指出，在王夫之的历史哲学中包含着丰富的辩证法思想。首先，王夫之从天道在历史的表现过程中发现了对立统一、相反相成的原则。王夫之说："天下之至很者无很也，至诈者无诈也。"（《读通鉴论》卷二十）"其失也，正其所以得也。其可疑也，正以其无不可信也。""奚以知其为大智哉，为人所欺者是已。"（《读通鉴论》卷二十四）"得道多助，创业不恃助。不恃也，乃可恃也。"（《读通鉴论》卷十）贺麟认为，王夫之的这些言论中都包含着对立统一的深刻道理，与老子"大智若愚""上德不德"之论有异曲同工之妙。"这些道理，在船山那里，不是老庄的玄言，而是历史上、人事上体验有道的实理。"②王夫之在评论历史人物时，也体现对立统一的原则，注意把握智与不智、仁与不仁、功与无功、言与无言的辩证联系。例如，王夫之在评论唐代著名将领郭子仪的人格时说："天下既共见之，而终莫测之……不言之言，无功之功，回纥称之曰'大人'，允矣其为大人矣。"（《读通鉴论》卷二十三）贺麟认

---

① 贺麟. 文化与人生. 北京：商务印书馆，1988：265.
② 贺麟. 文化与人生. 北京：商务印书馆，1988：266.

为，王夫之的这种评论足以表示他深有见于矛盾中的谐和的妙谛。

其次，王夫之还从矛盾统一中深悟到不偏于一面的宏量和持中的道理。王夫之说："生之与死，成之与败，皆理势之必有，相为转圜而不可测者也。即以身任天下，则死之与败，非意外之凶危。生之与成，抑固然之筹划。生而知其或死，则死而知其固可以生。败而知有可成，则成而抑思其且可以败。生死死生，成败败成，流转于时势，而有量以受之。如丸善走，不能踰越于盘中。"（《读通鉴论》卷二十八）贺麟认为王夫之注意到矛盾双方的转化，要求全面地看问题，"这样，辩证法在他那里已不是呆板的法则，而是生活的智慧了"①。

再次，王夫之还提出类似黑格尔"理性的机巧"的深刻见解。贺麟说："船山的历史哲学之富于辩证思想，最新颖独创且令我们惊奇的，就是他早已先黑格尔而提出'理性的机巧'（the cunning of reason）的思想。王船山（1619—1692）生在黑格尔（1770—1831）之前约150年，但黑格尔哲学中最重要的创新'理性的机巧'之说，却早经船山见到，用以表示天道或天意之真实不爽，矛盾发展且具有理性目的。"②王夫之在《宋论》中提出"天因化推移，斟酌曲成以制命"的命题，指出天道的实现不是直线式的，往往采取曲折的途径依使矛盾进展的过程，以便完成理性目的。他在《读通鉴论》进一步展开这种观点，写道："天欲开之，圣人成之，圣人不作，则假手于时君及智力之士以启其渐。以一时之利害言之，则病天下；通古今而计之，则利大而圣道以弘。天者，合往古来今而成纯者也……时之未至，不能失焉。迨其气之已动，则以不令之君臣，役难堪之百姓，而即其失也以为得，即其罪也以为功，诚有不可测者矣。天之所启，人为之效，非人之能也。圣人之所勒，人弗守之，则

---

① 贺麟. 文化与人生. 北京：商务印书馆，1988：267.

② 贺麟. 文化与人生. 北京：商务印书馆，1988：267.

罪在人而不在天。"(《读通鉴论》卷三）王夫之从历史中找出许多例证说明他的这种看法，如秦始皇、汉武帝、武则天、宋太祖等，都充当了体现"理性的机巧"的角色，"秦以私天下之心而罢侯置守，而天假其私以行其大公，存乎神者之不测，有如是夫!"（《读通鉴论》卷一）

贺麟很赞成王夫之这一段富于辩证哲思的诊断，认为其中包含着许多与黑格尔相契合的观点。第一，王夫之以天或理性代表全体，主张研究历史不可囿于一时一地的意见，而应当贯通古今，含有黑格尔"真理是全体"的意思。第二，王夫之认为英雄伟人不过是天假借来完成历史使命的工具，与黑格尔关于英雄在历史上的作用的看法类似。第三，王夫之突破了宋明理学家一味指责秦皇汉武好大喜功、残民以逞等狭义的道德观念，肯定他们体现"理性的机巧"的历史地位，既表现出深远的哲学识见，又富于近代精神。第四，王夫之所说的"天"含有人格的有神论的意味，接近于黑格尔哲学中"上帝"的观念。

以上贺麟对王夫之历史哲学的诠释，提出了许多独到的、新鲜的见解。贺麟准确地抓住了王夫之历史哲学的精华——历史辩证法思想，充分显示出王夫之历史哲学的理论价值。他成功地运用中外哲学的比较方法，从新的视角看待王夫之的历史哲学，故而有新的发现。贺麟对王夫之历史哲学的研究，并不是学究式的考证，而是努力挖掘其契合现代精神的学术价值，以求实现传统文化的现代转换。贺麟对王夫之历史哲学的诠释，当然免不了流露出"解释学的偏见"（如他认王夫之为理学与心学集大成者），但总的来看还是切合王夫之的思想实际的。

第四章　中国近现代哲学述评

贺麟不但关注着中国哲学的历史，更注重研究中国哲学的现状。他是最早开展中国近现代哲学研究的学者之一，曾写出《当代中国哲学》（新版改称《五十年来的中国哲学》）这一颇有影响的力作，站在现代新儒家的立场上，较全面地绍述与评判中国近现代哲学的发展进程，预言现代新儒学将成为未来中国哲学的主流，贺麟关于中国近现代哲学的研究是他的新心学学术思想的重要组成部分。

中国哲学的近代走向

1840年鸦片战争以后，西方帝国主义列强凭借"船坚炮利"撞开中国的大门，清政府无法再实行"闭关锁国"的政策，西方的经济制度、生产方式、行为方式、思想意识等陆续传入中国。中外两种文化剧烈冲突，思想界发生了巨大的变化，中国哲学的近代化进程开始了。对于这种变化，贺麟有很明确的认识。他指出："近五十年来，中国的哲学界即或没有别的可说，但至少有一点可以称道的好现象，就是人人都表现出一种热烈的'求知欲'，这种求知欲也就是哲学所要求的'爱智之忱'。我们打开了文化的大门，让西洋的文化思想的各方面汹涌进来。对于我们自己旧的文化，即使不根本加以怀疑破坏的话，至少也得用新方法新观点去加以批评的反省和解释，因而会觉得有无限丰富的宝藏，有待于我们的发掘。"[①]面对西方思想文化的冲击，贺麟不赞成墨守传统的成法，主张对传统文化加以重新诠释，使之走上近代化的轨道。他也不赞成一味抄袭西方的模式，因为这并不能缓解个人以及民族生活上、文化上、精神上的危机和矛盾。

贺麟指出，由于西学的刺激、清末革新运动的兴起、方法的训练、思想识度的加深等，中国哲学在近代出现新的发展势头。他认为，这种新的发展势头集中表现为两点，一是陆王之学得到盛大的发展，与此相关，儒、佛的对立以及程朱和陆王的对立也得到新的调解；二是对中国哲学史有了新的整理。

贺麟认为，首先开启近代陆王之学发展方向的思想家当属康有为。康有为自命为一派宗师，早年曾是维新派的领袖，而晚年变为极顽固的守旧派。"然他生平用力较多，气味较合，前后比较一贯服膺的学派仍是陆、王之学。"[②]贺麟如此说的理由有三条：第一，梁启超在《三十自述》中称，康有为在万木草堂讲学授徒，便讲授陆王心学；第二，康有为平时著书立说，本着"六经注我"的陆王学派的宗旨，撷拾经文随意发挥自己的主观见解，写出《新学伪经考》等书，被钱穆在《中国近三百年学术史》中称为"考证学中之陆、王"，贺麟同意钱氏的说法；第三，康有为在《大同书》中提出毁灭家庭、公妻共产、破除国界以及种界、形

---

① 贺麟. 五十年来的中国哲学. 沈阳：辽宁教育出版社，1989：1.

② 贺麟. 五十年来的中国哲学. 沈阳：辽宁教育出版社，1989：3.

界、类界、级界等项主张，表达他的大胆激越的理想，与王学末流猖狂的一派相接近，晚年创办《不忍》杂志，"不忍"二字取意于《孟子》，也同王阳明的良知说接近。

继康有为之后，谭嗣同、梁启超两个康门大弟子也学宗陆、王。谭嗣同在《仁学》一书中所阐发的"仁"的观念，乃是佛教中的慈悲、基督教中的博爱同王阳明的良知相糅合而成的产物。他主张"冲决网罗"，要求打破名教、礼教、世俗的束缚以恢复仁，也是陆九渊"回复本心"和王阳明"致良知"之教的引申与发挥。谭嗣同反对荀子，尊崇孟子，认为黄宗羲、王夫之比较能代表儒家的真面目，称"黄出于陆、王，陆、王将缵庄之仿佛，王出于周、张，周、张亦缀孟之坠遗"，都表现出扬陆、王而抑程、朱的倾向。至于谭嗣同的性情事迹也同王学中泰州、龙溪一派相近。据此，贺麟断言："所以我认为康、谭二人皆以陆、王之学为其中心思想，不过两人皆以气盛，近于粗疏狂放，比较缺乏陆、王之反本心性的精微穷理工夫罢了。"[①]

至于梁启超，贺麟的看法是：梁氏的思想虽以多变著称，"然而他全部思想的主要骨干，仍为陆、王"[②]。梁氏同谭嗣同一样，也是一位尊孟抑荀的大将，从而承接了陆、王的学脉。梁启超在湖南时务学堂曾讲授陆、王的修养论和公羊、孟子的民权论，撰文发挥"先立乎其大则其小者不能夺"之旨，指斥朱子支离，服膺王阳明致良知之学。"他终身精神发皇，元气淋漓，抱极健康乐观的态度，无论环境如何，均能不忧不惧，不为失望恐怖所侵入。年老而好学弥笃，似亦得力在此。"[③]

贺麟指出，除了康门师生之外，国学大师章太炎也在推进中国哲学

---

①　贺麟. 五十年来的中国哲学. 沈阳：辽宁教育出版社，1989：4.

②　贺麟. 五十年来的中国哲学. 沈阳：辽宁教育出版社，1989：4.

③　贺麟. 五十年来的中国哲学. 沈阳：辽宁教育出版社，1989：4.

近代化方面做出重大的贡献。贺麟对章太炎的哲学思想评价很高，他说："据我看来，他的思想深刻缜密，均超出康、梁，在哲学方面亦达到相当高的境界，其新奇独到的思想不惟其种族革命的思想，是当时革命党主要的哲学的代言人，而且可以认作'五四'运动时期新思想的先驱。"[①]

贺麟认为章太炎在哲学上的贡献概括起来有两点。第一，他承孙诒让、俞曲园之绪，倡导诸子学的研究，尤其是老庄之学的研究，以此同儒家抗衡，动摇了儒家独尊的地位，为革新思想的传播与纯学术研究的开展打开局面，从而开新文化运动时期"打倒孔家店"潮流的先河。第二，用佛学解释老庄，阐发道家的自然主义。章太炎在《国故论衡》中指出，道家较儒家在中国政治史有较大较好的贡献。《检论》中的《四惑论》《五无论》等篇充满怀疑精神，起到了解放思想的作用。贺麟认为章氏早年思想的显著特色在于打破束缚，追求"转俗成真"的精神境界，他引用章氏在《菿汉微言》中的话作为证据。章太炎写道："及囚系上海，专修慈氏世亲之书，此一术也，以分析名相始，以排遣名相终，从入之途与平生朴学相似，易于契机。""为诸生说庄子，旦夕比度，遂有所得。端居深观而释齐物，乃与瑜伽华严相会。""自揣平生学术，始则转俗成真，终乃回真向俗。"贺麟指出，当章氏追求"转俗成真"时，表现出非儒、重道、尊佛的倾向；而当他追求"回真向俗"时又复归于儒家的营垒。"'由真向俗'一点，我们可以知道他晚年比较留心政局，回复到儒家。他晚年创办一个刊物，叫作《华国》，一方面意识到他有昌明国学的重任，一方面鉴于社会风纪的败坏，国势的衰弱，他每以气节鼓励青年，并特别表扬孔门中有勇知方的'子路'，而反对空疏的性理之辨。即谓其思想渐趋于接近陆、王，亦无不可。他并且指出阳明之学的长处在'内

---

① 贺麟. 五十年来的中国哲学. 沈阳：辽宁教育出版社，1989：5. 引文中"慎"疑为"缜"之误(引者注)。

断疑悔，外绝牵制'。确甚精要。"①

　　贺麟还充分肯定佛学大师欧阳竟无的理论贡献。欧阳竟无继承杨文会开创的近代中国佛学事业，创立支那内学院，弘扬佛法，刻书教学，致力于儒佛的融会贯通。他早年曾专治陆王心学，后来归心佛法。"自'九一八'事变以后，忠义愤发，复转而以般若融贯孔学，表彰陆、王。他与人论孔学书，有'陆量宏而程量隘'的话"②。欧阳竟无在《论语读》序中写道："东海有圣人焉，此心同此理同也。西海有圣人焉，此心同此理同也……般若直下明心，孔亦直下明心。盖墨子短丧薄丧，一切由事起，孔子食甘不甘，闻乐不乐，一切由心起。直下明心，不愿乎外，是之谓一，无入而不自得焉，是之谓贯也。"在贺麟看来，欧阳竟无对儒学基本思想的理解，显然是采取陆九渊"心同理同""回复本心"的进路。

　　贺麟认为，五四新文化运动以后，陆王心学显示出更强劲的发展趋势，涌现出梁漱溟、熊十力、马一浮等现代新儒家学者。关于贺麟对这三位学者的看法，我们将在下一章谈到。

　　总之，在贺麟看来，陆、王之学的复兴代表着中国近现代哲学的发展方向。对于产生这种变化的原因，贺麟做了两点分析。第一，陆、王注重自我意识，较契合个人自觉、民族自觉的时代要求。陆王学注重内心直觉，对于反抗传统权威、解脱束缚有帮助。第二，近代中国处于社会转型时期，学术上处于青黄不接的过渡阶段，无传统的范式可以遵循，也无外来的准则可以模拟，只有凡事自问良知，求内心之所要，提挈自己的精神以应付急剧变化的现实。贺麟把陆王心学的复兴看成中国哲学近代的方向，显然是他基于自己的新心学的哲学立场所做出的一种判断，未必符合中国近代哲学发展的实际情况。近代中国是新旧思想、中外学

① 贺麟. 五十年来的中国哲学. 沈阳：辽宁教育出版社，1989：7.
② 贺麟. 五十年来的中国哲学. 沈阳：辽宁教育出版社，1989：7.

说的冲突与交会的历史时期，急剧变革的社会现实呼唤着新的哲学问世，复兴哪一种现成的学说恐怕都不能满足时代的要求。其实，贺麟本人也未必相信陆、王之学会照原样复兴起来，他所想象的陆、王之学已深深打上解释学的烙印，利用陆、王的某些命题注入大胆怀疑、解放思想、崇尚理性的新内容。从这个意义上说，贺麟的确把握住了中国近代哲学的基本特色。

贺麟指出，重新整理中国哲学史也是中国哲学近代化的必要工作。在这方面，首先做出成绩的是胡适。胡适写的《中国哲学史大纲》（上册）一书对于开新风气、提示新方法影响很大。"他受过传统汉学家考证方法的训练，于墨经的考订，贡献较大，而又首以流畅有力的白话文著书，且又以实用主义的观点评论各家学说（特别批评儒家，表扬墨家的实用主义）。在当时新文化运动上，实一很广泛传播对青年颇有影响的著作。"[1]贺麟认为《中国哲学史大纲》（上册）一书有两点值得称道。第一，帮助中国人从传统道德或礼教的权威中解放出来；第二，提倡儒家之外的诸子学的研究，改变儒家独尊的局面，开启思想自由之风。在贺麟看来，胡适在当时要求突破儒学独尊的局面是有积极意义的。"儒家之定一尊，之权威化，亦即儒家思想之失掉真面目，真精神，故新文化运动消极地反对儒家的躯壳和权威，积极地于启发对儒家真面目、真精神的发扬，亦有其功绩。"[2]贺麟运用黑格尔"否定即是肯定"的辩证观点看待胡适学术思想的非儒倾向，认为这有助于儒学的复兴。他指出，胡适后来著《说儒》一文，似乎又回到尊孔的态度。

胡适的《中国哲学史大纲》只写了上册。继胡适之后，冯友兰写出两厚册的《中国哲学史》，为中国哲学史研究的深入开展奠立了基础。贺

---

① 贺麟.五十年来的中国哲学.沈阳：辽宁教育出版社，1989：20.

② 贺麟.五十年来的中国哲学.沈阳：辽宁教育出版社，1989：20.

麟认为，冯著《中国哲学史》"以苏格拉底在西方哲学上的地位比拟孔子在中国哲学史上的地位，以桑塔耶纳认宗教为诗之说，解释儒家的'礼'之富于诗味，说法比较新颖。于公孙龙子的学说，他也有特殊研究，使向来沉晦而少人注意的学说粲然明白。"[①]但贺麟对冯亦有所批评，如指出《中国哲学史》中佛学部分有待于改进，对陆王学缺乏同情，有些提法太笼统，等等。

冯友兰著《中国哲学史》一书比较薄弱的佛学部分，由于汤用彤的潜心研究，也取得了突破性的进展。"汤先生以缜密的头脑，渊博的学问，熟悉东西方哲学文学，学习过梵文及巴利文，以治印度哲学，承继他家传的佛学，并曾在支那内学院听过欧阳竟无先生讲佛学，同时他又得到了西洋人治哲学史的方法，再参以乾嘉诸老的考证方法。所以他采取蔡勒尔（Zeller）治希腊哲学史一书的方法，所著的《汉魏两晋南北朝佛教史》一书，材料的丰富，方法的谨严，考证方面的新发现，义理方面的新解释，均胜过别人。"[②]在贺麟看来，汤用彤做学问有两个特点。第一，采用以分见全、以全释分的方法，汇通全时代或某位哲学家的整个思想体系，既抓住哲学家的根本见解，又能参证某一字句某一章节的确切的解释。第二，他对古人抱着温情与敬意，决不枉屈古人，表现出尚友千古的学术精神。

贺麟指出，汤用彤基于多年的中国文化学术史的研究和观察，对于中国哲学发展的延续性有了新颖而深切的看法。"他一扫认中国哲学的道统在孟子以后，曾经有过长期失传的偏狭的旧说。他认为中国哲学自来就一脉相传没有中断。即在南北朝隋唐时代，当佛学最盛，儒学最衰时

---

①　贺麟. 五十年来的中国哲学. 沈阳：辽宁教育出版社，1989：21.

②　贺麟. 五十年来的中国哲学. 沈阳：辽宁教育出版社，1989：22.

期，中国人并未失掉其民族精神。"[①]贺麟完全同意汤用彤的这一结论，在他看来，这是中国哲学史研究的价值之所在。中国哲学所蕴含的民族精神具有吸收异质文化的包容性，它曾成功地吸收了佛学的理论思维成果，获得了新发展，也一定会应付西方哲学的挑战，获得新的进程。他对中华民族文化的发展前景充满了信心，深信它决不至于沦亡断绝。

西方哲学的输入与融会

中国近现代哲学的发展过程是西方哲学的传入以及中西哲学融会的过程。为了帮助人们弄清楚这一过程，贺麟对西方哲学的输入与融会做了回顾。

贺麟认为西方哲学在中国的传播与中国学者融会中西哲学的历史过程大体上可以划分为两个阶段：五四新文化运动以前为第一阶段，这一阶段西方哲学初步传入中国，比较零乱，未能加以选择与整理；第二阶段开始于五四新文化运动，这时已超出杂乱的无选择的稗贩阶段，开始有系统地、原原本本地介绍西方哲学，并且由了解西方哲学进而达到批评、融会、自创的程度。贺麟很遗憾地说："西方哲学传播到中国来，实在太晚，中国哲学界缺乏深识远见的人，及早认识西方哲学的真面目，批评地介绍到中国来，这使得中国的学术文化实在吃亏不小，这不能不怪中国人的精神生活太贫乏，对于西人精神深处的宝藏，我们缺乏领略掘发的能力。我们在文化方面，缺乏直捣黄龙的气魄。"[②]他认为，尽管中国哲学界在绍述与融会西方哲学方面取得了一定的成绩，但还远远不够。

---

① 贺麟. 五十年来的中国哲学. 沈阳：辽宁教育出版社，1989：23.

② 贺麟. 五十年来的中国哲学. 沈阳：辽宁教育出版社，1989：24.

在介绍西方哲学方面，最早做出贡献的当属严复。严复翻译的赫胥黎、斯宾塞尔、亚当·斯密、穆勒·约翰等人七八种名著，首先把某些西方思想家的思想介绍到中国来。贺麟认为，尽管严复首开了介绍西方哲学的风气，但他不能不受到历史条件的限制。第一，他没有译述比较专门的哲学著作。第二，他译述的目的是实用的，想找到救亡图存的药方，没有出于纯学术的兴趣。第三，他虽提出了信、达、雅三条翻译标准，然而却偏重于"雅"。贺麟说："所以我们认为他的译述，就内容言，少专门哲学的；就目的言，是实用的；就方法言，是用文雅的古文以达惝的。他有他所以要如此做的苦衷。他曾尽了他对时代的使命。然而现在我们不能不说严译的时代已经去了。"[①]

与严复同时的梁启超曾写出《西儒学案》，介绍霍布斯、笛卡儿、洛克、康德等哲学家的思想，就连他自己也承认免不了"稗贩、破碎、笼统、肤浅、错误诸弊"（《清代学术概论》）。王国维倒是想深入康德哲学体系，曾有一两年的时间皆"与叔本华之书为伴侣"，由叔本华上通康德，下至尼采，皆有所涉猎。"然而他忽然发现哲学中'可爱者（指康德、叔本华等唯心哲学）不可信，可信者（指实证主义、自然主义哲学）不可爱'，作了一首诗赞咏康德，以后便永远与哲学告别了。这并不全由于他缺乏哲学的根器，也是由于中国当时的思想界尚没有成熟到可以接近康德的学说。"[②]总之，在贺麟看来，五四新文化运动以前，虽然有严复、梁启超、王国维等学者介绍或研究过西方哲学，但西方哲学并没有真正进入中国哲学界。

直到五四新文化运动时期，情况才有了改观。胡适等人介绍实用主义哲学，杜威、罗素先后来华演讲，人们对西方哲学的兴趣慢慢地增长

---

① 贺麟.五十年来的中国哲学.沈阳：辽宁教育出版社，1989：26.
② 贺麟.五十年来的中国哲学.沈阳：辽宁教育出版社，1989：27.

起来，西方哲学开始在中国哲学界生根。贺麟介绍说，1923年，留学美国、英国、德国10余年，获哲学博士学位的张颐，回国主持北京大学哲学系，讲授关于康德和黑格尔哲学的课程，中国才算有了够得上近代大学标准的哲学系。1927年，张东荪、瞿菊农、黄子通等人创办《哲学评论》(后来由中国哲学会主办)，中国才有了专门性质的哲学刊物。1925年，中国哲学会成立，中国才有了专门的哲学学术团体。中国哲学会举办年会，使哲学家们有机会发表自己的研究成果，相互交流心得，促进了中国现代哲学的发展。1941年，中国哲学会成立西方哲学名著编译委员会，中国才开始有严格认真、有系统、有计划、经过专家校阅、够得上学术水准的关于西方哲学的译述和介绍。

在翻译和介绍西方哲学方面，贺麟提到4位有代表性的学者。第一位是张东荪。他译著有柏格森的《创化论》《物质与记忆》和《柏拉图五大对话》；著有《道德哲学》一书，介绍西方的伦理思想；他还撰写了不少论文，介绍西方现代哲学如实用主义、新实在论、批判的实在论、层创进化论、新唯心论等，汇编为《新哲学论丛》一书。贺麟肯定张东荪在翻译、介绍、自创学说、批评时代思潮等方面均有贡献，但也指出："他因出身新闻记者，完全由于自学，方法或稍欠谨严，思想前后亦不一贯。"①第二位学者是郑昕。贺麟认为"郑昕先生是吾国第一个对康德作精深的研究，而能够原原本本专门地系统地融会地介绍康德哲学的人"②。郑昕对康德哲学的理解有三点独到之处：第一，重视康德把先天自我作为一切知识的可能的逻辑条件或逻辑主体的思想；第二，认为康德哲学中的自在之物不是独立存在的外物，也不是抽出了一切性质关系所剩下的离心独立的渣滓，而是关于事物知识的主观统一性的理念；第三，他

---

① 贺麟. 五十年来的中国哲学. 沈阳：辽宁教育出版社，1989：28.

② 贺麟. 五十年来的中国哲学. 沈阳：辽宁教育出版社，1989：34.

发挥康德"可能经验的条件，同时即是可能经验的对象的条件"的观点，认为经验中的一切事物都受逻辑主体法则的规定。这样一来，他便指出了由康德到黑格尔的康庄大道，他认为善用理性的理性主义（以别于误用理性的理性主义，或独断主义），由康德作谨慎地分析的开端，而到黑格尔才得到玄想的、综合的、美满的完成。第三位学者是陈康。陈康留学德国10年，是研究古希腊哲学的专家，贺麟称他是"直接打通了从柏拉图到亚里士多德哲学的第一人"[①]，称赞他方法谨严、思想缜密，哲学识度远远超出一般的研究者。第四位学者是洪谦。洪谦就教于维也纳学派的石里克，著有《维也纳学派哲学》一书，力图把逻辑实证主义介绍到中国来。"他指出维也纳学派真情（爱、游艺）与真理（纯科学的知识）兼重的趋势，而不仅是重名词分析的学派，他特别着重玄学在文化上的地位，而并不妄持取消玄学之说，都是他独到的地方。"[②]在贺麟看来，上述四位学者（尤其后三位学者），真正进入西方哲学的营垒，这表明中国哲学界关于西方哲学的绍述与研究达到了新的水准。

在融合中西哲学、致力于创立新的中国哲学方面，贺麟认为金岳霖、冯友兰、沈有鼎三位先生颇有代表性。金岳霖善自用思想，最长于逻辑分析，写出《论道》书，创立了以"道""式""能"为基本范畴的本体论学说。式是析取地无所不包的可能，能是不可名状的"X"，道则是式与能相结合的总过程，宇宙间每一个事物都是式与能的结合体。能的极致叫作"无极"，式的极致叫作"太极"，"无极而太极是为道"。贺麟对金岳霖的本体论学说的评价是："金先生以独创的且习于'用英文想'的元学思想，而又多少采取了'旧瓶装新酒'的办法，用了一些宋明理学的旧名词以表达之。往往增加理解的困难，而未必能达到他所预期的感

---

① 贺麟. 五十年来的中国哲学. 沈阳：辽宁教育出版社，1989：36—37.
② 贺麟. 五十年来的中国哲学. 沈阳：辽宁教育出版社，1989：51.

情的满足。"①冯友兰采用同金岳霖大体相同的概念，创立了"新理学"思想体系。沈有鼎虽然没有像金岳霖、冯友兰那样创立自己的思想体系，但也致力于中西哲学的融会贯通。1937年，他在中国哲学会宣读了题为《中国哲学今后的开展》一文，认为中国人有很强的悟性，现在受了西洋文化的影响正在尽量地做分析工作，一点也不输于西方人。过去的中国文化经历了两个时期：第一个时期是尧舜三代秦汉文化，以儒家的穷理尽性哲学为主脉，充满了慎思明辨的逻辑精神。第二个时期是魏晋六朝隋唐以至宋元明清的文化，以道家的归真返璞的玄学为主脉。他预言，第三期文化的产生将以儒家哲学的自觉为动因，处处与第二期静的文化相对应。新的文化要从新的哲学中流出，而新的哲学充满刚动的逻辑精神，把第一期哲学的潜在的系统转变为显在的穷理尽性的大系统。贺麟很欣赏沈有鼎的这些观点，他评论说："他这些话也许有点空洞武断，特别是最为一般人所诟病的唯心论与宗教，而他却肯定第三期哲学将是穷理尽性的唯心论大系统，积极的宗教亦将兴起，都是非卓有见地的人不敢说的话。他所说的并不只是对中国今后哲学的预测，而乃是洞见到中国哲学新发展之必然趋势后而加以指引罢了。"②

同沈有鼎一样，贺麟也认为唯心论代表中国现代发展的方向。在贺麟看来，有许多学者在推进唯心论发展方面做出了成绩，他们就是谢幼伟、施友忠、唐君毅、牟宗三、方东美等人。谢幼伟服膺新黑格尔主义，译著有鲁一士的《忠的哲学》和布拉德雷的《伦理学研究》，著有《伦理学大纲》和《现代哲学名著述评》二书。在后两本书中，谢幼伟"客观介绍中国西方最近哲学名著多种，而对于唯心论，杜威的逻辑，休谟的思想以及维也纳学派的学说，均能一本布拉德雷之观点，而予以平允的

---

① 贺麟. 五十年来的中国哲学. 沈阳：辽宁教育出版社，1989：30.

② 贺麟. 五十年来的中国哲学. 沈阳：辽宁教育出版社，1989：44.

批评"①。施友忠撰有《形而上学序论》(又名《说心》)一书,阐发黑格尔式的唯心论,提出"心是本体,经验是现象""就吾人认识范围以内言,心不离境,境不离心;心依境而透境,境随心而限心"等诊断。唐君毅、牟宗三、方东美都属于现代新儒家,贺麟对他们三人的评论,我们将在下一章介绍。

贺麟还指出,各个哲学分支在五四以后也有较大的发展。在伦理学方面,涌现出相当多的专著,如张东荪著《道德哲学》、谢幼伟著《伦理学大纲》、唐君毅著《道德自我之建立》、黄建中著《比较伦理学》、黄方刚著《道德学》等。贺麟认为:"对于伦理学用力最久且深,而且博极群书,当推黄建中先生。"②黄建中综合古今中外的伦理学说,建立一"突创和协之人生"理想,强调中西道德文化"小异而大同",去除认中国道德重内、西方骛外的错误观念。贺麟对黄建中的评价是:"他的结论虽多平正通达的体验见解,有时论证亦有欠严密,但至少我们不能不说,黄先生这书于融会中西伦理思想,客观虚心地研究伦理学上主要问题,而自寻得一综贯不矛盾的解答,于陆、王的本心或良知之说,于理想主义的伦理思想曾予以一有力的发扬。"③黄方刚利用康德实践理性优越的说法,解释伦理学与科学的关系,认为伦理学是科学的先决条件;采用先天的分析道德概念的方法,论证道德有普遍的、必然的、客观的、绝对的标准,在融会康德与儒家伦理思想上取得相当大的成功。

在宗教哲学方面,赵紫宸著《耶稣传》,谢扶雅著《宗教哲学》,曾宝荪著《实验宗教学教程》,徐宝谦著《宗教经验谈》。贺麟认为这4位学者阐扬耶稣哲理,对于精神修养、唤醒宗教意识有所助益,但只不过做

---

① 贺麟. 五十年来的中国哲学. 沈阳:辽宁教育出版社,1989:44.

② 贺麟. 五十年来的中国哲学. 沈阳:辽宁教育出版社,1989:52.

③ 贺麟. 五十年来的中国哲学. 沈阳:辽宁教育出版社,1989:55.

了初步绍述的工作，力量似尚嫌薄弱。

在美学方面，"特别提倡美育或艺术，以做新文化运动时期，介绍新文化，改革旧思想旧道德的重要指针的人，当推蔡元培先生"[①]。继蔡元培之后，出现了许多美学研究专家。宗白华创立新的深彻的艺术原理，用以解释中国艺术特有的美。邓以蛰写的《论国画中的六法》和《论书法》两文精当有力。朱光潜写的《文艺心理学》一书博采众家，颇见择别融会的功力。吴宓在《艺术修养与宗教精神》一文中论证艺术与宗教的贯通性。此外，林同济、冯至等人也写出许多富于哲学思想的文学著作。

贺麟用不长的篇幅回顾了在五四新文化运动前后中国哲学界绍述和融会西方哲学的情况。在他看来，西方哲学的输入为中国哲学提供了新的思想材料、新的思想方法，推动了中国哲学的现代化。贺麟是中国现代学术史上第一个系统研究西方哲学东渐史的学者，他所提供的素材和所做的理论概括尽管受到他的新心学思想的限制，夸大了唯心论的影响，而对唯物论几乎只字未提，但他毕竟理出了一个清晰的脉络，为中国现代哲学史的研究打下了一个很好的基础。

孙中山哲学新解

在近现代的思想家当中，贺麟最敬佩的是孙中山。贺麟指出，孙中山虽不是专门的哲学家，但在理论上的贡献超过与他同时代的任何专门的哲学家。孙中山不是书斋里的学者，而是集革命家与理论家于一身，贺麟称他为"王学之发为事功的伟大代表"。贺麟站在现代新儒家的学术立场上，对孙中山哲学做了理解和阐释。

---

① 贺麟. 五十年来的中国哲学. 沈阳：辽宁教育出版社，1989：58.

贺麟认为，孙中山哲学最鲜明的特色在于提出知难行易说。在三四十年代，围绕着孙中山提出的知难行易说学术界曾展开一场讨论，一些人提出与孙中山知难行易说不同的观点。贺麟认为这些观点均站不住脚，"他们事实的引证，逻辑的分析，哲学的见解，均不如中山先生。他们那种批评的失败，就足以反证知难行易说实有其颠扑不破之处"[①]。

批评知难行易说的第一种意见是，知行的难易因人而异，不能肯定地说知必难、行必易。贺麟反驳说，这种批评的根本错误在于不知比较知行难易的标准与范围，不能拿不相干的两件事来比较，必须在同一范围内，就同一人对同一事的知行两方面比较就难孰易。譬如作战，制定战略难、知战术难，而放枪杀敌冲锋的行为易。无论任何人都是如此。这才是孙中山知难行易说的真意。

批评知难行易说的第二种意见是傅铜在《知行难易问题之根本解决》一书中提出来的。他认为孙中山把"有些知识难，有些行为易"这一特称肯定的命题，变成"凡知皆难、凡行皆易"的全称肯定命题是不妥当的。照他看来，知难行易说只能解释部分事实，并没有普遍性与必然性。贺麟分析说，这种批评是从常识的立场出发的，没有弄清楚比较知行难易的范围，特别是不了解孙中山所说的知的意义。孙中山所说的知乃是合乎科学原理的真知，而不是简单的常识。关于知火热水冷甚易的例子，则应该按照孙中山的知难行易说解释为："在实际生活上或行为上感觉到水冷火热甚易，但要知道水冷火热的科学原理却甚难。由此足见中山先生知难行易说可以解释任何事例而无滞碍。而傅铜先生的批评，乃是由于不明比较的范围，不知中山先生所谓知行的定义，故毫不中肯。"[②]

对于知难行易说的第三种意见是胡适提出来的，"知难行亦不易"说。

---

① 贺麟. 五十年来的中国哲学. 沈阳：辽宁教育出版社，1989：160.

② 贺麟. 五十年来的中国哲学. 沈阳：辽宁教育出版社，1989：162.

贺麟分析说，胡适"知难行亦不易"的说法包含着四层意思：知易行难；知难行易；知难行亦不易；知易行亦不难。归结为一句话，就是很难讲知行孰难就易。这是典型的实用主义知行观。"因为依实用主义的立场，真理是拿来用的，有效用的就是真的。只要你用之得当，则四说均可产生好结果，用之不得当，四说均可以产生坏结果。"①贺麟认为胡适并没有真正认识到知行合一的真关系，不懂得孙中山的知难行易说的基础是知行合一，也不了解由艰苦的革命实践中所体验出来的知难行易说的真意。贺麟强调，真理与实用不可以混为一谈。如果以有用与否作为判断学术真伪的标准，势必否认科学上哲学上的客观真知。由此可见，胡适的实用主义知行观本身就是不足取的，因而他对孙中山知难行易说的批评也难以成立。

对于孙中山知难行易说的第四种意见是冯友兰提出来的。冯友兰认为，在道德方面知易行难；而在技术科学方面知难行易。按照冯友兰的说法，知难行易说适合于技术科学，并不具有普遍的真理性。贺麟反驳了冯友兰的这种说法。他指出，冯氏的批评也是站在常识的立场提出的一种折中的意见。他认为在道德方面，知难行易说同样适用。问题在于怎样理解"知"。如果仅从常识的意义上理解知，似乎是知仁义易，而行仁义难，所谓"三岁孩儿虽道得，八十老人行不得"。但是，常识意义上的知未必是真知。要想在道德方面取得真知，也不是轻而易举的事情。"譬如，即就诚敬言，无有真切笃实之知，如何会有诚敬的修养工夫？且良知或道心与泛泛的认识式之知大有区别，决不能持人人皆有良知或道心之说来作知易行难的证据。"②

贺麟认为，孙中山提出知难行易说似乎与讲究德行的儒家思想不同，其实乃是继承了孔孟程朱相传的正宗思想。例如，孔子说："好仁不好学

① 贺麟. 五十年来的中国哲学. 沈阳：辽宁教育出版社，1989：163.
② 贺麟. 五十年来的中国哲学. 沈阳：辽宁教育出版社，1989：165.

其蔽也愚。好知不好学其蔽也荡。好信不好学其蔽也贼。好直不好学其蔽也绞。好勇不好学其蔽也乱。好刚不好学其蔽也狂。"(《论语·阳货》)这里所说的仁、智、信、直、勇、刚六种德行，都以"好学"为前提，可见孔子亦主张知难行易。再如，程颐说："未致知，怎生得行？勉强行者，安能持久？除非烛理明，自然乐循理。性本善，循理而行，是循理事本亦不难。但为人不知，旋安排著，便道难也……觉者须是真知，才知得，便是泰然行将去也。"(《宋元学案》卷十五)朱熹也有类似的看法："只争个知与不知，争个知得切与不切。且如人要做好事，到得见不好事，也似乎可做。方要做好事，又似乎有个做不好事底心从后面牵转去，这只是知不切。"(《朱子语类》卷九)按照程朱的看法，也是知主行从、知难行易。由此可见，孙中山的知难行易说同孔孟程朱注重道德理性自觉的思想是一致的，不能把知难行易说的适用范围限制在技术科学方面，而排除在道德的领域之外。

贺麟认为，孙中山提出的知难行易说是经过充分的理论论证的。第一，孙中山根据知行的界说以证明知难行易。孙中山举出饮食、用钱、作文、建屋、造船、筑城、开河、电学、化学、进化等十事证明他的观点。贺麟分析说，孙中山虽然没有给知行二字下一严格的定义，但这10个例证已经将知与行的性质或意义说明白了。"假如你接受了他对于知与行的界说，你必须承认他的知难行易的说法有普遍的效准。"[1]第二，由知识可贵证明知识难能。贺麟引证了斯宾诺莎的一句名言："一切高贵的事物，其难能正如它们的稀少一样。"贺麟发挥说："中山先生确曾于无意间采取了由知之可贵证知之难能的原则。"[2]第三，由人类文明进化的阶段以证明知难行易。孙中山把人类进化过程划分为三个阶段，一是由草

① 贺麟. 五十年来的中国哲学. 沈阳：辽宁教育出版社，1989：170.
② 贺麟. 五十年来的中国哲学. 沈阳：辽宁教育出版社，1989：173.

昧而进文明、不知而行的时期，二是由文明再进文明、行而后知的时期，三是自然科学发达以后、知而后行的时期。"这三个阶段，可以说是后来居上，愈来愈进步，由简趋繁，由易趋难。就个人求知的生活言，就人类的进步言，都显然是由行易而进于知难。"①第四，由人类的分工以证知难行易。孙中山把人分为三类：一为先知先觉者，为创造发明；二为后知后觉者，为仿效推行；三为不知不觉者，为竭力乐成。第一类人是发明家，第二类人是宣传家，这两类人均属知者；第三类人是实行家，属于行者。行者在数量上比知者多得多，由此可见行远较知为易，知远较行为难。第五，从哲学史的角度证明知难行易，孙中山援引孔子、孟子的话印证他的观点，还援引与杜威的谈话。贺麟补充说，其实整个西方哲学史都可以印证孙中山的说法。例如，苏格拉底的"道德即是知识"的命题，意即知识是构成德行的先决条件，知难行易。由此可见，知难行易并不是孙中山个人的主观意见，而是中外许多大哲学家的共识。在贺麟看来，孙中山以上五点证明是很有说服力的。

贺麟不但维护、绍述孙中山的知难行易说，而且从新心学的立场出发对知难行易说做出解释和发挥。

贺麟认为，从孙中山知难行易说中可以抽绎出两条绎理。第一条是"能知必能行"。贺麟指出，孙中山提出"能知必能行"的观点，是针对"知而不行"或"能知未必能行"的情形而发的，用以克服不求真知、畏难苟安、因循从惰的不良习惯，从而鼓起实行的勇气，坚定成功的信心，"由相信知难行易，相信能知必能行，进而相信三民主义建国方略等理想必能见诸实行"②。贺麟对孙中山的思想作了发挥，他认为要想从理论上根本破除"知而不行""能知未必能行"的常识性的错误观念，孙中山就必

---

① 贺麟. 五十年来的中国哲学. 沈阳：辽宁教育出版社，1989：174.

② 贺麟. 五十年来的中国哲学. 沈阳：辽宁教育出版社，1989：183.

须借助于王阳明的"知而不行，只是未知"的学说。因为王阳明讲清楚了为什么会出现"知而不行"现象的道理，划清了泛泛的口耳之知与真知之间的界限。泛泛的口耳之知是有缺陷的，并非真知，出于口耳之知，当然会造成"知而不行"的情形，只有出于真知才能保证"能知必能行"。在这里，"能行"恰恰是衡量真知的标准。"假若有了明觉精察之知，必然会发生真切笃实之行。所以中山先生能知必能行之说，实在包含着王阳明的知行合一的宗旨。所谓能知必能行，无异于说，知必能与行合一，如果表面上好像有能知未必能行的事实，那乃是因为'知而不行，只是未知'。"①贺麟的这番解释，证明他已经把孙中山的知行观心学化了。

从孙中山知难行易说抽绎出来的第二条绎理是"不知亦能行"。这句话的意思是说，即使"知难"，有时做不到，但"行易"总是可以办到的。贺麟承认，"不知亦能行"这一绎理有充分的事实根据，但也从新心学的角度提出了不同看法。他认为这句话包含着逻辑上的困难，令他感到费解。第一，他认为不能绝对地说"不知亦能行"，只能说"不知亦能动"。在他看来，"行"与"动"是有区别的。有知识作指导才算作"行"，而无知之行只可叫作"动"。第二，即便是本能的行为也不是绝对的无知。"盖本能行为，系基于本能之知。本能可称为最原始的知行合一体，故本能行为亦不得严格谓不知而行。"②第三，下意识的行为严格说来也不是毫无知觉。下意识的反映是由意识作用积久构成的。假如某人在梦中杀死人，他虽出于下意识，但仍须负相当的法律责任。第四，常识意义上的不知而行的行为，即使不是妄动、盲动、蠢动、暴动等行为，也未免不是被动的行为或受外界刺激的反射行为。这样的行为没有价值，并不值得鼓励提倡。贺麟站在新心学"知主行从"的观点上，对孙中山

---

① 贺麟. 五十年来的中国哲学. 沈阳：辽宁教育出版社，1989：182—183.

② 贺麟. 五十年来的中国哲学. 沈阳：辽宁教育出版社，1989：184.

"不知亦能行"这一观点中表现出的重行倾向提出了委婉的批评。

尽管贺麟不同意孙中山"不知亦能行"的提法,但还是努力对这一绎理做出同情的理解与解释。他认为,"不知亦能行"这一提法有以下几层积极的意义。一是,"不知亦能行"其实是说当知识尚不完备的时候,仅略知端倪便付诸实行,并不意味着毫无所知就能行。人不能什么事都要在"全知"以后才去实行,必须在有所知以后便去实行,在行的过程中使知识逐渐完备。否则,便会"失之迂阔迟缓,优柔寡断,以致一事都不能行。而且也就没有矢志以赴,'成败利钝,非所逆睹'的忠贞精神"①。二是,"不知亦能行"是"本假设以实验探索"的意思。假设虽是不充分的未证实的知识,但已是极宝贵的发现。因此,"本假设以实验探索"是符合科学精神的。三是,"不知亦能行"是"秉信仰而力行冒险"的意思。贺麟强调,信仰中包含有极高深的知识。他援引黑格尔的话说:"哲学而无情感,不是真哲学。信仰而无理智,不是真信仰。一个人说哲学冷酷,则此人不知哲学为何物;一个人说信仰是盲目的,则此人不知真的宗教及信仰。"贺麟认为在孙中山"不知亦能行"的命题中充分体现信仰与理智的一致性,既包含着英雄豪杰的冒险精神,也包含着宗教家的信仰精神。四是,从革命建国方面看,"不知亦能行"包含着"服从领袖以坚苦力行"的意思。贺麟指出,孙中山倡导"不知亦能行"之说的目的在于解决政治革命实业建设与文化教育的普及问题,使中国不知不觉的人团结起来,服从先知先觉的领袖的指导,从而在短时间内实现与欧美并驾齐驱的目标。由此可见,在孙中山的"不知亦能行"的说法中还包含着政治家和革命家领导群众以做革命建国事业的实行精神。

基于上述四点理解和解释,贺麟对孙中山的"不知亦能行"的说法做出肯定性的评价。他说:"中山先生'不知亦能行'之说,表面上虽说

---

① 贺麟. 五十年来的中国哲学. 沈阳:辽宁教育出版社, 1989:185.

有许多困难，而其精意所在，意蕴无穷。举凡不计成败利钝的忠贞精神，试验探索的科学精神，注重信仰的宗教精神与冒险精神，革命家、政治家的发愤图强、虚心谨慎、行以求知的精神，均可由'不知亦能行'一语以总括之，以鼓励之。这较之希腊人和宋儒所持知难行易的说法，而偏重玄思冥想，支离烦琐，缺乏力行冒险勇气，那就更为健康无弊，更具有近代精神了。"①尽管贺麟对孙中山知行观的研究受到新心学唯心主义体系的限制，但他肯定孙中山的知行观具有近代精神，克服了古代中外思想重知轻行、玄思冥想的弊病，的确符合孙中山的思想实际。从贺麟对孙中山的评价中也反映出，他没有现代新儒家们常常流露出来的"今不如昔""厚古薄今"的思想倾向。他是一位厚今薄古论者，相信孙中山这样杰出的思想家在理论上已超过了古人。

　　贺麟认为，孙中山的知行关系理论继承中国传统儒家，又发展了传统儒家。在知行先后问题上，朱熹主张先知后行，先做学问思辨功夫然后笃行，面向文化精英，造就出了宋朝司马光、王安石等学问、道德、文章俱佳的名臣。王阳明主张即知即行，倡导知行合一的致良知之教，面向大众，起到了接引群众、感化平民的作用。孙中山的知行学说可以说是朱学与王学的辩证的综合。他在《建国方略》中，主张先心理建设，然后社会建设，最后实业建设，似乎是主张从知着手；而在军政、训政、实政三个时期的划分上，把容易实行的军政放在第一时期，又似乎是主张从行着手。通过对朱熹、王阳明、孙中山三人知行观的比较，贺麟得出这样的结论："中山先生对知行先后问题的看法，可以说是不废朱学，但比较更接近阳明。"②

　　贺麟认为，孙中山的知难行易说最终以知行合一说为归宿。他说：

---

① 贺麟.五十年来的中国哲学.沈阳：辽宁教育出版社，1989：187.
② 贺麟.五十年来的中国哲学.沈阳：辽宁教育出版社，1989：189.

"知难行易说应以知行合一说为基础，不然则理论不坚实；知难行易说应以知行合一说为归宿，不然则理论不透彻。今中山先生对于知难行易说既有坚实理论，且有透彻发挥，故表面上虽似微有反对知行合一的话，而骨子里实已包含有知行合一的说理，且对于知行合一说有新的贡献，新的发挥。"①他反对那种把孙中山的知行观同王阳明的截然对立起来的观点。他不否认，孙中山的知行观同王阳明的确实存在着不同之处，"然而，也有充分理由认为知难行易说与知行合一说是不冲突的，若以阳明'知行合一'的理论与中山先生知难行易的精神来融会阐明，两者是可以结合起来的"②。

孙中山对王阳明的知行合一说曾提出过批评。孙中山说，为了破除"行之维艰"的观念，他曾"以阳明'知行合一'之说，以励同人，惟久而久之，终觉奋勉之气，不胜畏难之心……予乃废然而返，专从事于'知易行难'一问题，以研求其究竟"③。贺麟认为孙中山对王阳明知行合一说的批评有正确的一面。第一，按照王阳明的知行合一说，知行同其难易，虽然同傅说的"知之匪艰"的说法不一样，但没有明确地推翻旧说，不能鼓励人们奋勉实行的勇气，缺乏本假设以实验探索、秉信仰以力行冒险的近代精神。第二，知行合一说强调知行合一而不可分，即使在理论上是正确的，但对道德修养和鼓励力行革命实无直接的帮助。王阳明本人也感到知行合一说的这一局限，故而提出致良知之教。"则中山先生因注重革命建设的重大行为，因而感到知行合一说的不合用，进而提出知难行易的学说，以使人无所畏而乐于行，确是很有见解。"④但贺麟

① 贺麟. 五十年来的中国哲学. 沈阳：辽宁教育出版社，1989：194.
② 贺麟. 五十年来的中国哲学. 沈阳：辽宁教育出版社，1989：190.
③ 孙中山. 建国方略. 沈阳：辽宁人民出版社，1994：4—5.
④ 贺麟. 五十年来的中国哲学. 沈阳：辽宁教育出版社，1989：191.

强调，尽管孙中山对王阳明有所批评，但决不意味着知难行易说与知行合一说不可以融会贯通。首先，王阳明本人已提出致良知之教作为知行合一说的补充，致良知的重行倾向同孙中山的观点是一致的。"由此愈见王阳明致良知与中山先生知难行易的学说，其目的均在注重认真行为或笃行实践。"①其次，王阳明虽没有说知行孰难孰易，但他认为致良知难、知行合一难，不致良知、知而不行、行而不知易，教人避难从易，勉致良知、知行合一之难事，这同孙中山鼓励人不知亦能行的原则是一致的。

孙中山还批评知行合一说："夫'知行合一'之说，若于科学即发明之世，指一时代一事业而言，则甚为适当；然阳明乃合知行于一人之身，则殊不通于今日矣。以科学愈明，则一人之知行相去愈远，不独知者不必自行，行者不必自知，即同为一知一行，而以经济学分工专职之理施之，亦有分知分行者也。然则阳明'知行合一'之说，不合于实践之科学也。"②贺麟认为孙中山倡导近代分工专业的思想是正确的，批判兼三不朽于一身的旧思想也是对的，但对王阳明知行合一说未免有所误解。他指出，王阳明并非教人合知行于一身，而是教人合知行于一时。这样，便不会同分工原则发生冲突。因此，知难行易说与知行合一说不仅不矛盾，而且可以相互发明、相互解释。

贺麟指出，孙中山的知难行易说与王阳明的知行合一说在根本上是相通的。孙中山扬弃了王阳明的知行观，对于知行合一说提出了新看法、新发挥。第一，孙中山的"能知必能行"的观点，与王阳明"知而不行，只是未知"的观点相为表里，都体现着知行合一的宗旨。第二，孙中山主张"以行而求知，因知以进行"，"不以单纯的行为满足，必行以求知；不以单纯的知为最终目的，必由知以进于行，其最后归宿亦在于求知行

---

① 贺麟. 五十年来的中国哲学. 沈阳：辽宁教育出版社，1989：191.

② 孙中山. 建国方略. 沈阳：辽宁人民出版社，1994：52—53.

合一"^①。贺麟认为孙中山的"以行而求知，因知以进行"提法同王阳明"知是行之始，行是知之成"的说法可以相互补充，但在理论上"重为圆通周洽，更富于鼓励力行的勇气，不惟使人'乐行其易'，使人能循序渐进，由行以求知，由易以进于难"^②。第三，王阳明讲知行合一，偏重于个人正心诚意，偏重于道德修养；而孙中山讲知行合一，把范围扩展到一切学术文化领域、扩展到革命事业方面，进一步丰富了知行合一理论。

贺麟认为，知行合一有多种类型。有王阳明式的直觉的知行合一说，有朱熹式的理想的知行合一说，有他本人提出的自然的知行合一论。他把孙中山的知行观概括为社会的知行合一说：

> 所谓社会的知行合一说，就一人群、一社会所举办之大事业言，知行合一。譬如，就革命事业言，则先知先觉之知与后知后觉之行为合一。就建筑房屋言，则建筑师的知识与千百工人的行为合一。就作战言，则统帅部战略指挥之知，与士兵作战之行合一。在此种社会的知行合一事业中，知属领导指挥方面，行属服从执行工作方面，知优良，则行亦随之优良，知简陋，则行亦随之不竟。依此种知行合一体而观，则知的方面为主，行的方面为从，知难行易乃显而易见。再就每一时代，每一社会的知识水准与行为水准言，亦永远谐和一致。原始时代初民社会，就知言，混浊未开，就行言，朴野不文。中古时代的宗教思想与其社会人士的出世宗教的行为一致。近代社会中近代化的行为，与近代化的知见思想合一。当一个社会在过渡时代时，则大多数人思想上青黄不接、新旧脱节的知与行为上的矛盾反复，迟疑无主，相吻合一致。这就表明了中山先生所谓

---

① 贺麟. 五十年来的中国哲学. 沈阳：辽宁教育出版社，1989：194.

② 贺麟. 五十年来的中国哲学. 沈阳：辽宁教育出版社，1989：195.

　　知行合一之说，指一时代一事业言，则甚为适当的话，不但颇有见解，合于事实，且实系对于知行合一说的一种新解释，新理论，新贡献，道前人所未道。①

　　在贺麟看来，孙中山的社会的知行合一论同王阳明的直觉的知行合一论、朱熹的理想的知行合一论以及他的自然的知行合一论既可以相互印证，又有其独到之处。贺麟把孙中山的知行观归结为"社会的知行合一论"，只能算作一家之言，未必妥当。但是，他的确抓住了孙中山知行观的时代特征。贺麟正确地指出，孙中山已突破传统儒家伦理认识论的局限，迈入社会认识论的广阔天地。孙中山已完成由古代哲学向近代哲学的转折，将认识主体由个体换成社会群体，并且努力凸显勇于进取的积极精神。贺麟把孙中山的知行观同王阳明的知行观拉在一起，显得有些牵强，但他对孙中山、王阳明知行观的比较并没有掩盖孙中山思想的闪光点。贺麟充分肯定孙中山知行观的进步性，从这种进步性出发批评王阳明知行合一说的局限性，并没有保护王阳明的局限性而牺牲孙中山的进步性。他赋予知行合一命题以新的思想内涵，把解释、阐发孙中山知行观作为自己表述现代新儒家思想的独特方式。

时代思潮的梳理与前瞻

　　贺麟从宏观的角度考察五四以后中国现代哲学史的发展历程，将这段哲学史概括为实用主义、辩证唯物论、古典哲学迭兴的历史过程，对三大思潮的发展演变情况做了绍述与剖析。

---

① 贺麟. 五十年来的中国哲学. 沈阳：辽宁教育出版社，1989：199.

实用主义的剖析

实用主义是19世纪末20世纪初在美国流行的资产阶级哲学。实用主义只承认感觉经验是唯一的实在，反对在感觉经验之外寻找抽象的本体，属于实证哲学思潮中的一种。实用主义，其创始人是皮尔士，经过詹姆士、杜威的加工和阐扬，逐渐成为美国影响最大的哲学流派，最能反映"美国精神"。胡适在美国留学期间，师从杜威，接受了实用主义，并且在五四新文化运动时期将其介绍到中国来。他在五四时期写的倡导新文化运动的文章都渗透着实用主义思想。他回国以后，更加积极地宣传实用主义。1919年4月，他在《新青年》第6卷第3号中发表长文《实验主义》，对实用主义做了全面的系统的绍述。他还以实用主义为指导思想写出《中国哲学史大纲》，试图在传统哲学中为实用主义的输入找到落脚点。

为了扩大实用主义的影响，胡适等留美归来的学者以江苏省教育会、北京大学、行知学会的名义邀请杜威来华讲学。1914年4月月底，杜威携妻子、女儿来到上海，胡适、蒋梦麟、陶行知等人到上海迎接。杜威原计划在中国讲学几个月，因讲演颇受欢迎，竟拖了两年零两个月之久。他到过辽宁、河北、山西、山东、江苏、江西、湖南、湖北、浙江、福建、广东等11个省，几乎走遍了大半个中国，做数十次讲演。他的讲演被译成中文，刊登在《新青年》《每周评论》《晨报副刊》《新潮》《觉悟》《学灯》等著名的刊物上，影响之大，波及全国。北京出版社出版了杜威《五大讲演录》一书，其中收入《社会哲学与政治哲学》《教育哲学》《思想之派别》《现代三大哲学家》《伦理讲演纪略》等，再版十余次，竟成为当时最畅销的书籍之一。

胡适在北大开设"杜威著作选读"课程，颇受学生欢迎。他在1919年10月27日的日记中写道："我初限此班不得过30人，乃今日第一次上课竟有60余人之多。"北大学生傅斯年、罗家伦、顾颉刚等人接受了杜威、胡适的实用主义，俨然形成一个学派。

在五四时期，实用主义也赢得进步思想界的欢迎与同情。正如艾思奇所说："在哲学上，胡适所标榜的实用主义占了一时代的上风，其他的哲学思潮自然未尝没有介绍，但对于传统的推翻，迷信的打破，科学的提倡，是当时的急务，以'拿证据来'为中心口号的实验主义被当时认作典型的科学精神。""实验主义的治学方法在某种意义上可以说是与传统针锋相对，因此就成为五四文化中的天之骄子。"[1]不少具有初步共产主义思想的知识分子都不同程度地接受了实用主义的思想影响。毛泽东曾表态支持湖南健学会某成员做的题为《采用杜威教育主义》的讲演，称赞讲演者"能得其要"。他响应胡适"多研究一些问题，少谈一些主义"的倡导，以湖南"问题研究会"的名义发表文章，列出140多个具体的社会问题以供研究。陈独秀认为"杜威博士关于社会经济（即生计）的民治主义的解释，可算是各派社会主义的共同主张"[2]，曾设想建立唯物史观与实用主义的联合战线，共同反对封建主义。

实用主义虽然在中国风行一时，但不久便衰落下来。1919年，胡适挑起问题与主义论战，马克思主义与实用主义发生冲突，并且逐渐为马克思主义所取代。随着马克思主义在中国的发展，实用主义从"天之骄子"的地位跌落下来。胡适本人虽终生信奉实用主义不渝，但他的兴趣已从哲学转向文学、史学领域，屡称"哲学无用"，"搞哲学没饭吃"，对实用主义理论并没有做出什么建树。到20世纪30年代，实用主义思潮已经过时，很少再有人问津。

实用主义为什么会成为中国现代哲学史上第一个风行一时的思潮？它具有怎样的理论特征与思想局限？它为什么很快走向衰落？贺麟站在

---

[1]　艾思奇. 艾思奇文集：第1卷. 北京：人民出版社，1981：57，59.
[2]　陈独秀. 陈独秀文章选编：上册. 北京：三联书店，1984：430.

新儒家的立场上对这些问题作了分析与研究。

贺麟形象地把实用主义称为"工程师的哲学"或"垦荒的哲学"。实用主义"主动、主干、主实用、主冒险，以实验科学为基础，将科学的实验主义扩大来讲人生，讲宇宙，讲哲学"[①]。据贺麟分析，实用主义包括三个方面。第一，实验主义教人养成一种实验室的态度。"这种态度要人随时随地注重问题的发生，然后针对此问题提出种种可能，解决此问题。最后动手动脚用实验来证明某个假设可以解决某个问题。"[②]他评论说，实用主义认为思想起于环境上的困难发生，认为知识出于行为，这是一种健康的观点，同孙中山"以行而求知，因知以进行"的观点相一致，都贯穿着重行的精神和冒险精神。但实用主义未能很好地处理知行关系问题，不知道在知难行易、知主行从的原则下谈知行合一，谈实验和冒险。所以，实用主义者所谈的"行"，很容易流为无远见的冒险，甚至鲁莽的铤而走险。

第二，实用主义的方法是考核实际效果、循名责实。在实用主义者看来，只要一个理论发生了好的实际效果，这理论便是对的，否则便是不对的。贺麟不否认实用主义的方法有一定的可行性，但仅可作为一种判断思想真伪的外在标准。"不过应用这个标准有着相当限度，而真理的标准也绝不是全部系于实际效果之有无这一点上，过分地全部地以实际效果为理论真伪的标准，便会流于急功好利之见。因为有许多事效果既非一时可见，亦难有确定的形相可寻，注重实际效果的人往往流于近视而缺乏远见，并且考核效果是从外部迹象来批评知识，譬如一人患病，医生去开一药方，常人无法判断这药方对不对，只有看病人依照此药方服药之后的效果如何，病好即说此药方好，病不好，即说此药方不好。但内行的医生详诊病情，一看药方，即知此药方好不好，并且可以说明

---

① 贺麟. 五十年来的中国哲学. 沈阳：辽宁教育出版社，1989：64.

② 贺麟. 五十年来的中国哲学. 沈阳：辽宁教育出版社，1989：64.

其所以然之理。足见从实际效果去考核真伪，往往是外行人的看法。根本上我们还当从理论本身来考核其是非。"①贺麟认为实用主义的方法存在着忽视理论的倾向，其实是一种狭隘的经验主义方法。

第三，实用主义是一种功利主义的价值理论。在实用主义看来，一切理论对个人、社会、人生有用就是好的，无用便是坏的；有用便是真的，无用便是假的。实用主义把"实用"作为改善社会政治的准则，并且设定"征服自然"和"改良社会"两大价值目标，主张承认有用的，抛弃无用的，凡对现实无用的典章制度一概推翻。贺麟认为实用主义者的价值观在五四新文化运动时期起到了推波助澜的作用，"他们要推翻旧礼教，因为旧礼教不适用于新时代；他们要打倒孔家店，因为在他们看来孔子思想已无用了，宋明有理学而宋明国势衰弱，亡于异族，所以他们反对理学。他们反对古文、提倡白话文，因为古文是死文字，白话文是有用的活文字。他们甚至反对哲学，因为哲学无用"②。贺麟不欣赏实用主义者的价值观，认为他们以"用"来做判断真伪和评品价值的尺度，未免失之于表面、失之于浅薄。在他看来，"有用"仅是外在的辅助标准，绝不能当作终极的价值尺度。针对实用主义的价值观，贺麟提出：我们做事最先考虑的不是工具，不是有用与否，而是理想和目的，"先问应该不应该，其次再问有用无用。做事应以道义为重，实用其次"③。在动机与效果的关系上，贺麟主张把动机放在首位，而不是把效果放在首位，他认为实用主义者摆错了效果与动机的位置，因而是不足为训的。他质问实用主义者："假如人生一切行为皆以实用为准，那么人生还有什么意义？人品的尊严何在？"④照贺麟看来，实用主义的价值观必然导致价值

---

① 贺麟. 五十年来的中国哲学. 沈阳：辽宁教育出版社，1989：65—66.

② 贺麟. 五十年来的中国哲学. 沈阳：辽宁教育出版社，1989：66.

③ 贺麟. 五十年来的中国哲学. 沈阳：辽宁教育出版社，1989：66.

④ 贺麟. 五十年来的中国哲学. 沈阳：辽宁教育出版社，1989：66.

的迷失，无法建立起意义的世界。他作为一个理想主义者，无法容忍实用主义价值观的功利主义倾向。

基于上述分析，贺麟对实用做出如下总体评价："由于实验主义者重行轻知，重近功忽远效，重功利轻道义，故其在理论上乏坚实的系统，在主义上无确定的信仰。在他们的目光中，一切都是假设，随时可以改变。所以其理论是消极的破坏意义居多，积极的建设意义很少。理论和行为，都缺乏建设精神。"[①]贺麟不否认实用主义思潮曾在五四时期发挥过社会批判功能，但由于其自身的理论缺陷，思想影响力毕竟是有限的，无法满足迅速变化的社会现实的理论需要。实用主义者由于没有坚定的信仰，没有革命的方案，只能提出头痛医头、脚痛医脚的改良主义主张。"这种零碎片段的作风，其结局在哲学上不能成立伟大的系统，在行为上无团体的组织，无坚定不移的理想和信仰。故不论在政治方面、理论方面，都不能满足青年精神生活的要求。"[②]照贺麟看来，实用主义在五四时期虽然能轰动一时，但绝不能久行于世，势必被挤出思想舞台，为新的思潮所取代。这个新思潮就是辩证唯物论。由于受到现代新儒家学术视野的限制，贺麟对实用主义在五四时期的启蒙意义估计得不够充分，对实用主义在中国迅速传播的社会原因没能做透彻的分析。但应当承认，贺麟比较准确地抓住了实用主义的思想特质，对其理论局限性做了深刻的分析。他关于实用主义思潮由兴盛走向衰落历史过程的概述也是实事求是的。

辩证唯物论的剖析

五四新文化运动时期马克思主义哲学传入了中国，到1927年前后形

---

① 贺麟. 五十年来的中国哲学. 沈阳：辽宁教育出版社，1989：66.

② 贺麟. 五十年来的中国哲学. 沈阳：辽宁教育出版社，1989：67.

成影响最大的思潮。1927年以后，一大批马克思主义的经典著作被译成中文，其中有马克思著《工资价格和利润》《雇佣劳动与资本》《哲学的贫困》；恩格斯著《宗教·哲学·社会主义》《家庭、私有制和国家的起源》《费尔巴哈论》《反杜林论》《自然辩证法》；列宁著《国家与革命》《科学社会主义梗概》《无产阶级革命和叛徒考茨基》《社会民主党在民主革命中的两种策略》《唯物主义和经验批判主义》等。还翻译了普列汉诺夫的《论一元论历史观的发展》。一些苏联学者编写的科学教科书也被介绍到中国来了，其中有李达、雷中坚合译的西洛可夫等著《辩证法唯物论教程》，艾思奇、郑易里合译米丁著《新哲学大纲》。中国的马克思主义理论工作者也写了许多阐述马克思主义哲学体系的教科书或通俗读物，其中影响最大的是李达著《社会学大纲》和艾思奇著《大众哲学》。除此之外，还有张如心著《哲学概论》、陈唯实著《通俗哲学讲话》和《新哲学体系讲话》、胡绳著《辩证法唯物论入门》等。当时读书界流行的关于马克思主义哲学的书籍有数十种之多，许多大学还开设了辩证唯物论课程，吸引了一大批进步的知识分子和青年学生。马克思主义哲学已在哲学界占据主导地位，甚至连它的论敌也不得不承认这一点。曾发动"唯物辩证法论战"的张东荪曾在《唯物论辩证法之总检讨》一文中写道："这几年来坊间出版了不少关于唯物辩证法的书。无论赞成与反对，而唯物辩证法闯入哲学界总可以说是一个事实。"

贺麟作为现代新儒家，对于马克思主义哲学抱着拒斥的心态。他承认马克思主义哲学思潮已取代实用主义思潮而成为时代的主流这一事实，但对马克思主义的一些观点却表示难以接受。

第一，他不同意辩证唯物论关于物质为第一性、意识为第二性的观点。他认为物质决定意识，身体决定心灵，只是生理学的事实，是任何哲学家都不能反对的科学事实。在他看来，并不能以此证明辩证唯物论就站得住脚。他强调，人的根本是人格而不是身体。"就以思想而论，思想的丰啬不在乎脑髓之多少，而要问其是否合理，有无内容。所以'真理'才是思想的根本。"①他显然没有搞清楚辩证唯物论与庸俗唯物论的区别，他的这种对庸俗唯物论的批评，对于辩证唯物主义并不合适。

第二，他不同意辩证唯物论者关于马克思把黑格尔颠倒了的辩证法再颠倒过来的提法。他认为辩证法是整个的东西，不可以颠倒来颠倒去。马克思与黑格尔的辩证法区别仅在于侧重点不同：马克思用辩证法研究物质，注重经济生活；黑格尔用辩证法研究心灵，注重精神生活。他说："若把辩证法看成一把刀，那么黑格尔用之剖解脏腑，马克思用之割治外症。所以马克思没有把黑格尔的辩证法颠倒过来。"②他也不同意辩证唯物论者把辩证法的基本内容概括为对立统一、否定之否定、质量互变三条规律，在他看来，这样概括有把辩证法教条化、呆板化之嫌。

第三，他不同意唯物史观的一些基本提法。他承认，唯物史观中的"物"泛指社会的经济事实、经济现象、生产制度等，的确富有新意，在历史哲学方面有新贡献。然而在他看来，唯物史观充其量不过是一种外观法。"外观法是研究一个问题所以发生的外表现象，如地方背景、时代背景等，唯物史观就是注重社会背景的一种历史观，它认为一人的思想行为，受整个社会经济环境所支配，所以要研究某个思想之所以发生，不要从思想的本身里去找其原因，要从思想外面去找其原因。"③他认为唯物史观的外观法不如唯心史观的内观法来得深刻，因为内观法是从思想本身去看思想。这两种看法可以并行不悖，相互补助，以此获得深刻的、全面的认识。他还对唯物史观中物质基础决定上层建筑、阶级斗争学说

① 贺麟. 五十年来的中国哲学. 沈阳：辽宁教育出版社，1989：68.

② 贺麟. 五十年来的中国哲学. 沈阳：辽宁教育出版社，1989：69—70.

③ 贺麟. 五十年来的中国哲学. 沈阳：辽宁教育出版社，1989：71—72.

表示了不同的见解。

　　贺麟对唯物辩证法思潮的总体评价是："从哲学方面讲，辩证唯物论也是作为阶级斗争的工具。但辩证唯物论在中国的贡献，并不在提倡科学，亦不在研究哲学，且亦未倡导纯正的社会科学的研究，使人民的思想更开明。其力量所在，乃是满足青年情志的要求，给一部分喜于热烈行动精神的青年，以政治的信仰，理论的原则和信条。所以它不一定代表真正的学术兴趣，满足青年真正的求知欲。"①基于这种评价，他预言第三种现代思潮将兴起并取代辩证唯物论的主导地位。毋庸讳言，当时的贺麟对马克思主义哲学存在着误解和偏见，但也应看到，他是以学者的眼光看待马克思主义哲学的，他力图从学术上对马克思主义哲学提出批评，同那些恶毒攻击马克思主义哲学的反动文人不可同日而语。

古典哲学的新展望

　　贺麟认为，实用主义思潮和唯物辩证法思想虽然一时影响很大，但都不能代表中国哲学的发展方向，都不能满足青年在理论方面的要求。真正代表中国哲学发展方向的是古典哲学。尽管古典哲学尚未发展成为时代潮流，但已显示出明显的优势。

　　贺麟指出，古典哲学可以说比实用主义和马克思主义哲学更新，也可以说比这两种哲学更旧。古典哲学承接着中外哲学史的主流，所以说它旧。"在西洋，最伟大的古典哲学家是苏格拉底、柏拉图、亚里士多德、康德、黑格尔等。在中国则有孔、孟、老、庄、程、朱、陆、王。"②古典哲学是中外哲学的会通，既是中国的，又是世界的，所以说它新。贺麟强调，中国的古典哲学与西方的古典哲学完全能够融会贯通、合流

---

① 贺麟. 五十年来的中国哲学. 沈阳：辽宁教育出版社，1989：74.

② 贺麟. 五十年来的中国哲学. 沈阳：辽宁教育出版社，1989：75.

并进。在现时代，不能忠实地把握西洋的古典哲学，也就不能发挥中国的古典哲学。他说："譬如中国的政治哲学，主张为政以德，西洋的柏拉图的理想国也主张政治的基础为正义。西洋正宗哲学家注重法律不违道德，中国儒家所讲的法治也与申韩之术不同，而以礼治、德治、人治为基础。儒家以人性为善，苏格拉底认为无人居心作恶，亚里士多德以人为理性的动物，康德以人为目的，而非手段。所以从各方面来看，这两种思想是相合的，所以中国古典哲学的发挥和西洋古典哲学的融化，实是一而二、二而一的事。"①

照贺麟看来，将成为时代潮流的中国古典哲学应当具有如下特色。

第一，它的理论基础应当是理性或精神科学。"所谓精神科学，是指道德史、宗教史、艺术史而言，以研究人类精神历史为主。"②贺麟认为，精神与物质相比，精神是第一位的。新的古典哲学并不反对物质建设，但物质建设要以精神为基础。"事实上要开发物质，征服物质，亦非有精神不可。我们要工业化中国，要努力研究科学，都要求我们作精神上的努力。"③按照贺麟的说法，新的中国哲学只能是唯心论而不能是唯物论。

第二，它应当体现法治与德治相统一的原则。"在政治方面讲，古典哲学相当于新儒家的思想，所以也竭力提倡法治，不过古典哲学所要求的法治是建立在德治、人治、礼治的基础上的法治，绝不立于急功好利、刻苛寡恩的申韩式法治。"④贺麟认为新的中国哲学再也不能沿袭以德治否定法治的旧观念，而应当接受现代的法律意识。

第三，它应当体现功利与超功利相统一的原则。贺麟认为，新的中

---

① 贺麟. 五十年来的中国哲学. 沈阳：辽宁教育出版社，1989：75.

② 贺麟. 五十年来的中国哲学. 沈阳：辽宁教育出版社，1989：74.

③ 贺麟. 五十年来的中国哲学. 沈阳：辽宁教育出版社，1989：75.

④ 贺麟. 五十年来的中国哲学. 沈阳：辽宁教育出版社，1989：76.

国哲学既不是浅薄的功利主义，也不是空疏的非功利主义。它不再排斥实用，但要求实用建筑在超实用的基础之上。

第四，它应当体现民族性与世界性相统一的原则。新的中国哲学可以说是中国的民族哲学，但也可以为全世界所接受。贺麟强调，这种哲学是普遍的哲学、典型的哲学、模范的哲学。

第五，它应当以孙中山为理想人格。贺麟认为，哲学思想与政治思想有密切的联系，两者往往互相呼应。一个哲学家可以有其政治见解，如果这种见解切实可行，能够转变为实际政治；一个政治家也可以对宇宙人生有根本看法，这种看法也可以发挥出来构成一种哲学系统。哲学家讲哲学，往往都以一个理想的政治家作为其哲学思想所欲培养的人品准绳，都在创造他理想中的人物。例如，孔子以周公为理想人物，黑格尔以歌德和拿破仑为理想人物。"我们的新哲学当然亦有理想人物作为向往的目标，这无疑地便是积四十年之革命、百折不回、创制民国的孙中山先生了。"[①]他指出，新的中国哲学应当符合孙中山的革命精神。

以上贺麟所提出的关于"古典哲学"的五点构想，并没有成为中国现代哲学发展的指导思想，但确实是贺麟本人构筑新心学思想体系的指导思想。这种指导思想是贺麟研究时代思潮发展动向的最大收获。贺麟对实用主义和马克思主义哲学的评判未必妥当，但他有一点是正确的：外来学说的绍述不能代替中国哲学自身的发展；要推进中国哲学的新发展，必须走会通中西、综合创新的道路。他构筑的新心学体系就是探索这条道路的一种尝试。

---

① 贺麟.五十年来的中国哲学.沈阳：辽宁教育出版社，1989：76.

第五章　树起新心学旗帜

　　贺麟对中、西哲学史的研究以及对中国现代哲学现状的考察，都是他从事哲学理论创造的必要准备。通过这三个方面的研究，他的思路更加清晰了：他认定现代新儒学于中、西哲学史有充分的根据，它将成为中国哲学发展的主流。他对现代新儒学的发展前景充满了信心，在总结现代新儒学思潮发展历程的基础上，树起了新心学旗帜。

展望儒学的新开展

　　现代新儒家思潮发端于五四新文化运动后期。五四新文化运动是一次彻底的、不妥协的、反对封建主义的思想解放运动，其意义是伟大的，影响是深远的。但五四运动本身又不可避免地存在着缺点。当时流行的"打倒孔家店"的口号，明显地表现出简单否定儒家思想的倾向。有些新文化的倡导者甚至提出了一些过火的、不切实际的主张，比如废除汉字、不读线装书等，流露出很强的民族文化虚无主义的情绪。这种偏激的态度成为引发现代新儒学运动的原因之一。现代新儒家的开山梁漱溟在应聘到北京大学哲学系任教时，针对全盘否定儒家思想的倾向，直截了当地宣称："我此来除替释迦、孔子发挥外，更不做旁的事。"[①]1922年，他出版了《东西文化及其哲学》一书，为现代新儒学运动树起第一块里程碑。

同梁漱溟一样，贺麟也是通过批评五四新文化运动中全盘否定儒家思想的倾向，投身到现代新儒学运动之中。与梁漱溟相比，他对五四新文化运动表示出更多的同情感。他认为，儒家思想的消沉在五四前就开始了。1840年鸦片战争时期，中国不仅在军事上吃了败仗，而且在思想文化上吃了败仗，造成文化失调、信念危机，不能应付新的文化局势。儒家思想变得消沉、僵化、无生气，失掉孔孟的真精神，在中国文化生活中失掉了自主权，丧失了新生命，因而才会有青年们激烈反对儒家思想的新文化运动发生。贺麟并不一味地指责五四新文化运动的批孔思潮，而是分析这一思潮所产生的历史原因，承认发生批孔思潮的必然性。他的这种看法比那种宣布五四造成"文化断层"的论调自然深刻得多、公允得多。

贺麟还试图运用辩证的观点看待五四新文化运动中的批孔思潮。他指出，五四新文化运动虽然高举着批孔的旗帜，高喊着"打倒孔家店"的口号，但从另一个角度看，未尝不可以说是促进儒家思想新发展的一个转机。他认为，五四新文化运动促进儒家思想新发展的功绩甚至远远超过了曾国藩、张之洞等人对儒家思想的正面提倡。他说："新文化运动的最大贡献在于破坏和扫除儒家的僵化部分的、躯壳的形式末节，及束缚个性的传统腐化部分。它并没有打倒孔孟的真精神、真意思、真学术，

---

① 梁漱溟. 东西文化及其哲学·序. 北京：商务印书馆, 1922.

反而因其洗刷扫除的工夫，孔孟程朱的真面目更是显露出来。"①

据贺麟分析，五四新文化运动对儒家思想发展的促进作用表现在以下几点。第一，提倡观念更新，要求解除传统道德的束缚，为建设新儒家的新道德做了预备功夫。批孔的浪潮清除掉传统儒家思想已僵化的躯壳和束缚个性的腐化的糟粕，为儒家思想的自我更新创造了必要的前提。第二，提倡非儒家的诸子之学，打破了儒家独尊的死气沉沉的局面，使儒家思想重新回到百家争鸣的环境之中，获得自我发展的活力。儒家思想只有在与诸子学争鸣的氛围中才能得到发展。"用诸子来发挥孔孟，发挥孔孟以吸取诸子的长处，因而形成新的儒家思想。假如儒家思想经不起诸子百家的攻击、竞争、比赛，那也就不成其儒家思想了。愈反对儒家思想，儒家思想愈是大放光明。"②贺麟相信儒家思想是经得住批评的，它在春秋战国时期的百家争鸣中成为胜利者，在20世纪初的"小百家争鸣"中仍然能够成为胜利者。第三，西洋文化学术的大规模的输入，为儒家思想的发展提供了动力。西洋文化学术的输入，从表面上看，好像要取代儒家思想的主导地位，但这未必致使儒家没落消沉。贺麟相信，正如佛教文化的输入曾引发宋明时期的新儒家运动一样，20世纪初西洋文化的输入将再次引发现代的新儒家运动。因此，中国的学术界必须抓住这个机会，完成振兴儒学的使命。"西洋文化的输入，给了儒家思想一个考验，一个生死存亡的大考验、大关头。假如儒家思想能够把握、吸收、融会、转化西洋文化，以充实自身、发展自身，儒家思想则生存、复活而有新的发展。如不能经过此考验，渡过此关头，它就会消亡，沉沦而永不能翻身。"③对于儒家思想来说，西洋文化的输入既是严重的挑

---

① 贺麟. 文化与人生. 北京：商务印书馆，1988：5.
② 贺麟. 文化与人生. 北京：商务印书馆，1988：5.
③ 贺麟. 文化与人生. 北京：商务印书馆，1988：6.

战，又是难得的机会。在以上三条之中，贺麟把第三条看得至关重要。

贺麟把儒家思想的振兴与发展提到了救亡图存的高度，以唤起人们的使命感和紧迫感。他指出，儒家思想能否翻身的问题，也就是中国在文化方面能否自立的问题。"就民族言，如中华民族是自由自主、有理性有精神的民族，是能够继承先人遗产，应付文化危机的民族，则儒化西洋文化，华化西洋文化也是可能的。如果中华民族不能以儒家思想或民族精神为主体去儒化或华化西洋文化，则中国将失掉文化上的自主权，而陷于文化上的殖民地。"①面对汹涌而来的西方文化潮流，中华民族万万不可失掉自主性，万万不可舍己求人，变为外来文化的附庸。唯一的出路就在于归本儒家思想，彻底地、原原本本地了解并且把握西洋文化，从而超越西洋文化、征服西洋文化，在对外来思想加以陶熔统贯的基础上，建立新的儒家思想、新的民族文化。贺麟强调："儒家思想的新开展，不是建立在排斥西洋文化上面，而是建立在彻底把握西洋文化上面。儒家思想的新开展，是在西洋文化大规模地输入后，要求一自主的文化，文化的自主，也就是要求收复文化上的失地，争取文化上的独立与自主。"②

本着"以体充实体，以用补助用"的文化方针，贺麟认为融会吸收西洋文化的精华与长处以促进儒家思想的新开展，不必走科学化的道路。他指出，科学固然是西洋文化的优长，但科学属于"用"的范围，而不是"体"的范围。况且，在中国文化史上没有出现科学与儒学的对立，现在二者也毫无冲突，一个崇奉孔孟的人，尽可精通自然科学，把孔孟精神同科学精神协调起来。贺麟认为，要吸收西洋文化的精华并且将其化为儒学的思想营养，着眼点不应放在关乎事实领域的自然科学，而应

---

① 贺麟. 文化与人生. 北京：商务印书馆，1988：6.
② 贺麟. 文化与人生. 北京：商务印书馆，1988：7.

当放在关乎价值领域的宗教、哲学、艺术等方面。宗教、哲学、艺术等都属于"体学"的范围，中国的"体学"即儒家思想恰好同其构成对应关系：西方有宗教，儒家有礼教以磨炼意志、规范行为；西方有哲学，儒家有理学以格物穷理、寻求智慧；西方有艺术，儒家有诗教以陶养性灵、美化生活。基于这种认识，贺麟主张从哲学、宗教、艺术等方面吸收西方文化的精华，推动儒家思想的新开展。

第一，以西洋的哲学发挥儒家的理学，使儒学哲学化。贺麟认为西方哲学中以苏格拉底、柏拉图、康德、黑格尔为正宗，形成唯心主义传统，而中国以孔子、孟子、程朱、陆王为正宗，也形成儒家唯心主义传统。不过，中国儒家没有像西方哲学家那样从理论上展开自己的唯心主义思想，因此，应当把握、吸收、融会、转化西洋的哲学，以充实自身。贺麟在探索儒学哲学化方面下了很大功夫，他用新黑格尔主义中"心即绝对"的观点发挥儒家的"仁"说，认为仁学可以理解为一种唯心主义的宇宙观与本体论。他说："从哲学看来，仁乃仁体。仁为天地之心，仁为天地生生不已之生机，仁为自然万物的本性。仁为万物一体、生意一般的有机关系和神契境界。简言之，哲学上可以说是有仁的宇宙观，仁的本体论。离仁而言本体，离仁而言宇宙，非陷于死气沉沉的机械论，即流于漆黑一团的虚无论。"[1]按照贺麟的理解，儒家所说的"仁"不仅是个道德的范畴，而且是哲学范畴，它显示着精神本体的存在，构成宇宙的总体联系，规定着自然万物的本质。儒家同西洋唯心主义哲学家的看法是一致的。此外，儒学中的"诚"也同样含有哲学意味："在儒家思想中，诚的主要意思是指真实无妄之理或道而言。所谓诚，即是指实理、实体、实在或本体而言。中庸所谓'不诚无物'，孟子所谓'万物皆备于

---

[1] 贺麟. 文化与人生. 北京：商务印书馆，1988：10.

我矣，反身而诚'，皆寓有极深的哲学意蕴。"①贺麟认为，有必要把传统儒学中的道德本体提升到精神本体的高度，从而为现代新儒学奠立唯心主义的哲学基础。

第二，吸收基督教的精华以充实儒家的礼教，使儒学宗教化。贺麟所说的"基督教的精华"是指渗透在现代基督教中的现代意识、理性精神，这同儒家的基本思想是相容的。贺麟不同意那种抓住《论语》中"敬鬼神而远之""未知生，焉知死""未能事人，焉能事鬼"等言论，便断言孔子没有宗教思想和宗教精神的观点，认为这种理解势必使儒家偏狭化、浅薄化、孤隘化，从而失掉儒家的真精神，使之不能应付现代的新文化局面。不过，他也承认，中国的儒学的确没有把道德观念同宗教精神紧密地结合起来，因此，需要引入基督教的精华。他指出，传统的儒家礼教虽有权威性，但家庭制束缚性太大，从而缺乏鼓动性和感召力。现代基督教"到民间去"的殉道精神正好可以弥补礼教的不足，为道德注以热情，鼓以勇气，冲淡礼教的宗法色彩，使之趋于社会化。贺麟认为，现代基督教所包含的"平等、博爱"思想同儒家的"仁"的观念是可以相互解释的："仁即是救世济物，民胞物与的宗教热诚。《约翰福音》有'上帝即是爱'之语，质言之，上帝即是仁。'求仁'不仅是待人接物的道德修养，亦是知天事天的宗教工夫。儒家以仁为'天德'，耶教以至仁或无上的爱为上帝的本性。足见仁之富于宗教意义，是可以从宗教方面大加发挥的。"②同样，儒家中"诚"的观念也是与宗教精神相通的。"诚亦是儒家思想中最富于宗教意味的字眼。诚即是宗教上的信仰。所谓至诚可以动天地泣鬼神。精诚所至，金石亦开。至诚可以通神，至诚可以前知。诚不仅可以感动人，而且可以感动物，可以祀神，乃是贯通天

① 贺麟. 文化与人生. 北京：商务印书馆，1988：10.
② 贺麟. 文化与人生. 北京：商务印书馆，1988：10.

人物的宗教精神。"①照贺麟看来，儒家思想宗教化以后，将重新成为信仰的权威，获得"范围人心"的力量。

第三，领略西洋的艺术以发扬儒家的诗教，使儒学艺术化。照贺麟看来，儒学本是合诗教、礼教、理学三者为一体的学养，也可以说是艺术、宗教、哲学三者合一的文化系统。但它在后来却走向了片面化，对艺术有所忽视。由于《乐》经佚亡，乐教中衰，诗教也走了下坡路，以至于儒家在艺术方面无法同道家抗衡。对艺术重视不够，致使传统的儒家思想失之严酷、枯燥。他说："旧道德之所以偏于枯燥迂拘，违反人性，一则因为道德尚未经艺术的美化，亦即礼教未经诗教的陶熔，亦可谓为道德未能契合孔子所谓'兴于诗，游于艺，成于乐'的理想，不从感情上去培养熏陶，不从性灵上去顺适启迪，而只知执着人我界限的分别，苛责以森严的道德律令，冷酷的是非判断。"②他指出，西洋艺术的浪漫主义精神可以冲淡陈腐的道学气，使儒学走出情感误区，更富有感召力。他认为儒学完全可以实现艺术化，例如从诗教或艺术方面来看，"仁即温柔敦厚的诗教，仁亦诗三百篇之宗旨，所谓'思无邪'是也。'思无邪'或'无邪思'即纯爱真情，乃诗教的泉源，亦即是仁。仁即天真纯朴之情，自然流露之情，一往情深、人我合一之情"③。再如，"就艺术方面言，思无邪或无邪思的诗教即是诚。诚亦即是诚挚纯真的感情。艺术天才无他长，即能保持其诚、发挥其诚而已。艺术家之忠于艺术而不外骛亦是诚"④。

以上"三化"便是贺麟推进儒家思想新开展的基本思路。从他的这

① 贺麟. 文化与人生. 北京：商务印书馆，1988：10.
② 贺麟. 哲学与哲学史论文集. 北京：商务印书馆，1990：356.
③ 贺麟. 文化与人生. 北京：商务印书馆，1988：9—10.
④ 贺麟. 文化与人生. 北京：商务印书馆，1988：9—10.

一思路不难看出，贺麟要求发展儒家思想的主张同五四新文化运动有密切的联系。他作为现代新儒家，当然不会同意"打倒孔家店"的激进主张，但他同样反对抱残守缺、株守旧说。他的"三化"主张明显地表现出其对传统儒学消极因素的否定态度。如果说新文化运动的倡导者们以批孔的方式表达出反对封建主义的思想倾向，那么，可以说贺麟是以释孔的方式表达出反对封建主义的思想倾向。他要求清除蒙在传统儒学上的封建主义尘埃，使之接受现代精神的洗礼，重新焕发出照人的光彩。显而易见，贺麟主张儒家思想宗教化、哲学化、艺术化，一方面是对传统的肯定，另一方面也是对传统的扬弃；一方面是对儒学文化价值的褒扬，另一方面也是对西方文化的消化与吸收。他希望能够在中西文化的会通中，为儒学走出困境找到出路。

现代新儒学思潮的总结

贺麟的新儒学思想形成得比较晚。为了推进现代新儒学思潮的发展，他对先于他提出新儒学思想体系的梁漱溟、冯友兰、熊十力等人的学说一一做了评述，对其他新儒家学者的思想也作了介绍。对于现代新儒学思潮发展情况和经验教训所做的总结，也是贺麟创立新儒学思想体系的理论准备的组成部分。

（一）梁漱溟。梁漱溟是现代新儒学思潮的开山，第一个树起"新孔学"的旗帜。他试图把宋明理学的人生哲学奠立在柏格森的生命哲学的理论基础之上，建立起"援西方哲学入儒"的现代新儒学体系。在本体论方面，他吸收柏格森的生机主义观点，提出"尽宇宙是一生活"的论断，并把这说成是儒学固有的根本道理。在认识论方面，他借鉴柏格森的本能、智能、直觉的模式，参照佛教因明学的提法，提出了现量、比量、非量的三量理论。他认为非量也就是直觉，而直觉就是儒家认识论的突出特征，断言"儒家尽用直觉，绝少来讲理智"。在人生论方面，他用生机主义和直觉主义重新阐释宋明理学中"存天理、灭人欲"的观点，强调"灭人欲"是指打消计算之心，一任直觉以求仁，主张树立"尚情无我"的价值观念。他还主张建立"以伦理为本位"的社会制度，认为只有这种社会才最符合"生命本性"，才是最理想的社会。

梁漱溟在构想新孔学体系中，把着眼点放在了主体方面。他首先把宇宙归结为"生活"，取消了客体的实在性；其次把"生活"归结为"意欲"，从主体方面寻求宇宙的本原；最后把"意欲"归结为主体自身——"我"。他由此得出结论："这个差不多成定局的宇宙——真异熟果——是由我们前此的自己而成功这样的；这个东西可以叫做'前此的我'或'已成的我'，而现在的意欲就是'现在的我'。"[1]他指出，"前此的我"就是物质世界，而"现在的我"就是精神本体。这两个"我"归根到底是统一的："前此的我"是"现在的我"活动过后留下来的遗迹。梁氏的这种唯我论的宇宙观，把着眼点转向主体方面，把主体与客体的关系问题突出出来，使他的哲学思考表现出现代哲学的特征。

贺麟对梁漱溟的新孔学评价相当高。他说："新文化运动以来，倡导陆王之学最有力量的人，当然要推梁漱溟先生。"[2]"比较有系统有独到的见解，自成一家言，代表儒家，代表东方文化说话的，要推梁漱溟先生在'民国'十年发表的《东西文化及其哲学》一书。"[3]他很钦佩梁漱溟的理论勇气，梁氏在新文化运动时期中国思想无选择地介绍西方学术思

---

[1] 梁漱溟. 东西文化及其哲学. 北京：商务印书馆，1922：49.

[2] 梁漱溟. 东西文化及其哲学. 北京：商务印书馆，1922：12.

[3] 梁漱溟. 东西文化及其哲学. 北京：商务印书馆，1922：9.

想的情况下，在传统文化和礼教遭到猛烈攻击的情况下，能够独树一帜，的确是不同凡响的。

贺麟认为，梁氏的基本思路是发挥儒家思想，以解答当时最迫切的东西文化问题，通过比较中西文化的优劣异同，探索改革旧文化建设新文化的方向。梁氏的基本思想是："对于儒家的辩护与发挥，他坚决地站在陆、王学派的立场，提出'锐敏的直觉'以发挥孔子的仁和阳明的良知。他特别着重锐敏的直觉是反功利的，不算账的，不分别人我的，不计算利害得失，遇事不问为什么，而但求此心之所安的生活态度。这直觉是随感而应的，活泼而无拘滞的，刚健的，大无畏的行为的泉源。"[①]梁氏立足于孟子和陆王心学的义利之辨，拒斥西方文化中的功利主义倾向，倡导新儒家的价值观念，同当时很流行的实用主义思潮相抗衡。贺麟认为梁氏新儒学思想的主导倾向是陆王之学，并且采取认同的立场。

贺麟指出，为中国文化说话是梁氏新孔学的最鲜明的特色。他在"打倒孔家店"思潮澎湃的情况下，在许多人对中国文化丧失信心的情况下，高扬以儒学为主导的中国文化的价值，足以提高人们对于民族文化的信心和自尊心。梁漱溟认为西洋、中国、印度三种文化出于三种不同的人生态度：西洋人向前追求；中国人调和持中；印度人否定生命，企慕超越，并由此断言西洋文化将为中国文化所取代，而印度文化则是人类的最终选择。贺麟并不认为这种说法有充分的根据，但肯定了它的积极意义："这种说法在当时颇足以使人对整个东方文化的前途，有了无限的乐观和希望。"[②]梁漱溟一方面盛赞东方文化，另一方面也肯定西方的优长，认为中国人应当接受科学和民主。贺麟对梁氏的评价是："他一面重新提出儒家的态度，而一面主张全盘接受西方的科学和民主，亦未完全

---

① 贺麟. 五十年来的中国哲学. 沈阳：辽宁教育出版社, 1989: 11.
② 贺麟. 五十年来的中国哲学. 沈阳：辽宁教育出版社, 1989: 11.

逃出'中学为体，西学为用'的圈套。然而他却巧妙地避免了东方优于西方文化的偏狭复古的见解。他也没有呆板地明白赞成中体西用或旧瓶装新酒的机械拼合。这不能不说是他立论圆融高明的地方。"①贺麟欣赏梁漱溟不顾时论，为东方文化说话的勇气，更欣赏他融会中西文化的新视野。

贺麟对梁漱溟的新孔学并不十分满意，提出了三点批评。第一，他认为梁漱溟对东西文化的比较缺乏哲学的坚实基础，只是摭拾许多零碎的事例，缺乏哲学的说明。"三路向"的说法不可避免地造成中西文化的对立，无法找到使二者融会贯通的理论依据。在贺麟看来，这实在"有违陆象山'人同此心，心同此理'的根本原则"。据此，他把发掘陆王心学同西方唯心主义的共同点，作为自己创立新儒学思想体系的理论动机之一。第二，他认为梁漱溟"发挥儒家陆、王一派思想，亦重人生态度方面，很少涉及本体论及宇宙论"②。换句话说，梁漱溟的新儒学思想体系还不够完整，失之于简单，还有待于改进。第三，他承认梁漱溟是中国思想界近一二十年来"倡导直觉说最有力的人"，并引起他对直觉问题的注意。但在贺麟看来梁氏对直觉的理解是模糊不清的。比如，梁氏一方面高扬直觉方法，一方面又指斥其"为可疑而不可资以作求真实的方法"，就有点逻辑混乱了。从这三点批评看，贺麟绝没有推翻或贬抑梁氏新儒学思想的意思，而是站在同情的立场上，探索使现代新儒家思想更加完备、更加精致的途径。

（二）冯友兰。到抗日战争时期，现代新儒家思潮发展到了理论成熟阶段，形成了"新程朱"和"新陆王"两种类型的现代新儒家思想流派。冯友兰在1939年出版了《新理学》一书，以后又陆续写出《新事论》《新世训》《新原人》《新原道》《新知言》等书，总称为"贞元之际所著书"，

---

① 贺麟. 五十年来的中国哲学. 沈阳：辽宁教育出版社，1989：11—12.

② 贺麟. 五十年来的中国哲学. 沈阳：辽宁教育出版社，1989：12.

创立了新理学思想。他宣称新理学是接着宋明理学中程朱一派讲的，但不是照着程朱一派讲的，运用西方新实在主义的哲学观点和思想方法对儒学做了改铸加工。

从理论上看，冯友兰的新理学是对梁漱溟的新孔学的发展。梁漱溟的新孔学凸显主体性，但走过了头，得出唯我论的哲学结论，从而无法说明事物的相对稳定性，无法说明世界的普遍联系，也无法说明人与人之间的相互关系。按照梁氏的说法，你有你的宇宙，我有我的宇宙，每个人作为主体，都是其所现宇宙的中心。这无数的"中心"，如何构成共性的世界？这是唯我论哲学难以回答的问题。为了走出唯我论的困境，冯友兰从主体出发，进一步把着眼点移向客体。一方面，他认为事物是"我们经验或可能底经验中"的现象，取消了事物自身的客观实在性，承袭了梁漱溟的主观唯心主义原则；另一方面，他又设定了思维中的客体——理。冯友兰认为，理是实际世界（指现象界）中的事物所依照的本体。他用理的客观实在性解释事物的常在性或相对稳定性：理是永恒不变的，因此依照理而形成的事物也不会随生即灭。由于有理来担保事物的常在性，所以，人们对同一事物才可以形成共同的认识。例如，对于一张桌子，大家都会把它当成桌子，绝不会有些人说它是桌子，有些人说它是椅子。这样，冯友兰就用客观唯心主义的观点纠正了梁漱溟唯我论的偏颇。为了维护理的绝对性，冯友兰强调作为共相的"理之有"跟作为殊相的"事物之有"截然不同：他称事物为"实际底有"，是于时空中存在的；理是"真际底有"，是"不存在于时空又不能说是无者"，他又称之为"潜存"。这样一来，冯友兰就勾画出一个由"真际"和"实际"组成的二重化世界：实际是由事物合成的现象，而真际是用理合成的本体界。"真际与实际不同，真际是指凡可称为有者，亦可名为本然，实际是指有事实底存在者，亦可名为自然。真者，言其无妄；实者，言其不虚；本然者，本来即然，自然者，自己而然。"①据此，他得出理为主宰者的客观唯心主义结论，走向了梁漱溟的"我"为主宰者的反面。冯友兰在《新理学》中写道："说理是主宰者，即是说，理为事物所必依照而不可逃；某理为某事物所必依照而不可逃。不依照某理，不能成为某事物。不依照任何理者，不但不能成为任何事物，而且不能成为事物，简直是不成东西。"②冯氏以其理为本体的理论，说明了"东西何以成为东西"的问题，深化了梁氏的新孔学宇宙观，因为按照梁氏的宇宙观，任何事物都是主体的感受，"简直是不成东西"。冯友兰提出真际与实际的关系问题，突出了主体与客体的矛盾，理论思维的深度越过了梁漱溟。

冯友兰的新理学是新程朱型的客观唯心主义哲学体系。他奉程朱为正宗，运用新实在主义的逻辑分析方法，论证理世界在逻辑上先于实际的世界，强调理世界是永恒的、超验的实在，"万理不生不灭，不增不减"。对于人来说，理世界又是意义的世界，人通过觉解将纯客观的真际内化为人的精神境界。按照觉解的程度，人生中的境界分为自然境界、功利境界、道德境界、天地境界，其中天地境界就是最高的天人合一的境界。在这种境界中的人，"经虚涉旷"，"极高明而道中庸"，主观精神和客观真际合而为一。

关于新理学，贺麟指出，冯友兰虽然接受了英美新实在主义的影响，但乃可算作程朱理学的继承者。他对新理学的基本思想做了这样的概括：

> 冯先生认为任何事物之所以成为事物，必依照理，必依据气，这是承继朱子认事物为理气之合的说法，而冯先生复特别对朱子凡物莫不有理之说加以新的发挥。他认为山有山之理，水有水之理，飞机有

---

① 冯友兰. 新理学. 重庆：商务印书馆, 1944: 10, 125.
② 冯友兰. 新理学. 重庆：商务印书馆, 1944: 10, 125.

飞机之理。而理是先天的永恒的，故未有飞机之前，已有飞机之理，未有山水之前，已有山水之理。"实际"中万事万物之无量数的理，便构成"真际"。他所谓"真际"就是理的世界。这些理在真际中，不在事物内，也不在心内，因为心也是形而下的实际事物。①

　　贺麟对于新理学基本思想的概括是符合冯友兰的思想实际的。贺麟抱着同情的态度，肯定新理学确实有集中国哲学大成的地方。他对冯友兰其他几本"贞元之际所著书"也做了概要的介绍。他指出《新事论》依据城乡差别和职业差别，论述东西文化的差别以及封建主义文化与资本主义文化的差别；《新世训》指导青年进行思想修养，解释许多道德观念的意义；《新原人》提出四种境界学说，阐发"极高明而道中庸"的人生理想。这些书的出版引起思想界的许多批评、讨论、辩难、思考，使冯友兰成为抗日战争时期"中国影响最广、声名最大的哲学家"，贺麟表示由衷的钦佩。

　　但是，贺麟认为新理学也有明显的不足之处。第一，他认为新理学贯彻唯心主义原则不够彻底，对程朱陆王两大宋明理学的支流存在着畸轻畸重的偏见。贺麟认为冯友兰承继了程朱的学脉，然而未能克服程朱的弊端，新理学也同样失之于支离。他说："我尝说，讲程、朱而不能发展至陆、王，必失之支离。讲陆、王而不能回复到程、朱，必失之狂禅。冯先生只注意程、朱理气之说，而忽视程、朱心性之说，是讲程、朱而排斥陆、王，认陆、王之学为形而下之学，为有点'拖泥带水'，无怪乎会引起王先生这样的批评。"②他说的王先生是指王恩洋。王恩洋曾著文批评冯友兰"取旧理学的理气而去其心"，贺麟同意王恩洋的这种看法。

---

① 贺麟.五十年来的中国哲学.沈阳：辽宁教育出版社，1989：31—32.

② 贺麟.五十年来的中国哲学.沈阳：辽宁教育出版社，1989：215.

第二，贺麟认为新理学没能够把"真际"与"实际"真正统一起来，使它的论证不够充分，缺乏实证性。他引述郑昕的话说："'一事有一事之理，一物有一物之理'，假定满坑满谷，死无对证之理，于事何补？于人何补？于理义何补？"在贺麟看来，这个"对于离心而言理，在心外去假定'满坑满谷，死无对证之理'的新实在论的批评"非常深刻有力。这说明新理学没有为其本体论奠立坚实的认识论基础。既然理无法证实，则其是否存在便大可怀疑。贺麟认为新理学把"真际"与"实际"僵硬地对立起来，无法说明物与理或道与器的同一性。这种道器观还不如王夫之的道器合一观深刻。王夫之"力持道器合一而不可分离的说法，且已预斥近人离器而侈言抽象的道，如'未有飞机之前，已有飞机之理'的说法"[①]。第三，贺麟承认新理学采用的逻辑分析方法有可取之处，也认为"唯心论在中国要有新的发展的话，亦须在理智的分析和论证的严密方面多用工夫"，但他也看到这种方法"有趋于支离务外之弊"。因此，还应当寻找别的方法，仅靠逻辑分析的方法是不够的。在他看来，分析还应当同综合配合起来，这才能形成总体的认识。通过对新理学的理论教训的总结与剖析，贺麟进一步明确了他面临的理论任务，即如何把新理学的客观唯心主义，推进到主观唯心主义，或者如何从程朱推进到陆王，使宋明理学的两大分支在现代哲学的识度上融会贯通。

（三）熊十力。梁漱溟的讲友熊十力也是现代新儒家营垒中的一座重镇。20世纪30年代初，梁漱溟离开学术界，开始致力于乡村建设运动，后来又投身政界，转向实践方面，无暇顾及现代新儒学理论研究。与梁氏同道的熊十力接替梁氏在北京大学哲学系的教职，专心从事学术研究，写出《新唯识论》文言文本和语体文本、《十力语要》等书，建立了名为"新唯识论"的现代新儒家学说体系，成为现代新儒家思潮中"新陆王"

---

① 贺麟. 文化与人生. 北京：商务印书馆，1988：261.

派的代表人物之一。

　　熊十力沿着"新陆王"的思路，为重建儒家本体论付出很大的努力。他强调哲学应以本体论为关注的重点，反复申明他的《新唯识论》乃是为发明体用而作，声称"学者如透悟体用义，即于宇宙人生诸大问题，豁然解了，无复疑滞"①。他所说的"体"是指宇宙本体，"用"是指本体的功用或表现，其中包括物质世界。所谓"体用不二"，是熊十力重建儒家本体论的基本原则。他的"体用不二"论，同陆九渊的"吾心即是宇宙，宇宙便是吾心"的观点，同王阳明"心外无理，心外无物"的观点，都是一脉相承的。在熊十力看来，宇宙的本体就是本心，而物质宇宙可视为本心的表现或功用。本心是唯一的实在，物质宇宙则是"乍现的迹象"。本心具有"翕"（收敛、凝聚）和"辟"（伸张、发散）两种功能或势用。本心借助"翕"物化为物质宇宙，又借助"辟"使物质宇宙向自己复归。"翕"和"辟"构成矛盾关系，二者之间的对立与统一表现为世界的无限发展过程。

　　熊十力认为本心也是人生道德价值的源头，从"体用不二"论翻转出"道德的形上学"。他指出，在现实生活中的人，往往受到"量智"（理智的思考方式）的限制，把不可靠的经验当作主体。熊十力把基于经验的主体叫作"习心"，认为"习心"有可能蒙蔽"本心"。如果"本心"被"习心"蒙蔽，道德价值源遂难以贯彻，便会形成善与恶的分化。他主张用"性智"（直觉的体验方式）取代"量智"的思考方式，体认"本心"本体，祛除"习心"的蒙蔽，树立"内圣"的道德价值观念。他强调"内圣"作为价值源头不能落于空疏，而应当通过"外王"即经世致用的渠道得以贯彻。总之，熊十力把"本心"看成新唯识论体系的核心范畴和最高范畴，重申了陆王派的心本体论，并且设定"内圣外王"的

　　① 熊十力. 新唯识论. 重庆：商务印书馆，1944：241.

价值目标，希冀造就现代的儒者人格。

贺麟与熊十力同在北京大学哲学系执教，对熊十力的新儒学思想很了解，也很钦佩。在采取"新陆王"思路这一点上，他同熊十力是一致的。在现代新儒家当中，贺麟对熊十力的评价最高，称他的哲学为"陆、王心学之精微化最独创之集大成者"。熊十力冥心独造，直探宇宙万有的本体。熊氏认为本体应体现出无形相、无滞碍、绝对、永恒、整全、清净、刚健等规定性，在他看来只有"本心"才能称得上本体。他指出，本心是绝对的本体。第一，本心可称为心，有主宰者的意思，"遍为万物实体"。第二，本心称为意，有规定方向的意思，它"通万物而言其统体"。第三，本心又可称为识，有由体发为用的意思。贺麟在《五十年来的中国哲学》中引证了熊十力在《新唯识论·明心章》中关于本心本体的大段论述之后，评论说："以本心为绝对待，遍为万物实体，不仅主乎吾身，而遍为万物主，是以超出主观的道德的唯心论，而为绝对的唯心论。而他所谓本心，不纯是理智的纯思纯知，而乃即是'仁'。便充分代表儒家的传统了。"[1]贺麟认为熊十力如此看待本心本体，同他在《儒家思想的新开展》一文中提出的关于建立新儒家"仁的本体论"和"仁的宇宙观"的构想非常接近，"不意于熊先生处得一有力之代表"[2]。

贺麟认为熊十力在理论上有两个独到的见解。一是明晰地区别本心与习心，既把自己同执着习心的主观主义者区别开来，又肯定本心的本体论地位。他把本心作为本体，将心与物两个方面统一起来，断言心物是一个整体的相反相成的两个方面，从而形成了心物合一的泛心论观点。熊十力说："心虽是到有机物发展的阶段，才日益显著，却不能因此便怀疑有机物未出现以前就没有辟翕心这种势用的潜存。"（《新唯识论·转

① 贺麟. 五十年来的中国哲学. 沈阳：辽宁教育出版社，1989：13.
② 贺麟. 五十年来的中国哲学. 沈阳：辽宁教育出版社，1989：14.

变章》）贺麟认为这是一种大胆有识的玄观，同西方哲学家斯宾诺莎"万物皆有灵魂，不过等级不同耳"的说法不期而合。

二是提出体用不二、翕辟成变论，既避免陷于单讲本体的空寂，又能发挥阳明"即知即行"的意蕴，从本体论施设出宇宙论。"所以他提出的即用显体之说，实不啻为返本归寂、明心见性，指出一下学上达、简易平定的门径。"在贺麟看来，熊十力发扬了王学的优长，也巧妙地克服了王学的局限性。他对熊十力的总评价是："得朱、陆精意融会儒释，自造新唯识论。对陆、王本心之学，发挥为绝对的本体，且本翕辟之说，而发展设施为宇宙论，用性智实证以发挥陆之反省本心，王之致良知。"[①]显然，贺麟对熊十力新儒学的评价比对梁漱溟和冯友兰的都高，在他看来，熊十力一方面克服了梁漱溟"很少讲本体"的缺陷；另一方面也克服了冯友兰新理学缺乏实证性的不足，把现代新儒家思想提到了新的理论高度。

贺麟也对熊十力提出委婉的批评。熊十力在发挥"本心即性，本心即仁"方面，花费了很大工夫，并且以生命充实言本体，有意识地避免了支离抽象的理，但对于"本心即理，心者理也"一点，似乎缺少直接明白的发挥。在贺麟看来，熊十力似乎过分地注重综合，有矫冯友兰片面凸显分析之枉而过正的倾向。另外，由于熊十力不懂外文，对西方哲学了解甚少，有时难免产生一些偏见或误解，如指斥西方哲学家"纯任理智，构画本体"等，这大概也是精通西方哲学史的贺麟所不能同意的。

（四）马一浮。马一浮是一位同梁漱溟、熊十力齐名的现代新儒家，精通儒佛，学习过英、法、日多种外文，曾留学美国、日本。回国后隐居在杭州西湖畔，平素不标讲学，不强著述，婉拒北大校长蔡元培的礼聘，不肯到大学执教。抗日战争时期有感于国难维艰，应浙江大学校长

---

① 贺麟. 五十年来的中国哲学. 沈阳：辽宁教育出版社，1989: 12.

竺可桢之聘，始在泰和公开讲学，后来又就任设在四川乐山县乌尤寺的"复性书院"主讲。当时他的名气很大，弟子们称赞他说："先生守程朱居敬穷理之教，涵养之粹，读书之博，并世未见其比。"马一浮为"复性书院"所立的学规是："主敬为涵养之要，穷理为致知之要，博文为立事之要，笃行为进德之要。"把主敬、穷理、博文、笃行立为学规，其学风与朱子相近，表明他是一位新程朱型的现代新儒家。他的主要著作有《泰和会语》《宜山会语》《尔雅台答问》《尔雅台答问续编》《复性书院讲录》《濠上杂者初集》等。

马一浮认为文化是精神的产物，而儒家的六艺是人类文化的根本所在。"全部人类之心灵，其所表现者不离乎六艺，其所演变者不能外乎此。"（《复性书院讲录》）他将六艺抬到如此高度，发扬了程朱看重经典、读书务博的治学传统。他指出，心性是六艺之道的根基，"性外无道，事外无理。六艺之道，即吾人自性本具之理，亦即伦常日用所当行之事也"（《宜山会语》）。既然心性是六艺之道的根基，那么，治学之道仅仅多读书还不够，最终当由博返约，穷心中之理。马氏学近程朱，但并不拘于门户之见，颇有调和程朱派与陆王派的对立之意。马一浮一生以阐扬儒学精义为职志，无意创造一个独立的哲学体系。他使用的基本概念和命题大都是传统的，自己没有什么创造。他本人熟悉西方哲学，但没有走中西比较、融会贯通的路子，这在现代新儒家当中是一个特例。

贺麟对马一浮抱有很深的敬意，称他是"西子湖畔的一位高士""我国当今第一流的诗人"，赞扬他兼有中国正统儒者所应具备之诗教、礼教、理学三种学养，"可谓为代表传统中国文化的仅存的硕果"。贺麟对马一浮的总体评价是："其格物穷理，解释经典，讲学立教，一本程、朱，而其返本心性，祛习复性，则接近陆、王之守约。他尤其能卓有识度，灼见大义，圆融会通，了无滞碍，随意拈取老、庄、释典以阐扬儒家宗旨，不惟不陷于牵强附会，且能严格判别实理玄言，不致流荡而无归宿。"①他把融会儒、释、道以及调解程朱、陆王的对立视为马一浮新儒学思想的显著特征。

贺麟认为马一浮关于文化哲学的思想比较有系统。马一浮提出，诗教、书教、礼教、乐教、易教、春秋教等儒家的六艺，实际上并不只是指六部儒家的经书，而是指文化学的六个部门，所以，儒家六艺实则是包罗万象、统摄一切的学术文化。"全部人类之心灵，其所表现者不离乎六艺，其所演变者不能外乎六艺。"(《泰和会语》)六艺中诗、书属于善，礼、乐属于美，易、春秋属于真，包含着真、善、美三个最高的价值目标，而西方学术文化均可统摄于真、善、美，故此六艺亦可以统摄西方全部的学术文化。马一浮认为文化是精神的产物，"一切道术皆统摄于六艺，而六艺实统摄于一心，即是一心之全体大用也"(《宜山会语》)。贺麟很欣赏马一浮的这种唯心主义的文化哲学，贺麟评论说："他的文化哲学的要旨是说，一切文化，皆自心性中流出。只要人心不死，则人类的文化即不会灭绝。这种文化观，使得他对于人类文化，特别民族文化有了坚强信心。当然这是很有高远识见，能代表中国正统思想的文化观，要说明如何万事万物，如何全部文化，皆自心性中流出，自然需要很高深困难的唯心哲学作基础。"②他认为，马一浮的文化观同他的以精神为体的文化观可以相互印证。

贺麟对马一浮融会程朱和陆王两派之学的做法表示认同。贺麟评论说，马一浮注重条理，文风喜欢排比对称，酷似朱熹，但没有程朱派常有的支离之弊，能够做到统归返约，贯彻"内外本末，大小精粗，统之有宗，会之有元，备而不遗，道而不瞆，交参互入，并摄兼收"(《复性

---

① 贺麟.五十年来的中国哲学.沈阳：辽宁教育出版社，1989：16.
② 贺麟.五十年来的中国哲学.沈阳：辽宁教育出版社，1989：17.

书院讲录》）的治学宗旨。贺麟认为马一浮颇有分中见合，对立中见统一的综贯能力，故而能打通程朱学与陆王学之间的隔阂。例如，马一浮在阐释朱熹的格物穷理说时强调朱熹并非以为理在心外。"今明心外无物，事外无理，即物而穷其理者，即此自心之物，而穷其本具之理也。此理周遍充塞，无乎不在，不可执有内外。"（《复性书院讲录》）马一浮这样释格物穷理说的意蕴，便同陆王派"即理即心，心外无理"的观点相当接近了，"这足以表现他以极深睿的识度于儒释和朱陆间灼然见其贯通一致的地方"[①]。同马一浮一样，贺麟也把程朱学与陆王学的会通协调视为现代新儒学发展的方向，所不同的是，马一浮在融会两派时倾向于程朱一方，而贺麟则倾向于陆王一方。

（五）方东美。方东美20世纪40年代已是著名的哲学家，1948年去台湾后，任台湾大学哲学系系主任，成为很有影响的港台新儒家学者。在抗日战争期间，方东美出版《科学哲学与人生》等书，还在中国哲学会第三届年会上宣读了题为《哲学三慧》的论文。贺麟在《当代中国哲学》一书中对方东美的哲学思想做了简要的评述。

贺麟认为方东美在哲学上接近唯心论，但不着重理性或心灵诸概念，而特别注重生命。方氏受尼采影响较深，注重生命、精神和文化，但并不去发挥尼采的权力意志论。方东美注重活泼的生命，讲究情感与理性的谐和，讲究科学与哲学的调协。他说："宇宙人生是某种和谐圆融的集团，分割不得。科学不能违情以言理，犹之哲学不能灭理以陈情。科哲合作，情理交得。然后人类思想与文化乃臻上乘。否则理彰而情乖，或情胜而理屈，都觉轻重失衡，二者有其一，则思想之破绽立显，文化之危急必至，人类活泼之生命精神，将支离灭裂枯萎断绝了。"（《科学哲学与人生》）贺麟认为方氏关于生命的看法，或多或少受到文学家的影

---

① 贺麟. 五十年来的中国哲学. 沈阳：辽宁教育出版社，1989：18.

响，含有悲剧的情调。"而生命的悲剧主要的不外两种：一为不能从心所欲的悲剧——希腊的悲剧，一为从心所欲的悲剧——现代文明之悲剧。这两种悲剧，他叫作'生命之二重奏'。他的思想、他的文字和他所用的名词，似乎都含有诗意。"①方东美是一位熟悉西方现代哲学的新儒家学者。在现代西方哲学中，人本主义和科学主义两大流派竞长争高，对于这两派，方东美显然倾向于人本主义一边，并且致力于西方人本主义与中国儒家人文思想的融合。方东美的这种思路体现出现代新儒家共同的致思趋向，自然会博得贺麟的首肯。贺麟还颇欣赏方东美在比较中国、印度、希腊三大哲学时所持的学术立场，贺麟说："他比较三方的哲学，揭示出各自的特质和优胜处，使人用同情了解的态度去分别欣赏体会，既不陷于东西哲学优劣的窠臼，亦不说有先后层次过渡的阶段。于讨论东西哲学文化，可以说是提供了一个虚怀欣赏的正当态度。"②贺麟一向主张以同情的态度和公允的眼光看待中外哲学，他把方东美引为自己在这方面的知音。

（六）牟宗三。港台新儒家的代表性人物牟宗三在20世纪40年代已在哲学界崭露头角。他刊行有一厚册讲《易经》的书，出版了《逻辑典范》一书，还写完《理解，理性与理念》一书的初稿。他的学术活动引起了贺麟的注意。贺麟认为，牟宗三在哲学上倾向唯心论，但试图把唯心论同新实在论调和起来。所以，他一方面注重康德的先验唯心主义；另一方面又想用怀特海的新实在论补充康德，使之趋于客观化。贺麟评论说：牟宗三的"取径是要揭出中国哲学的精神以擅自发挥康德实践理性优越于纯粹理性之旨。他论纯理，一反新实在论者认理在心外的说法，而归于康德的理解。他有一段精要的话道：'理者显于理解而归于理解。明

---

① 贺麟. 五十年来的中国哲学. 沈阳：辽宁教育出版社，1989：48.
② 贺麟. 五十年来的中国哲学. 沈阳：辽宁教育出版社，1989：48.

其并非无来历，归于理解，明其并非无安顿。起处即其止处，出处即其入处。外乎此而求理，未有不落空者也。'他这里实在提出了一个排斥理外之说的讲理、讲逻辑的根本原则"①。在20世纪40年代，牟宗三的主要的新儒学著作尚未问世，然而贺麟却准确地抓住其新儒学的基本特征：借助康德的实践理性概念，发挥儒家的心性之学，认同于宋明理学中陆王一系。

（七）唐君毅。唐君毅是一位同牟宗三齐名的港台新儒家。在20世纪40年代，他已完成《道德自我之建立》《人生之体验》等书的初稿。在这些书正式出版之前，有部分内容在报刊上发表，贺麟读过"自我生长的途径""道德自我之建立""辨心之求真理"等篇，对唐君毅初具规模的现代新儒学思想有了大概的了解。

贺麟认为，唐氏的著作不仅唯心论色彩浓厚，而且富有诗意。他探究道德自我之所以建立，试图为道德行为奠立形上学基础。"他首先指出道德生活之本质为自觉的自己支配自己，以超越现实自我。继而追溯道德自我在宇宙中的地位。他指出心之本体之存在及其真实至善即是道德自我的根源，且说明心之本体即现实世界之本体。"②贺麟恰当地指出："道德自我"或"人之本体"是唐氏哲学体系的核心，其唯心论倾向是显而易见的。

贺麟发现，唐氏在哲学思考方式上受黑格尔影响很深。例如，唐氏在讨论自我生长的过程时，借鉴了黑格尔《精神现象学》的方法，将自我发展分为十大阶段。"由凡人之心境起始，发展到由凡人至超凡人以上之心境。对于科学家、艺术家、道德家、尼采式的超人、印度式的神秘主义者的心境，均加以阐述描画，最后归到中国式儒者的襟怀，他称为'悲悯之情的流露与重返人间'，足见他的企向了。"③再如，唐氏承认绝对

---

① 贺麟.五十年来的中国哲学.沈阳：辽宁教育出版社，1989：47.

② 贺麟.五十年来的中国哲学.沈阳：辽宁教育出版社，1989：46.

③ 贺麟.五十年来的中国哲学.沈阳：辽宁教育出版社，1989：46.

真理，并强调"绝对真理不在心外"，声称"所谓绝对真理即存于相对真理之和谐贯通间。相对真理之融化，相对真理之彼此互为根据即绝对真理之内容"。这种提法似乎也吸收了黑格尔把绝对真理看成最后、最高、圆融和谐集大成之系统的观点。贺麟作为深研黑格尔哲学的专家，曾主张借鉴黑格尔的思想与方法阐扬儒家传统思想，唐君毅走的正是这条路子，这不能不引起贺麟很大的兴趣。贺麟曾在自己的日记中写道："我读《重光杂志》中唐君毅的文章，觉得唐君毅的文字明晰，见解弘通，于中西哲学皆有一定的研究。其治学态度、述学方法、所研究之问题，均与余相近似，是基于'人同此心，心同此理'的原则。"[1]

1983年贺麟应香港中文大学新亚书院之邀赴港讲学，回来后撰写《唐君毅先生早期哲学思想》一文。他在文中提到，他过去的思想同早期的唐君毅有许多相契合之处。第一，他们都喜欢黑格尔哲学，并且借用黑格尔的某些观点与方法阐扬儒家思想。第二，他们都对王夫之做出积极评价。贺麟曾撰写《王船山的历史哲学》一长文，唐君毅曾在《学原》月刊上发表《王船山之性与天道论通释》一文。唐氏在文中指出，王夫之一方面继承宋明程朱陆王重内圣之学的精神；另一方面又发扬经世外王之学，并且力图把两方面贯通统一起来。他认为王夫之的哲学比他同时代的顾炎武、黄宗羲都高明。贺麟同意唐君毅的这种看法，他说："我感到从辩证的客观唯心论富有道德意义的观点加以解释，则我们的见解亦基本上相同。"[2]他为自己在当时未能读到唐君毅的这篇文章而感到遗憾。

第二，他们关于王学传承以及王学的发展方向的看法也大体一致。唐君毅于1948年在《学原》第二卷第一期上发表《泛论阳明学之分疏》一文，认为王学虽按地域来分有六派，可大致归结为两大派：一派为浙

---

① 贺麟. 哲学与哲学史论文集. 北京：商务印书馆，1990：202.

② 贺麟. 哲学与哲学史论文集. 北京：商务印书馆，1990：205.

东之王畿（龙溪），泰州之王艮（心斋）、罗汝芳（近溪）；另一派为江右之聂豹（双江）、罗洪先（念庵）。粗比较而言，"浙东近狂，江右近狷。若言精微细密，在王学理论上更能加以推进，以融释朱子，则当循江右以下至蕺山（刘宗周）一流也"。贺麟的看法同唐君毅不谋而合，他在1938年6月12日的日记中写道："晚读《明儒学案》江右王门，方知王学中以江右王门为最平正，道德修养亦高，且能与朱子格物穷理说相贯通，而龙溪、泰州则以猖狂乖僻之行径，豪放粗疏之才气著称，无补于学术真传也。"①唐君毅和贺麟都认同陆王心学一脉，但并不走极端，不像某些现代新儒家那样对程朱理学加以排斥。同这些人相反，他们认为程朱与陆王必须协调起来，才能克服旧的陆王学派的空疏之弊，因而才是现代新儒学发展的正途。

创建新心学体系

从以上贺麟对现代新儒学的总结中不难看出，他是把陆王心学奉为正宗的。他对奉程朱理学为正宗的新理学批评较多，已表明他的立足点站在了陆王一边。除了冯友兰以外，他对其他现代新儒家思想的绍述，都是站在陆王心学的立场上立论的。当然，贺麟不是极端的新陆王派，他主张协调程朱派与陆王派之学，但并不是折中主义者。在他看来，尽管程朱派与陆王派之学可以融会贯通，但贯通之后仍要以陆王学为主导，其思想上的倾向性是显而易见的。例如，在心与物的关系问题上，贺麟指斥朱熹"尤其费踌躇"，而赞扬陆九渊"直揭出'心即理'一语，贡献尤大"，使"哲学乃根本掉一方向"。他主张以陆九渊提出的"心即理"

---

① 贺麟. 哲学与哲学史论文集. 北京：商务印书馆，1990：206.

的原则，融会程朱之学与陆王之学。他说："心即是理，理既是在内，而非在外，则无论认识物理也好，性理也好，皆须从认识本心之理着手，不从反省本心着手，一切都是支离骛外。心既是理，则心外无理，心外无物。而宇宙万物，时空中的一切也成了此心之产业，而非心外之偿来物了。"①由此可见，贺麟是一位新陆王型的现代新儒家学者，把他的新儒学思想称为"新心学"是符合他的思想实际的。贺麟本人并没有明确地用新心学一语称谓他的思想体系，但"新心学"一词却是他创造出来的。他在《知行合一新论》一文中明确地把"新理学"和"新心学"对举并称。许多治中国现代哲学的专家都以"新心学"称谓贺麟的新儒学思想，如吕希晨与王育民合著的《中国现代哲学史》、李振霞著的《中国现代哲学史纲要》等。本书也采用"新心学"一语来概括贺麟的新儒学思想。

关于贺麟的新儒学思想是否已形成体系的问题，学术界曾有所讨论。有些学者认为贺麟的思想比较散，似乎没有形成诸如熊十力的"新唯识论"、冯友兰的"新理学"那样的体系。我们不能完全同意这种说法。诚然，贺麟没有像熊十力、冯友兰那样写出系统的哲学专著，他喜欢用论文的方式表达自己的思想观点，他没有写成形式上的理论体系，但并不等于说他没有建立实际上的思想体系。翻开中国哲学史看看，可曾有几个哲学家写出过系统的哲学专著？能因此而否认他们已形成实际的思想体系吗？显然不能。同样道理，我们不能因贺麟没有以系统的哲学专著的形式表达自己的思想，就否认他实际上已建立了有个性特征的现代新儒学体系；不能因他本人没有明确地标榜"新心学"，便不可以用"新心学"一词称谓他的学说体系。

其实，贺麟本人是认为自己的思想自成体系、自成一家之言的。他在《文化与人生》一书的《序言》中写道：

① 贺麟. 近代唯心论简释. 重庆：独立出版社，1943：28.

　　这书似乎多少可以表现出三个特点：一，有我。书中绝少人云亦云地抄袭现成公式口号的地方。每一篇都是自己的思想见解和体验的自述，或自己读书有得有感的报告。也可说每一篇都有自己性格的烙印。有我的时代，我的问题，我的精神需要。这些文字都是解答在我的时代中困扰着我的问题，并满足我所感到的精神需要。二，有渊源。虽说有我，但并非狂妄自大，前无古人。我的思想都有其深远的来源，这就是中国传统的文化和儒家思想。篇中不惟对孔孟程朱陆王有同情的解释，即对老庄杨墨亦有同情的新评价，以期发展其优点，吸取其教训。三，吸收西洋思想。有渊源，发扬传统文化，却并不顽固守旧。对于西洋人的文化思想和哲学，由于著者多年来的寝馈其中，虚心以理会之，切己以体察之，期望将其根本精神，用自己的言语，解释给国人，使中国人感到并不陌生。[1]

　　这三个特点不仅是《文化与人生》一书的特点，而且也是贺麟整个新儒学思想体系的特点。所谓"有我"，意思是有独到的见解，有自己的体系；所谓"有渊源"，意思是说继承传统而又发展了传统；所谓"吸收西洋思想"，这正是现代新儒家同传统儒家的最大区别，贺麟在这方面下的功夫比他同时代的新儒家学者都多。贺麟到晚年仍不否认自己曾经是现代新儒家营垒中的一员。他说："我也曾发表文章，勉励中国人民各自努力成为一个新儒者。除了传统的儒医、儒士、儒将、耕读传家的儒农外，还要有儒工、儒商以及国家各类工作人员，都要勉力做一个新儒者。不仅如宋儒说，'诸葛亮有儒者气象'，凡民主社会内受过专业教育的人均应有儒者气象。"[2]他承认新儒家思想是他当时理论活动的基本方向。

---

[1]　贺麟. 文化与人生. 北京：商务印书馆，1988：1—2.

[2]　贺麟. 哲学与哲学史论文集. 北京：商务印书馆，1990：208.

　　贺麟是20世纪50年代以前最后一位问世的现代新儒家，因而使他有可能在总结现代新儒家思潮进展的基础上，吸收他人的理论思维成果，借鉴他人的理论思维教训。梁漱溟、冯友兰、熊十力、马一浮等几位的新儒学思想对贺麟新心学思想的形成均有直接的或间接的影响。梁漱溟建立了以我为主宰的本体论学说，他认为你有你的宇宙，我有我的宇宙，"盖各自有各自的宇宙——我宇宙与他宇宙非一。抑此宇宙即是他——他与宇宙非二"[①]。这样的宇宙观凸显了主体性原则，但没有给客体留下应有的位置。冯友兰从梁氏的"我为主宰"走到了"理为本体"，凸显了客体性原则，但造成了真际与实际的对立，无法形成总体观念，失之于支离，并且对陆王心学缺乏同情。熊十力提出本心这一总体观念作为本体，表现出从主体向客体过渡的趋向，但他的本心本体是一个动态的本体，没有含摄理的具体规定，因而显得过分抽象。马一浮要求融会陆王派与程朱派的学说，但没有从哲学上做出充分的论证。贺麟在总结前面几位新儒学思想理论成熟与教训的基础上，找到了新的理论生长点——主体与客体的统一。

　　贺麟对思维与存在的关系这一哲学基本问题有着清醒的、明确的、自觉的认识。他指出："不批判地研究思想与存在的问题，而直谈本体，所得必为武断的玄学。"[②]基于这种认识，他把所有的哲学大略地归纳为两大派，一派是唯心论，一派是唯物论。他选择了唯心论的哲学立场。在回答哲学基本问题时，他提出了"主体即实体"的观点，强调物必须以心为体，心和物是不可分的整体。这无疑是十分明确的主观唯心主义观点，但却不是重复梁漱溟"我为主宰"的结论。贺麟强调，这里所说的"心"乃是"逻辑意义的心"。所谓"逻辑意义的心，乃一理想的超经

① 梁漱溟. 东西文化及其哲学. 北京：商务印书馆，1922：49.

② 贺麟. 近代唯心论简释. 重庆：独立出版社，1943：52.

验的精神原则，但为经验行为知识及评价之主体"。换句话说，这样的
"心"只是逻辑主体，而不是经验或体验的主体。心不仅有主体的规定
性，同时也有客体的规定性，从这个意义上说，心也就是理，"理是心的
本质，理即本心"。贺麟提出的"理即本心"的命题，把冯友兰在新理学
中提出的"理为太极"的观点，梁漱溟的"宇宙在我"的观点，熊十力
"本心即本体"的观点，马一浮融会朱陆的观点，全都综合起来了。贺麟
的本体论是从主体与客体的统一入手，通过对心物关系的总体考察得出
的哲学结论。他的结论无疑是错误的，但他明确地意识到哲学基本问题，
并发现主体与客体的统一是解决这个问题的突破口，获得了一个有价值
的理论思维成果。他总汇了梁漱溟、熊十力、冯友兰、马一浮等现代新
儒家的优长，而避开了他们的缺陷，为20世纪50年代以前的现代新儒学
思潮画上了一个句号。

　　贺麟的新心学思想体系包括逻辑主体论、哲学思想方法论、意识现
象学、现代儒者人格论等项内容，下面将设专章分别加以评述。

第六章　逻辑主体论：心理合一

贺麟承继陆王学派"吾心即是宇宙，宇宙便是吾心""心外无理，心外无事，心外无物"的学脉，把"心"作为他的哲学体系的核心范畴。他强调，新心学中的"心"并不仅仅是经验的主体，而且还是逻辑的主体或理性的主体。这个逻辑的主体，既可称之为心，又可称之为理。基此，贺麟形成了心理合一的本体论思想。

唯心论的哲学识度

据贺麟看来，由于科学的学养不同，人们对人生和宇宙的看法大致说来有下列几种。一是机械观。持这种观点的人从物理化学出发，认为自然完全受物理化学上的机械律所支配，应用机械的方法和"原子""数量"等概念解释人生或精神现象，将价值自然化，反对以价值差别的观点研究人生问题。机械论者以为心灵为原子式的观念联合而成，认为社会为原子式的个人联合而成。贺麟所说的机械观，是指机械唯物主义的宇宙观。二是生机观。持这种观点的人从生物学出发，把"发育""进化""机构"等生物学的概念上升到哲学的高度，把有机原则视为宇宙的根本原则，认为全宇宙就是一个充满了生命的有机体。贺麟这里指的是以柏格森、杜里舒为代表的生命哲学的宇宙观。三是经济史观或唯物史观。贺麟认为这种观点是自19世纪以来，社会科学特别是经济学盛大发展之后出现的。唯物史观认为生产方式或经济基础的变迁为决定历史发展的动因，以人类适应社会生活、对付经济困难所产生的工具解释人类的精神活动。四是精神观或理想观。"此即由对于人类精神生活和文化历史的研究，不免见得人类文化为人类的精神力量创造而成，因而应用其精神的或理想的观点以解释人生和自然，认自然为自由精神的象征，认历史的进化为绝对精神自求发展，认精神有陶铸物质的力量，且必借物质方得充分的表现。"[①]

　　对于上述四种哲学观点，贺麟做了比较研究。其中机械唯物论不失为研究自然科学有用的假定，而唯物史观不失为解释社会现象和历史变迁有用的假定，至于生机观则是一种不彻底的唯心主义，持这种观点的人偏重于本能和生命，而不知理性和精神更为根本，他们滥用精神科学的方法与范畴研究自然科学，将生物学弄成非科学亦非哲学的怪物。贺麟不否认这三种宇宙观各有其所依据的科学背景，各有其适用的范围与效准，但在他看来也都有明显的理论局限性，因而都不算是高明的哲学识度。他认为唯有精神观或理想观才能克服这种局限性。他指出，应当以精神观作为哲学的基础，"应用人类最高的精神能力以观认世界，规定机械的唯物观与经济的历史观以应有之地位与范围，使勿逾越权限，发挥精神生活的本质、文化活动的根基，批评自然科学和社会科学所依据的范畴、原则和前提，调节自然和精神的对立，而得到有机的统一，使

---

① 贺麟. 哲学与哲学史论文集. 北京：商务印书馆，1990：136.

物不离心而独立，致无体；心不离物而空寂，致无用，便是理想的观点所取的途径，也就是真正的哲学——不论唯心与否——应有的职务了"①。贺麟所说的"精神观"，其实就是唯心主义宇宙观。通过以上四种观点的分析比较，贺麟明确地选择唯心论作为自己的哲学信仰。

贺麟并不讳言自己是唯心主义者。他的朋友谢幼伟曾以《何谓唯心论》为题写一评贺麟著《近代唯心论简释》的书评，称贺麟为唯心论者。贺麟接受了这一称谓，并以《答谢幼伟兄批评三点》为题，做出回应。按照贺麟的看法，唯心主义的基本观点是合心而言实在，合理而言实在，合意义价值而言实在。换言之，唯心论者认为心外无物，理外无物，不合理性，不合理想，未经思考，未经观念化的无意义无价值之物，均非真实可靠之物或实在。贺麟正是根据这种理解来建立新心学的宇宙观的。

合心而言实在

"心"是新心学观察宇宙的出发点，而物则是它要说明的对象。贺麟不同意把外物看成不依人的意识的客观存在的唯物主义观点，强调心与物处于不可分割的紧密联系之中，所以，他主张"合心而言实在"。所谓"合心而言实在"的意思，就是以主体的实在性规定外物的实在性，确立心为唯一实体的主观唯心主义原则。

为了论证这条主观唯心主义原则，贺麟对心物关系做了这样的解释："心与物是不可分的整体。为方便计，分开来说，则灵明能思者为心，延扩有形者为物。据此界说，则心物永远平行而为实体之两面：心是主宰部分，物是工具部分。心为物之体，物为心之用。心为物的本质，物为

---

① 贺麟. 哲学与哲学史论文集. 北京：商务印书馆，1990：136—137.

心的表现。故所谓物者非他，即此心之用具也，精神之表现也。"①

在此，贺麟提出两个基本论点。第一，心与物不可分，永远平行而为实体之两面。简言之，心与物是平行的关系。贺麟使用了实体范畴，表明他多少受到斯宾诺莎的影响。斯宾诺莎认为，实体即自然界，而思维（心）和广延（物）则是实体的两种属性。这是一种带有二元论色彩的唯物主义宇宙观。贺麟只接受了斯宾诺莎关于心物密切联系的思想，却没有接受斯宾诺莎实体即自然界的观点。他没有跟着斯宾诺莎走向唯物论，笔锋一转，把实体归结为主体，归结为心，于是提出第二个论点，也是他的中心论点：心是主宰部分，物是工具部分。按照这种说法，心与物并不是平行关系，而是主从关系，心为主，物为从。这两个论点其实是互相矛盾着的：如果说心与物是平行关系，那么就谈不上什么主从关系。对于两条平行的列车轨道来说，说不上哪条为主，哪条为从。反过来说，假如说心与物构成主从关系，那么就不能同时是平行关系。对于这两个论点之间的矛盾，贺麟似乎没能做出圆满的解释。其实，第一个论点不过是个铺垫而已，贺麟关于心物关系的核心观点还是心主物从。如果说第一个论点还有点二元论的味道的话，那么，第二个论点则是明确的主观唯心主义观点，贺麟断言，心为第一性，物为第二性，心是主宰者，物是被主宰者。他的最终结论则是：心"乃是'主乎身，一而不二，为主而不为客，命物而不命于物'的主体"②。这就是说，心是唯一的主体，也是唯一的实体，心外无物。

贺麟关于心物关系的分析是经不起推敲的。首先，不可以笼统地说心与物是不可分的整体。因为外物毕竟是不依人的意识为转移的客观实在，是先于意识而存在的，意识是物质发展到一定程度才出现的，并不

---

① 贺麟. 近代唯心论简释. 重庆：独立出版社，1943：3.

② 贺麟. 近代唯心论简释. 重庆：独立出版社，1943：1.

是先于物质就有的。这是已经为自然科学所证明了的事实。这个事实表明心与物是可分的，并非整体关系。贺麟并不正面否认这个事实。但他为自己的观点辩护说，即令是科学的事实，也是不能代替哲学的解释的，哲学解释的立脚点应当是"精神科学"，而不是自然科学。这种辩解是没有说服力的。因为哲学的解释不是同自然科学对立的，哲学的解释必须尊重自然科学，如果离开科学事实，另外寻找哲学的解释，大概只能找到唯心论。其次，从辩证法来看，物质和意识作为一对哲学范畴，既有对立的方面，又有统一的方面。在何者为第一性的问题上，二者是对立的，物质第一性、意识第二性的顺序不能颠倒；在意识能否认识物质的问题上，二者是统一的，意识以主观的形式反映客观世界的内容，贺麟有见于物质与精神统一的一方面，却因此而抹杀了二者之间的原则界限，这正是他走向唯心论的基本途径。

为了显示心的主体性和实体性，贺麟取消了外物的客观实在性。他说："普通人所谓'物'，在唯心论者看来，其色相皆是意识所渲染而成，其意义、条理与价值，皆出于认识的或评价的主体。此主体即心。"①他认为物是依赖于心而存在的，离开心就没有物，物的颜色、形状等外部规定可归结为人的感官经验，而意义、条理与价值等内部规定可归结为人的认知结构或评价尺度。总之，物本身没有实在性可言。他指出："离心而言物，则此物实一无色相，无意义，无条理，无价值之黑漆一团，亦即无物。故唯心论一方面可以说是将一般人所谓物观念化，一方面，也可以说是将一般人所谓观念实物化。被物支配之心，心亦物也，能支配心之物，物亦心也。"②他将物完全等同于"物的观念"，并且将"物的观念"归结为心，从而混淆了心与物的原则界限，把物的实在性完全归

---

① 贺麟. 哲学与哲学史论文集. 北京：商务印书馆，1990：131.
② 贺麟. 哲学与哲学史论文集. 北京：商务印书馆，1990：131.

结为心的实在性。照贺麟看来，物是从属于心的，仅仅是心的表现形式而已。

那么，心是怎样派生出物来的呢？贺麟依据黑格尔的"外化"说来解释这个问题，他说："姑无论自然之物，如植物，动物，甚至无机物等，或文化之物，如宗教哲学艺术，科学道德政法等，举莫非精神之表现，此心之用具。不过自然之物乃精神之外在化，乃理智之顽冥化，其表现精神之程度较低，而文化之物乃精神自觉的活动之直接产物，其表现精神之程度较高罢了。"[①]贺麟把存在分为两类，一类是自然存在，一类是文化存在，这两类存在归根到底都取决于心，而心构成一切存在物的统一性。

按照贺麟的解释，心作为实在的主体，自我分裂，设置出客体——自然界。自然界中的无机物、植物、动物都是精神主体不同程度的表现。到人类社会，精神主体摆脱自然界的束缚，在人类的文化活动中实现了主客体的统一。人类文化活动乃是精神主体的充分的、自觉的表现。费尔巴哈在批判黑格尔的"外化"说时指出，如果说从精神中能产生出自然，就"等于处女不与男子交媾仅仅凭借圣灵而生出救世主，等于从水里做出酒，等于用语言呼风唤雨，用语言移动山岳，用语言使瞎子复明"。他用诙谐的文笔指斥"外化"说的荒谬。费尔巴哈的这种批判对贺麟的新心学同样适用。

为了维护新心学的唯心主义观点，贺麟不能不把唯物主义当成自己的论敌。他指责："唯物论者离心而言实在，离理而言实在，离价值而言实在。换言之，唯物论者以为真实之物，是离意识而独立存在，是不一定合理性、合理想、有意义的。"[②]在他的心目中，唯物主义远不如唯心主

① 贺麟. 哲学与哲学史论文集. 北京：商务印书馆，1990：132.

② 贺麟. 哲学与哲学史论文集. 北京：商务印书馆，1990：129.

义深刻。

贺麟站在唯心主义的立场上，不能不把当时已传入中国的辩证唯物主义当成批评的对象。他指责辩证唯物主义是一种"未经过知识论批导研究的独断玄学"，认为"先有物质后有心灵的说法，乃是科学常识"，辩证唯物论只是把科学的常识加以"玄学的独断化"。新心学的这些指责不但不能动摇辩证唯物主义的理论基础，反而从反面说明：辩证唯物主义同科学是一致的，是立足于科学基础之上的哲学概括。至于说辩证唯物主义"未经过认识论批导研究"，也是当时贺麟的一种误解。辩证唯物主义反对旧式的本体论研究，立足于主体与客体的辩证统一，把世界观、认识论、方法论、历史观紧密地结合为一个整体，这是任何别的哲学所未能做到的。

由上述可见，贺麟"合心而言实在"的理论实质就在于，他以唯心主义的方式直接回答了哲学基本问题，把心看成世界的本原。新心学的这种哲学结论显然同唯物主义是对立的。

合理而言实在

在新心学中，如果心仅指主观意识，那么势必陷于唯我论的窘境。唯我论同常识发生冲突，对世界不能作充分的说明，尤其不能解释世界的普遍性、共性一类的问题。为了避免陷入唯我论，贺麟必须把"心"加以泛化或客体化，才能为世界的普遍性、共性、相对稳定性找到哲学根据。这个泛化或客体化了的"心"就是理。所谓"合理而言实在"，就是从客体的角度深化"合心而言实在"这一唯心主义命题，从而使心与理内在地统一起来，得出"心即理"的结论。

何谓"理"？贺麟解释说："心有二义，一，心理意义的心；二，逻辑意义的心。逻辑意义的心即理。所谓'心即理也'。""逻辑意义的心，乃一理想的超经验的精神原则，但为经验行为知识以及评价之主体。此心乃经验的统摄者，行为的主宰者，知识的组织者，价值的评判者。"[①]简言之，所谓"理"乃是指个体意识范围之外的普遍性的精神原则。如果说每个人的"心"是个别的话，那么，理作为"逻辑意义的心"则是一般。至于心与理的关系，贺麟做了两层规定：其一，心与理是统一的。"理是心的一部分，理代表心之灵明部分。理是心的本质，理即本心，而非心的偶性，如感觉意见情欲等。"[②]打个比方来说，心之有理，犹如刃之有利，耳之有聪，目之有明。正因为心与理是统一的，所以他强调新心学是"注重心与理一，心负荷理，理自觉于心"的哲学。其二，心与理又是有差别的。新心学在使用"心"这一范畴时，往往表示思维的主体、宇宙的主体。心是个主体性范畴，在作用"理"这个范畴时，则强调精神实体的普遍性、恒常性、一般性。理是个客体性范畴。用贺麟自己的话来说："理是一个很概括的名词，包含有共相、原则、法则、范型、标准、尺度以及其他许多意义。就理之为普遍性的概念言，曰共相。就理之为解释经验中的事物之根本概念言，曰原理。其实理即是原理，理而不原始不根本即不能谓之为理。就理之为规定经验中事物的有必然性的秩序言，曰法则。就理之为理想的模型或规范言，曰范型或形式。就理之为经验中事物所必遵循的有效准则言，曰标准。就理之确定不易但又为规定衡量经验中变易无常的事物的准则言，曰尽度。"[③]在这里贺麟赋予"理"这一哲学范畴以丰富的内涵。他所说的理，不再是宋明理学中"放

---

① 贺麟. 哲学与哲学史论文集. 北京：商务印书馆，1990：131.

② 贺麟. 近代唯心论简释. 重庆：独立出版社，1943：22.

③ 贺麟. 哲学与哲学史论文集. 北京：商务印书馆，1990：147.

之四海而皆准，并行万世而不悖""其张之为三纲，其纪之为五常"的天理、物理、伦理，而是包含着西方哲学史中柏拉图的理念世界、亚里士多德的形式、黑格尔的绝对理念等含义的。但是，贺麟所说的理并不是指客观世界本身的规律性，而是指从"心"演绎出来的先验的逻辑观念，其唯心主义性质是显而易见的。

贺麟通过理这一哲学范畴，在新心学中对事物的客观规定性、本质规定性、时空规定性等问题做了解释。

（一）关于事物的客观规定性问题。新心学提出这样的问题：为什么在一般人看来，事物都是客观存在着的呢？贺麟的回答是，这并不是因为事物本身真的客观存在着，当人们说某物客观存在时，某物就已作为经验中的现象进入人们的主观范围了。人们之所以公认某物具有客观性实则是"理"这一普遍的认识范畴赋予对象以客观性。他说："一切之色相意义价值之所以有其客观性，即由于此认识的或评价的主体有其客观的必然的普遍的认识范畴或评价准则。若用中国旧话来说，即由于'人同此心，心同此理'。"①在这里，他用"理"的普遍性来说明事物的客观性。按照他的说法，每个人心中所具有的理是相同的，是普遍的，"人同此心，心同此理"，既然如此，人们依据这共同的理观察同一事物，肯定有相同的认识。于是，人们便把认识的相同性视为事物自身的客观性。把他的论证归结起来就是：事物的客观性等于人的认识的普遍性或共同性。

显然，贺麟把普遍性同客观性混为一谈了。实际上，在人们的认识中具有普遍性的东西并不一定就有客观性。例如，在西方相当长的时期内，上帝观念是人们心中的普遍观念，也可以称得上"人同此心，心同此理"，那么能否据此断定上帝是客观存在着的呢？显然不能。贺麟把事

---

① 贺麟. 近代唯心论简释. 重庆：独立出版社，1943：21.

物的客观性归结为认识的共同性，那么追问一句：为什么会对同一事物形成相同的认识？难道不正是因为事物本身是客观存在的吗？贺麟在新心学中完全抛开对象的真实性，仅从认识结构的相同性解释事物的客观性问题，其理由是不充分的。其实这是任何一位唯心论者都无法解决的难题。由于受到唯心主义哲学立场的限制，他们不可能直接承认事物自身有客观实在性，但为了使结论不至于同常识形成过分明显的对立，他们又不得不承认在事实上事物是有客观性的。这是一个无法解决的矛盾。对于这个矛盾，贺麟在新心学中是无能为力的。

（二）关于事物的本质规定性问题。贺麟不像现象主义或实证主义者那样，只承认事物是感觉的组合，否认事物的本质规定性。他承认事物有其所以如此的本质规定性。他说："性（essence）为物之精华。凡物有性则存，无性则亡。故研究一物，贵探讨其性。哲学家对于事物的了解，即可以认识其性，而对于名词下界说，即所以表明其性。"又说："性为代表一物之所以然及其所当然的本质，性为支配一物之一切变化与发展的本则或范型。凡物无论怎样活动发展，终逃不出其性之范围。但性一方面是一物所已具的本质，一方面又是一物须得实现的理想或范型。"①

贺麟在使用"性"这一中国传统哲学的范畴时，特意标上英文essence。这个单词用现代哲学术语译过来就是本质。所以在新心学中，"性"与"本质"是同等程度的范畴。贺麟关于本质的看法概括起来有三点。第一，本质是"性"，因而也就是"理"，它是事物存在的根据，"凡物有性则存，无性则亡"。第二，本质是事物所当然的理想或范型，有似于柏拉图所说的理念世界和冯友兰新理学中的理世界或真际，同柏拉图、冯友兰一样，贺麟也认为本质有逻辑在先的性质，属于"形而上"的范围。第三，本质是事物的精华，是事物所以然的根据，有似于黑格尔所

---

① 贺麟. 哲学与哲学史论文集. 北京：商务印书馆，1990：133.

说的"具体共相"。贺麟强调，"本性（essence）是自整个的丰富的客观材料抽拣而出之共相或精蕴"，并不仅仅是抽象的形式。贺麟认为本质既是抽象的，又是具体的，力图把本质与现象统一起来。贺麟的这种观点比冯友兰只把本质看成脱离实际的抽象共相的看法，显得深刻一些，但他并没有把本质与现象统一的原则贯彻到底。

尤其值得注意的是，贺麟并不认为本质是事物本身所固有的规定性，他不承认本质是事物的根本性质，是由事物本身所包含的特殊矛盾所构成的各种必要因素的内在联系，而是认为本质是"心中之理"对于事物的规定。他说："本性是普遍的具体的，此种具体的共相即是'理'。如'人''物'之性各为支配其活动之原理。故唯心论即唯性论，而性即理，心学即理学，亦即性理之学。"[1]在新心学中，本质被归结为理，理又被归结为心。贺麟的本质论自始至终都贯彻着唯心主义原则。

（三）关于事物的时空规定性问题。按照唯物论的看法，时间和空间是运动着的物质的存在形式，时间、空间、事物三者之间存在着不可分割的联系。贺麟不同意这种观点。他否认事物自身的客观实在性，也必然否定时空是事物自身所具有的规定性。在他看来，时空是"心中之理"对于事物的规定。在说明这个观点的时候，他提出了四个命题。

第一，"时空是理"。他认为时空是先验的范畴，而不是事物存在的形式。时空范畴使经验中的事物具有确定性，构成限制、制约事物的标准或尺度。他批评辩证唯物论的时空观说："有许多袭取相对论的结论的时髦哲学家，硬从哲学的立场，从宇宙论的观点，认时空为纯事变，为客观实在，那就是非科学非哲学的独断玄学，而是我们所排斥的。"[2]就这样，他割断了时空与物质的内在联系，确立了唯心主义的时空观。

---

① 贺麟. 哲学与哲学史论文集. 北京：商务印书馆，1990：134.

② 贺麟. 近代唯心论简释. 重庆：独立出版社，1943：14.

第二，"时空是心中之理"。他指出："心外无（可理解的）理，心外无时空，心外无（经验中的）物。离心而言时空，而言时空中之物，乃毫无意义。"①简言之，时空是主观的，绝不是客观的。这个命题同上一个命题意思是一致的，但侧重点不同。上一个命题强调时空范畴的先验性，而这个命题强调它的主观性。

第三，"时空是自然知识所以可能的心中之理或先天标准"。他指出，时空只是自然知识成为可能的理，而不是价值的知识成为可能的理。在他看来，自然知识也就是指由感官获得的知识，也就是指人所经验到的自然界或现象界的知识。他视时空为人们获得自然知识的"必然的内发的条件或原理"。所以，时空可称为"感之理"。他说：时空"即是吾人行使感觉机能时所具有之两个内发的原理或标准，据此原理或标准，吾人可以整理排列感觉中的材料，因而使得感觉也不是纯全混沌而被动，乃亦有其主动的成分，而自然知识因此形成"②。意思是说，当人们运用主观的先验的时空形式整理感觉材料时，赋予认识对象以时空的规定性，从而形成清晰明白的自然知识。这是贺麟从认识的角度对"时空之理"的先验性和主观性所做的说明。

第四，"时空是自然行为所以可能的心中之理或先天标准"。他解释说："一个人无论做什么事或者有什么行为，他必然地自然地不知不觉地要遵循时间和空间的准则。""任何有实用意义的行为，亦须以遵循权断的时空标准为前提。若无权断一面又是客观的公共的时空标准，则社会事业群众生活就不可能。"③反过来说，社会群体生活之所以成为可能，必须在逻辑上设定时空之理。这是他从行为的角度对"时空之理"的先验

① 贺麟. 近代唯心论简释. 重庆：独立出版社，1943：14.
② 贺麟. 哲学与哲学史论文集. 北京：商务印书馆，1990：148.
③ 贺麟. 近代唯心论简释. 重庆：独立出版社，1943：40.

性和主观性所做的说明。

贺麟把上述四个命题归结为一个总命题，即"时空是自然知识和自然行为所以可能的心中之理或标准"[1]。这就是新心学关于事物的时空规定性的基本看法。在时空观方面，贺麟受康德的影响较大，贺麟认为他大体上接受了康德的见解，并且加以补充和发挥。他的补充和发挥就在于，他不像康德那样仅仅把时空理解为感性的直观形式，而且强调时空是"理"。这样，贺麟便把他的时空观同"心外无物""心外无理"的宇宙观紧紧地联系起来了。

贺麟通过对时空问题的阐述，形成了二重化的宇宙观图式。第一个层次是超时空的存在，也就是形而上学意义上的存在。"从形而上学看来，可以说万物莫不超时空。因为万物莫不有性（本性essence，性即理）有命（存在existence）。而时空的形式只能涉及事物的存在，不能涉及事物的本性。时空的观点即非本性的观点。要想认识事物所以然之理或本性，时空的形式不能为力。"[2]贺麟把"本性"或"理"置于本体的位置，因而所谓超时空的存在，也就是指本体的存在。在新心学中，理是第一性的，与时空中的事物相比具有逻辑在先的性质，同事物的存在并不是一个层次。所谓"超时空"，也就是不在时空中的意思，表明理乃是超越的精神本体。这里的"理"也包括时空之理，时空之理决定时空形式，而时空形式不能反过来制约时空之理。在新心学，心与理是同等程度的范畴，心同理一样，也是超时空的存在或形而上学意义上的存在。

贺麟强调，承认超时空的存在或形而上学意义的存在，也就是承认真理的存在。这种真理是指具体的真理，而不是"甲是甲""二加三等于五"一类由理智假设的抽象的、形式的真理。这种真理，"就人言，是指

---

[1] 贺麟. 近代唯心论简释. 重庆：独立出版社，1943：24.

[2] 贺麟. 哲学与哲学史论文集. 北京：商务印书馆，1990：167.

人的精神本性，理性之我或先天之我。就物言，是指在物之内构成物的本性的真理。就心言，是指活泼于意识之内，蕴藏于灵魂深处的心之性、心之德，有意义的、有价值的真理"①。这就清楚地表明，贺麟所说的超时空的存在是指自我意识的世界、现性的世界、意义的世界或价值的世界。

第二个层次是在时空中的存在，也就是基于时空之理而形成的经验的世界或由人们关于自然的知识所构成的世界。贺麟不承认客观世界的存在，在他看来，人们所面临的世界其实是人们关于自然的知识构成。而人们关于自然的知识所以可能，离不开时空。这样一来，他就把在时空中的经验到的存在何以可能的问题，变成了人们关于自然知识何以可能的问题。他认为，一切自然知识或现象要成为可能，必须依据时空之理。他指出："时空为先于一切自然知识或现象，而为自然知识或现象所必须遵循及所以可能的原理或准则。"②对于这一观点，他做了三点论证。

首先，时空为自然知识所以可能的自然之理。贺麟分析说，一个人有了感觉材料之后，他必然地、自然地、不自觉地按照时间和空间的准则，加以排列整理。第一步是"先感念的时空整理"，即用"此时"或"此地"称谓某感觉。第二步是用概念去指称一感觉，更进一步由感觉上升为概念。比如，用桌子这一概念称谓某物，也就是有了桌子的概念。第三步，对于当前的感念的对象的数量性质弄清楚了，并且对于这感念的对象的周围的事物也有了概念，于是便可以用较确定的时空标准加以排列或整理。比如，说一黄色的木料的桌子在屋子之内，黑板之前。这样一来，感觉者对桌子的了解便更清楚、更客观了。贺麟说："这种较清楚较客观用了较确定的时空标准的排列或整理，我叫作感觉材料之后感念的时空整理。任何感觉材料，必然地普遍地必须经过这两度的时空标

---

① 贺麟. 哲学与哲学史论文集. 北京：商务印书馆，1990：168.
② 贺麟. 哲学与哲学史论文集. 北京：商务印书馆，1990：156.

准之整理排列，方得成为自然知识，方得成为自然现象。"①

其次，时空为自然知识所以可能的权断之理或标准。贺麟指出，人们出于实用的目的，人为设定了时间标准，如年、月、日、时、分、秒、千万分之一秒等；设定了空间标准，如东西南北中央、长宽高、经度纬度等。"对于任何感官的材料，若不经过这些权断的时空标准加以整理排列，则凡关于实用的，一部分是科学的自然知识就不可能。"②换句话说，人们只有借助权断的时空标准，才能获得关于自然界的有用的知识，才能形成关于自然界的清晰画面。

再次，时空是自然知识可能的理性的原则或标准。贺麟认为，仅有自然的时空标准和权断的时空标准还是不够的，因为这两个标准还停留在感性的程度上。感性的认识有时并不符合事物的本来次序，如仅凭感觉，会以为天上的星星大小差不多，其实不然。所以，还必须设定自然知识何以可能的理性的原则或标准。他指出："要想得着纯粹科学的自然知识，要想把握感官材料本来的真正的客观的时空次序，尚须用理性的时空标准，另行加以排列，方可达到。就时空之为自然知识可能的理性原则或标准言，则为自然律或因果律。单对感觉材料加以理性的时间排列，所得为因果律。'因'为时间上在先者，'果'为时间上在后者。对感觉材料加以理性的时间排列，兼加以理性的空间排列，将事物在空间的本来的真正的部位和关系亦加以客观合理的排列，统称为自然律。"③在这里，贺麟借助"时空的理性标准"这一概念，对现实世界中的规律联系做了哲学解释，为科学知识的可能性提供了理论担保。

总之，在贺麟看来，正是因为有时空作为自然标准、权断标准和理

---

① 贺麟. 哲学与哲学史论文集. 北京：商务印书馆，1990：156—157.

② 贺麟. 哲学与哲学史论文集. 北京：商务印书馆，1990：158.

③ 贺麟. 哲学与哲学史论文集. 北京：商务印书馆，1990：158.

性标准，人们才会获得自然知识，才会形成人们所经验到、所意识到的现实世界。现实世界作为在时空中的存在，同超时空的存在即心、理、性等本体层次上的存在相比，无疑是第二性的。

尽管贺麟把存在划分为超时空与时空两个层次，但并没有把这两个层次对立起来。他强调二者的统一性，认为超时空的关键在于知时空。他说："惟有理智的动物，能够将时空作为知识的对象的人，方有超时空的可能。因为人既然能够研究时空，思想时空，构成理论来解释时空，则此人必不仅是受时空限制的玩物，且会觉得时空不过是思想对象之一，知识内容之一，或理性之我认识外界的功能或形式之一（康德），因而有超时空之感。故理解时空，即是超时空。""当吾人遵循理性的时空的准则而产生科学知识与道德行为时，吾人已正在发挥理性的功能以运用时空，决定时空而不为时空所决定所运用，是则所谓超时空之真义即已寓于其中。"①他主张从超时空的心性自觉的角度看待、解释时空中的事事物物，承继了儒家历来注重心性自觉的传统，为现代新儒家的价值取向提供了哲学依据。为了维护儒家的道德形而上学，贺麟不能不承认超时空的本体。他指出，超时空并不等于超绝时空，堕入虚无寂灭之域，而是运用理性把握时空，表示认同于儒家入世的价值取向，而否认佛教、道教以及基督教出世的价值追求。

以上贺麟通过"合理而言实在"，进一步否定了事物自身的客观规定性、本质规定性、时空规定性，并将这些规定性都归为"心中之理"，从而得出"理外无物"的结论。"理外无物"同"心外无物"的唯心主义实质是一致的，但包含着对客体的承认。

---

① 贺麟. 哲学与哲学史论文集. 北京：商务印书馆，1990：166—167.

合价值而言实在

同"心""理"不一样，价值不是实体范畴，而是关系范畴。价值是指客体对于主体的有用性。所谓"合价值而言实在"，就是从主、客体相互关系的角度论证心为主体的唯心主义原则。贺麟认为，价值观念的确立离不开"心即理"的本体界。人们必须承认超时空的"心即理"的本体界，才能获得意义的世界或价值的世界，因此，实在观与价值观是紧密地联系在一起的。他指出，人们只有对有意义有价值的东西，才会形成实在感，才会觉得它是实在的，否则便会觉得是不实在的。那么什么是人们评判实在与否的价值标准呢？贺麟提出的价值标准归结起来有三条。

（一）凡是对于人们来说是重要的或根本的东西才是实在的。贺麟指出："哲学要问在理论上逻辑上什么东西最根本最重要：什么东西是核心，是命脉？"[1]在他看来，"心即理"之心，同物相比无疑是最重要、最根本的，所以心才具有实在性。至于离开心之物，不过是"黑漆一团"，对于人来说没有任何价值，没有任何意义，所以"均非真实可靠之物或实在"。他指出，正是由于心具有实在性，所以，心中之物才会有实在性可言。"所谓物质，一定是经过思考的物质。所谓不可离心而言物。一块黑板是客观的黑板，因为大家公认它是一块黑板。易言之，黑板之所以为客观的黑板，因其建筑在人们共同的主观基础上。离开主观，没有客观。凡是'客'的东西，一定要经过'观'。宇宙自然是客观的，因为我们大家对它有共同的了解，共同的认识，若大家不能认识，无有'观'，则世界即不成其为'客观'世界了。"[2]贺麟的这种实在观是经不起推敲的。如

---

[1] 贺麟. 五十年来的中国哲学. 沈阳：辽宁教育出版社, 1989：68.
[2] 贺麟. 五十年来的中国哲学. 沈阳：辽宁教育出版社, 1989：68—69.

果说黑板是客观的，仅仅由于大家对它有"共同的观"的话，那么，反问一句，假如黑板本身不是客观存在的，大家怎么可能会对它有"共同的观"呢？这是新心学无法回答的问题。至于贺麟判断心与物何者最重要、最根本的标准，也难以避免主观随意性。贺麟站在唯心论的立场上，断言心最重要、最根本，也仅仅是他个人的看法而已，心并不能因此而获得实在性；他断言心外之物不是最重要、最根本，物也不会因此而失掉客观实在性。

在贺麟看来，心对于人来说最重要、最根本，然而心即理，对于人来说理同样是最重要、最根本的。理当然包括时空之理。对于人来说，时空之理的重要性就在于，它先于人类一切自然行为而又为人类一切自然行为所必须遵循及所以可能的原理或准则。

首先，时空为行为所以可能的自然之理或标准。贺麟指出，一个人无论做什么事或者有什么行为，他都必然地自然地不自觉地要遵循时间和空间的准则。反过来说，如果不遵循时间和空间的标准，就不能做任何事，也不能有任何行为。他说："这种自然的时空标准，一方面是主体意识所建立的规定行为的标准，一方面又好像是感官的直观所指示的大自然运行的自然节奏。因此当一个人遵循着自然的时空标准而行为时，他会觉得他的行为的次序与大自然运行的次序如季节等相谐和，而有内外合拍，自然与我为一之感。他不惟不觉得他的行为为时空的准则所决定，反会觉得他的生活活泼自在而有朴茂的生气。"[1]在贺麟看来，人的自然的本能的行为受到自然的时空标准的制约，而自然的时空标准又为主体意识所建立，所以，必须设定理的实在性和心的实在性。

其次，时空为自然行为所以可能的权断之理或标准。贺麟认为，人遵循自然的时空标准，只能产生自然人的行为，这种行为既不能表示道

---

[1] 贺麟. 哲学与哲学史论文集. 北京：商务印书馆，1990：160.

德的人格，亦不能达到实用的目的。因此，这种行为不能适应生存竞争、文明进步的社会的要求。文明的社会要求开展社会事业、群体生活，如果不建立权断的而一面又是客观的公共的时空标准，就无法达到这一目标。他说："社会事业之发达，群体生活之有秩序，完全建筑在权断的时空标准之有效上。能够创建权断的时空标准，而此标准又能增进社会大众的方便与利益，为社会大众能接受遵循的人，就是伟大的社会事业家，商人营业的时间与地点，学校上课的时间与地点，一切公共机关办公的时间与地点，就是我们所谓权断的时空标准。"①贺麟认为，要想能够制定出约定俗成的权断的时空标准，并且有效地维持社会事业和群体生活，必须以"人同此心，心同此理"的理的实在性作为理论担保。

再次，时空为艺术化的自然行为所以可能的理性的原则或标准。贺麟认为人的自然行为有三层含义。一层是本能的自然行为，这种行为以自然的时空标准为前提。二层是实用的社会化的自然行为，这种行为以权断的时空标准为前提。三层是合礼的艺术化的自然行为，这种行为以理性的时空标准为前提。关于第三层含义，西方哲学家讨论得不多，而中国哲人做了较详尽的阐发。比如，中国的儒家十分重视礼教，提出"礼时为大""礼者理也"等命题。据贺麟解释，这些命题表明，"礼不仅是抽象的道德律，也不仅是符合时空标准的自然行为与实用行为，而乃是理与时之合。礼就是代表道德律之实施而符合适宜的时间标准的行为，同时又表示为遵循道德律的决定的时空标准的行为。礼一方面是符合时空标准的道德行为，一方面又是用时空标准去节制情欲使符合道德律的理则或尺度。道德而不进于'礼'则道德永远不能艺术化，不能与当时当地的人发生谐和中节的关系。"②

---

① 贺麟. 哲学与哲学史论文集. 北京：商务印书馆，1990：160—161.

② 贺麟. 哲学与哲学史论文集. 北京：商务印书馆，1990：162.

在儒家学说中，礼和乐是紧密联系在一起的，贺麟从"礼时为大"的命题中推出"乐时为大"的说法。他指出，音乐上的时间乃是为理性、为审美的规范所决定的时间。除了音乐之外，诗歌、图画、雕刻、建筑等一切艺术形式也离不开理性的时空标准。基此，贺麟形成这样的看法："我的意思认为礼基于为道德律所决定的时间空间的准则，而艺术则基于为审美的规范所决定的时间与空间的标准。时空的准则与纯道德律合一而产生'礼'，时空的准则与审美的纯规范合一而产生艺术。"①在贺麟看来，理性的时空标准作为礼乐等艺术化的自然行为的必要前提，同权断的时空标准一样，也是为主体（心）所决定的。因此，要想说明艺术化的自然行为的可能性，就必须承认理的实在性与心的实在性。这样，贺麟便借助其唯心主义实在观，为儒家的礼乐教化找到新的哲学依据。

（二）凡是合乎理想的东西才是实在的。贺麟认为，理想是人之价值所自出，是人之所以为人的本则。因此，对于人来说，理想比事实更有意义，更有价值，因而也就更有实在性。"吾人理想愈真切，则对于事实之认识亦更精细。理想可以制定了解事实之法则和方式，使吾人所搜集之事实皆符合理想的方式，而构成系统的知识。理想不唯不违背事实，而且可以补助并指导吾人把握事实，驾驭事实。"②他不否认理想是事实的反映，但强调理想是透彻了解事实必不可少的方式，必先有了了解或征服自然的理想，然后才会发生了解或征服自然的事实。因此，理想在逻辑上先于事实。从这个意义上说，唯心论又名理想主义。这两个词是一个意思，只不过侧重点不同而已。唯心论是就知识的起源与限度而言，理想主义则就行为的指针和归宿而言。理想作为行为的指针，乃是人的最高精神能力的表现，而人之所以具有构成理想的能力，乃是出于理性。

---

① 贺麟. 哲学与哲学史论文集. 北京：商务印书馆，1990：163.

② 贺麟. 哲学与哲学史论文集. 北京：商务印书馆，1990：135.

理性为人心所固有，所以理想主义不能不归为唯心主义。

关于理想对于人们行为的指导意义，在贺麟看来有以下两点。第一，理想引导人们追求自由。贺麟指出，近代以来人类把自由作为生活中追求的目标，但自由并不等于放任。自由必定有标准，达到这个标准叫作自由，违反这个标准叫作不自由。理想就是衡量自由与否的标准。"若无理想为之标准，则随遇而安，任何行为皆可谓之自由，亦皆可谓之不自由。故欲求真正之自由，不能不悬理想于前，以作自由之标准，而理想主义实足以代表近代争自由运动的根本精神。"[1]第二，理想鼓起人们改造现实的勇气。人们只有从理想的角度出发，才会对现实感到不满，从而产生改造现实的念头，"故每当衰乱之世，对于现状不满之人增多，则遁入理想世界以另求满足之人与根据理想以改革现实之人，亦必同时增多"[2]。贺麟认为，真正的理想主义者决不逃避现实，而是以理想为镜子反映现实中的丑恶，号召人们奋发图强，投入改造现实的洪流之中。所以，在他看来，理想主义同积极进取的精神是紧密联系在一起的。

贺麟关于理想的看法，对自由精神和进取精神表示认同，这是应当肯定的，但是他颠倒了理想与事实的关系，同其他唯心主义者一样，贺麟也把理想同唯心论混为一谈了，强调哲学唯心主义就是对道德理想或社会理想的信仰，这无疑是一种偏见。贺麟的理想论抹杀了这样一个事实：理想只能来自主观对客观世界的反映，"外部世界对人的影响表现在人的头脑中，反映在人的头脑中，成为感觉、思想、动机、意志，总之，成为'理想的意图'，并且通过这种形态变成'理想的力量'"[3]。这就是说，外部世界是第一性的，而理想是第二性的。贺麟把理想作为判别实

---

[1] 贺麟. 哲学与哲学史论文集. 北京：商务印书馆，1990：134.

[2] 贺麟. 哲学与哲学史论文集. 北京：商务印书馆，1990：135.

[3] 马克思，恩格斯. 马克思恩格斯选集：第4卷. 北京：人民出版社，1972：227.

在的尺度，必然导致唯心主义的错误结论。

（三）凡是具有伦理价值的东西都是实在的。按照贺麟提出的理想即是实在的原则，儒家一向倡导的"仁""诚"等伦理观念，也应当具有实在的意义。贺麟认为，"仁"就是仁体，就是天地之心，就是天地间生生不已的生机，就是自然万物的本性，就是万物一体的有机联系，就是基于有机联系而构成的神秘境界。因此，儒家的仁学，不仅是伦理学说，而且是仁的宇宙观、仁的本体论。同样，儒家的"诚"也不仅是伦理观念，而是指真实无妄之道或理，即是指实理、实体、实在或本体而言，也具有宇宙观、本体论的意义。按照他的说法，"仁"和"诚"都代表最实在的精神实体，万事万物都可以说是"仁"和"诚"的体现。他赋予道德伦理范畴以实在的意义，把伦理学与本体论合而为一，从而使新心学的宇宙观表现出儒家特有的风格。

贺麟指出，儒家的价值追求其实是一种超时空的、形而上学的追求。儒家所设定的价值目标，是超时空的真理、超时空的境界、超时空的体验或超时空的生存。"所谓超时空的境界，体验，生存，亦即指心与理一，神与道俱，与造物者游，与无死生者友，与天地精神往来的境界，体验，生存而言。道体超时空，体道之境界亦超时空，性体超时空，识性之体验亦超时空。仁体超时空，识仁，得仁，三月不违仁之境界亦超时空。因为体道与道体，识性与性体，得仁与仁体，一而不可分。离体道识性得仁，而言道体性体仁体，则所谓道体性体仁体者，只是些与时空不相干的概念，空同名词，绝不是超时空的真实无妄的真理，更不是超时空的当下活泼的精神境界。"[①]贺麟所说的超时空的境界就是儒家常讲的天人合一的境界。他从价值角度诠释唯心论，为儒家的道体、性体、仁体等观念找到了安顿处，从而为现代新儒家奠立了哲学基础。

---

① 贺麟. 哲学与哲学史论文集. 北京：商务印书馆，1990：168.

　　"合价值而言实在"乃是贺麟区别于其他现代新儒家的独到之处。他试图从一个新的角度思考哲学基本问题，这种理论上的探索精神值得肯定。但是，他把价值问题同本体论问题混淆起来，则是一种错误的思想方法。因为"价值"这个概念本来就内含着"主体需要"的意义。当贺麟"合价值而言实在"时，把主体需要片面地加以吹胀，使之脱离了客体的限制，这正是他走向唯心主义的基本途径。

　　综上所述，贺麟"合心而言实在""合理而言实在""合价值而言实在"，这几个命题都从不同角度论证心的逻辑主体性质，说明心是唯一的实在、万物的主宰、宇宙的本原。从哲学基本问题的解决方式上看，贺麟建立的新心学的宇宙观，无疑是一种唯心主义宇宙观。

第七章　思想方法论：直觉、逻辑与辩证法

　　贺麟作为现代新儒家，同传统的儒家有所不同。他不满足于仅仅提出一种哲学观点，还努力地寻找支持这种观点的理由。为了支持他的心理合一的逻辑主体论，贺麟对思想方法作了专门研究。他认为，一个哲学家在从事哲学思考的时候，离不开直觉的方法、理智分析或逻辑分析的方法、辩证法。每个哲学家可能偏重于其中某一种方法，但并不能仅用一种方法。

直觉的方法

　　一般说来，现代新儒家们都很重视直觉的方法。梁漱溟第一个出头倡导直觉说，并把直觉看成儒家思想的特色之一，宣称"儒家尽用直觉，绝少来讲理智"。熊十力把直觉称为"性智"，强调"性智""即是真的自己底觉悟"。冯友兰称直觉为"负的方法"，他说："直觉主义底方法讲形上学不能讲。讲形上学不能讲，亦是一种讲形上学底方法。"[①]他认为逻辑

---

① 冯友兰. 三松堂学术文集. 北京：北京大学出版社，1984：512.

分析的方法是"正的方法"，这两种方法相互补充，并不矛盾。贺麟参考这几位现代新儒家的观点，提出自己的关于直觉的看法。

有些学者认为直觉只是一种经验，不是一种严谨的哲学方法，把直觉看成反理性的、反理智的、主观想象的产物。针对这种观点，贺麟指出："我现时的意思仍以为直觉是一种经验，复是一种方法。所谓直觉是一种经验，广义言之，生活的态度，精神的境界，神契的经验，灵感的启示，知识方面突然的当下的顿悟或触机，均包括在内。所谓直觉是一种方法，意思是谓直觉是一种帮助我们认识真理，把握实在的功能或技术。"[①]直觉作为经验来说，带有偶然的、突发的性质。当直觉到来时，即使反对直觉说的人也不能驱之使去；直觉没有到来时，刻意追求也无济于事。直觉作为方法来说，人们有选择的自由，可以采用它，也可以不采用它，还可以同其他方法一同使用。每个人使用这种方法又有利钝巧拙精粗深浅之分，"视应用此法者之学养如何及善于应用与否以为断，不可一概抹杀。善于应用直觉法可以使之紧严而合于理性，犹如不善于分析法三段论法等，亦可以陷于支离诡辩而不合理性"[②]。在这里，贺麟透彻地阐述了直觉的突发性、灵活性等特点。

贺麟不同意把直觉归结为反理性主义、神秘主义的方法。他援引西方一些哲学家的说法证明他的看法。例如，英国功利主义者西吉微克认为直觉是一种伦理学方法，美国新实在论者孟塔古认为直觉是神契主义者所采取的认知方式，法国的巴斯卡尔称直觉为"心情的逻辑"，斯宾格勒称直觉为"时间逻辑"，克罗齐认为直觉为"美学的方法"，等等。贺麟把上述哲学家的看法归纳起来，写道："我们也无暇去辨别以上各家对于直觉的意义是否有不同的认识，亦无暇去评判他们的说法是否有过火

---

① 贺麟. 哲学与哲学史论文集. 北京：商务印书馆，1990：179.

② 贺麟. 哲学与哲学史论文集. 北京：商务印书馆，1990：179.

的地方，但他们尽皆承认是不违反理性的一种方法则相同。所以不论我们赞成直觉方法与否，我们不能不承认直觉可以被人采作方法。我们谓直觉方法与抽象的理智方法不同则可，谓直觉方法为无理性或反理性则不可。"[1]

既然直觉并不反对理性，那么，直觉与理智是什么关系呢？对于这个问题，贺麟做了深入的探讨，形成一种独到的见解。他指出："直觉方法一方面是先理智的，一方面又是后理智的。先用直觉方法洞见其全，深入其微，然后以理智分析此全体，以阐明此隐微，此先理智之直觉也。先从事于局部的研究，琐屑的剖析，积久而渐能凭直觉的助力，以窥其全体，洞见其内蕴的意义，此是后理智的直觉。"[2]他所说的"先理智的直觉"是指总体的直观，相当于康德所说的感性阶段。先理智的直觉是理智分析的基础，因为理智的分析和推论必先有"自明的通则"（axioms）作为前提，这种自明的通则来自直观的知识。理智的分析是对某一整体的分析，如果没有对整体的直觉作为前提，分析也就无从下手。"盖分析即分析此用直觉方法所得的对于实在、对于理念的整个印象。换言之，分析即分析直觉方法所获得之丰富材料。"[3]

这种先理智的直觉是每个哲学家必不可少的方法。因为哲学就是关于总体的认识，照贺麟看来，没有可以不用直觉方法而能作哲学思考的人。

但是，由"先理智的直觉"所获得的认识还是笼统的、混沌的、肤浅的、感性的，因此必须对此做理智的分析。理智的分析相当于康德所说的知性阶段。在知性阶段，混沌的全体首先分为两个部分，然后分为

---

① 贺麟. 哲学与哲学史论文集. 北京：商务印书馆，1990：180.

② 贺麟. 哲学与哲学史论文集. 北京：商务印书馆，1990：181.

③ 贺麟. 哲学与哲学史论文集. 北京：商务印书馆，1990：182.

三个部分，最后分成更多个部分，"及至部分的分析到了面面俱到的程度，于是又借直觉之助对于整体有更新更深的认识"①。这种对于整体的更新更深的认识的获得有赖于后理智的直觉。贺麟指出，后理智的直觉相当于康德所说的理性阶段。运用后理智的直觉方法获得的对整体的更新更深的认识，可以是朱熹的理气二元的统一或斯宾诺莎心物二属性的统一，也可以是黑格尔的正反合的辩证统一，还可以是朱熹所说的"物之本末精粗无不备，而吾心之全体大用无不明"的直觉境界，即复多的统一。实际上，贺麟所说的"后理智的直觉"乃是指在理智分析基础上的辩证综合。以后我们将会看到，贺麟在阐述辩证法时，表达了同"后理智的直觉"大体相同的意思。

贺麟指出，先理智的直觉、理智的分析、后理智的直觉或者感性、知性、理性，三者构成一个完整的方法系统，在第一阶段，只提供一种混沌的经验，尚未形成知识；在第二阶段，仅形成科学的知识，尚未形成哲学的知识；只在第三阶段，才能形成哲学的知识，即关于宇宙总体的知识。如果处理不好三者之间的关系，很可能在方法上走入误区。例如，只有第一阶段而没有第二、第三两阶段的功夫，很容易走向狭义的神秘主义；而忽略第一阶段，只注重第二阶段并且不想上升到第三阶段，很容易导致狭义的理智主义。"据此足见直觉与理智乃代表同一思想历程之不同的阶段或不同的方面，并无根本的冲突，而且近代哲学以及现代哲学的趋势，乃在于直觉方法与理智方法的综贯。"②

贺麟把他关于直觉的看法归纳为两条："第一，真正的哲学的直觉方法，不是简便省事的捷径，而是精密紧严，须兼有先天的天才与后天的训练，须积理多，学识富，涵养醇，方可逐渐使成完善的方法或艺术。

---

① 贺麟. 哲学与哲学史论文集. 北京：商务印书馆，1990：182.
② 贺麟. 哲学与哲学史论文集. 北京：商务印书馆，1990：183.

第二，我并要说明直觉不是盲目的感觉，同时又不是支离的理智，是后理智的，认识全体的方法，而不是反理智反理性的方法。换言之，我要把直觉从狂诞的简捷的反理性主义救治过来，回其正当的地位，发挥其应有的效能。"①从贺麟关于直觉的论述来看，他确实贯穿了以理性主义救治直觉的原则，他没有像柏格森、梁漱溟那样把直觉同理智对立起来，没有把直觉理解成沟通主客的"唯一窗户"，而是从理性主义的立场出发，赋予"直觉"以新的含义。在他的眼里，所谓前理智的直觉相当于感性，后理智的直觉相当于理性，这样的理解毫无神秘之处，同德国古典哲学家的理性主义精神完全一致。只是由于他把直觉同天才联系在一起，在洗刷神秘主义方面才显得不够彻底。

贺麟把他所理解的直觉方法视为宋明理学的基本特征。宋明理学中程朱派与陆王派虽有分歧，但仍有共同点。从方法上看，程朱派使用向外透视的直觉法，而陆王派使用向内省察的直觉法，他们殊途同归，都得出"心即理也"或"心与理一"的哲学识度。（贺麟关于程朱派与陆王派如何运用直觉方法，上文已述，此处不赘。）这样，贺麟通过对直觉的诠释，凸显了宋明理学的理性主义精神，消解了程朱派与陆王派的分歧，为宋明理学找到方法论方面的支持。当然，贺麟也希望通过他关于直觉的研究，为现代新儒学寻求方法论上的支持。

逻辑的方法

由于在中国学术思想史上对逻辑学的研究不够充分，现代新儒家们在认同逻辑的方法或理智分析的方法时，遇到一定的困难，不像认同直

---

① 贺麟.哲学与哲学史论文集.北京：商务印书馆，1990：183.

觉方法那样得心应手。梁漱溟几乎没有对逻辑、理智表示过同情，甚至把理智看成直觉的对立面而加以拒斥。他说："在直觉中'我'与其所处的宇宙自然是混然不分的，而在这时节被他打成两截，再也合拢不来，一直到而今，皆理智的活动为之也。"①熊十力提出性智（直觉）与量智（理智）分途的理论，对理智表示一定的同情，他甚至告诫自己的学生多下些功夫研究逻辑。但他却没有完全摆脱对理智的偏见，指斥"量智唯不易得真解故，恒妄计有外在世界，樊援构画。以此，常与真的自己分离，并常障蔽了真的自己"②。冯友兰算是摆脱了对理智的偏见，特别强调逻辑的重要性，形象地把逻辑比作哲学家手上的"点石成金的仙人手指"。他反复申述："哲学中之观念命题及其推论，多是形式底、逻辑底，而不是事实底、经验底。"③但是，他过分地偏爱逻辑分析的方法，以至于走入形式主义的误区。他试图把哲学命题都处理成永真的"分析命题"，并没有获得成功④。贺麟关于逻辑方法的研究已超过上述几位现代新儒家学者，达到了新的理论深度。

我们在绍述贺麟关于直觉的看法时已经提到，他把理智同直觉联系在一起，认为理智相当于知性阶段，它的一头连着相当于感性的"前理智的直觉"，另一头连着相当于理性的"后理智的直觉"。这就意味着理智是认识过程中不可少的中间环节。理智的方法也就是逻辑的方法，贺麟专门写了《怎样研究逻辑》一文，阐述了他关于逻辑方法的见解。

贺麟对逻辑表示出相当的重视。他认为逻辑概念是人们精神交流必要的工具，其重要性不亚于轮船、火车、飞机等物质交通工具。"若没有逻

---

① 梁漱溟. 东西文化及其哲学. 北京：商务印书馆，1922：63.

② 熊十力. 新唯识论. 重庆：商务印书馆，1944：250.

③ 冯友兰. 新理学. 重庆：商务印书馆，1944：10.

④ 参见宋志明. 现代新儒家研究·第三章. 北京：中国人民大学出版社，1991.

辑——概念的次序、语言文字的理则，则人与人之间思想上无共同的方式或范畴，彼此不能以理相喻，彼此不能相互了解，换言之，精神上不能交通。"①正因为逻辑是人们精神交流的必要工具，所以它也是现代人必不可少的精神训练或修养，犹如体育锻炼、强身健身一样重要。只有掌握了逻辑方法，经过逻辑训练，人才能思想清晰，说话有理有据，言之有物，才能组织知识，以发明科学。如果没有经过必要的逻辑训练，难免只知说感情话，只知发泄主观的感觉与臆想，难免成为持原始的本能、感情、臆想、意见、欲望等粗糙的东西以支配生活、应付自然的人。这样的人很难在现代充满竞争的社会中找到立足之地。从这个意义上讲，逻辑训练又是培育现代人格的必要手段。贺麟把逻辑视为精神生活的命脉和物质文明的本源。他说："精神为物质之本，物质为精神之用，故精神的工具又为物质工具之本，而物质的工具乃系精神的工具——逻辑之用。于此愈足见逻辑的训练对我们来说至关重要，逻辑的工具实为我们所不可一时缺。"②

贺麟同意斯宾诺莎和康德的分析，认为逻辑的方法是获得有普遍性、有必然性的知识的必由之路。由身体的感受得来的知识，或者叫作自泛泛经验得来的知识，在"未为理智所决定"之前，用康德的话说，即是未经意识的自立法度、未经先天的原则规范之前，只是片断的、混淆的印象，或者是偶然的联想或想象。严格说来，这种偶然的、被动的感官知识，只是混沌的经验，算不得真正的知识。这种感官知识只有经过逻辑的加工，才能上升到知性阶段，形成纯科学的知识。

贺麟指出，逻辑同科学有密切的关系，尤其同"科学的科学"——数学有密切的关系。因此，"要使哲学，要使逻辑成为严谨的科学，第一贵在能采取数学的方法，以数学的方法为治逻辑或哲学的模范"③。他认

---

① 贺麟. 哲学与哲学史论文集. 北京：商务印书馆，1990：210.
② 贺麟. 哲学与哲学史论文集. 北京：商务印书馆，1990：211.
③ 贺麟. 哲学与哲学史论文集. 北京：商务印书馆，1990：211.

为，数学有两个基本要点必须为逻辑所采取。

第一个基本点是不问目的，但问本质。贺麟分析说，数学的特点是只研究本质，只问理论上的由来，并不管这种研究能达到什么目的，能有什么实际用处。比如，数学中三角形三内角之和等于180°的原理，它只是揭示三角形的本质，只是提供一种有普遍性、必然性的知识，并不问此三角形有何用处，不问这个三角形是什么人画的、用什么笔画的、画在什么地方。他援引斯宾诺莎的话说："数学不研究目的，仅研究形相的本质和特质，可以供给我们另一种真理的典型。"①同斯宾诺莎、康德一样，贺麟也认为，逻辑同数学都要求扫除偶然的、实用的目的，进而探讨普遍的、必然的本质，所以，"我们研究逻辑首应采取数学这种'不研究目的，但研究本质'的方法更是必要无疑"②。贺麟的这种说法准确地抓住了逻辑的抽象化特征。

贺麟指出，在中国尤其应当倡导"不研究目的，但研究本质"的逻辑方法，因为"中国人平日已养成只注重一物之实用、目的、结果，而不研究一物之本质的思想习惯。这种习惯或成见，在知的方面，只重末而不重本，重效果而不重原理；在行的方面，便成为重势利、重功用而不重理性或义务的计算道德"③。贺麟举例子说，在《论语》中有"名不正则言不顺，言不顺则事不成，事不成则礼乐不兴，礼乐不兴则刑罚不中，刑罚不中则民无所措手足"（《子路》）一大段关于正名的论述，从名不正推到言不顺、事不成、礼乐不兴、刑罚不中乃至民无所措手足。这种推论并不是逻辑推论，而是一种纯粹的由效果到效果、由功用到功用的思维方式。再如，《大学》上有"物格而后知致，知致而后意诚，意诚而后心正，心正而后身修，身修而后家齐，家齐而后国治，国治而后

① 转引自贺麟. 哲学与哲学史论文集. 北京：商务印书馆，1990：212.
② 转引自贺麟. 哲学与哲学史论文集. 北京：商务印书馆，1990：219.
③ 贺麟. 哲学与哲学史论文集. 北京：商务印书馆，1990：213.

天下平"一大串推论，这也不是纯逻辑的推论，还是由效果推效果，由功用推功用。在物格、知致、意诚、心正、身修、家齐、国治、天下平等条目之间并没有建立起必然的逻辑关系，因而不能构成严谨的逻辑理论。贺麟认为现代的中国人应该改造这种由效果到效果、由功用到功用的旧的思维习惯，接受"不问目的，但求本质"的逻辑方法，实现思维方式由传统到现代的转换。他呼吁说："这种重目的、重效用、不重本质的思想习惯不打破，则知的方面，只问本质、只重原则的纯逻辑、纯哲学、纯科学皆永不会产生；行的方面，正其谊不谋其利，明其道不计其功（'谊''道'即是行为方面、道德方面的本质或原则，出于理性而不出于实利的打算）的高洁行为，纯粹道德亦将永无法产生。"①贺麟认同儒家传统的价值观念（"正其谊不谋其利，明其道不计其功"），但不认同儒家传统的思维习惯。他通过对逻辑方法的深入研究，凸显了思维方式变革的必要性，这是一项具有现代意义和重大理论价值的学术成果，充分体现出深刻的、现代新儒家式的学术批判精神，因而应当予以肯定。

贺麟指出，数学的另一个基本点是"公理方法"或称数学直观法。这种方法的宗旨是寻求清楚明白、不待证明的基本观念或公理认为的出发点，以为推论的基础，进而组成严密的系统。公理的性质和公理间的关系归纳起来有四条：第一，各公理必须互相独立，不能有包容或蕴涵关系；第二，每一公理必须是最基本、最原始的，不能从其他公理推导出来；第三，各条公理之间必须贯通而无矛盾；第四，每条公理必须具有范畴性。数学的这种"公理方法"其实是一种演绎的方法，贺麟称之为"数学的精神"。他分析说，逻辑研究并不能照搬公理方法，因为逻辑自身找不到不待证明的前提，也不像其他科学可以从任意的界说或定义开始，但可以吸收"数学的精神"，即重演绎的精神。

---

① 转引自贺麟. 哲学与哲学史论文集. 北京：商务印书馆，1990：214.

那么，研究逻辑怎样吸收"数学的精神"呢？贺麟把斯宾诺莎和康德的逻辑思想综合起来，概括为两句话："据界说以构思"和"依原则而认知"。"据界说以构思"就是根据对于一物的本质的知识以思想。本质乃是固定永恒的共相，它深藏于事物之中，是事物必须遵循的律令，倘若离开了本质，事物既不能存在，当然也不可能成为思考的对象。界说就是表示一物的类或永恒的本质，只有依据界说来整理偶然的、被动的感官知识，才可以推论得出有普遍性、有必然性的知识。"依原则而认知"就是依知性的纯概念或先天原则以组织感官经验，使经验循先天的范畴形成科学知识。贺麟指出，"依原则而认知"是康德逻辑学说的基本思想。在康德看来，逻辑与经验、原理与实验是不可分离的关系。"就二者关系言，理性为主体，为立法者，经验为对象，为须遵循法令者。既不离开经验而谈抽象的原理，致陷于空洞，亦不离开理性而谈经验或实验，致陷于盲目，以达到'以逻辑驾驭经验，以经验注释逻辑'的真知识或科学知识。"[1]贺麟很同意康德的这种说法，认为这是吸收"数学的精神"来研究逻辑所取得的重要成果，并且体现了内容与形式相统一的原则。

贺麟不否认逻辑方法是一种抽象的方法，但他反对离开内容仅注重抽象的形式。他批评说："我愈感到逻辑的重要，而谈到怎样研究逻辑，却愈令我难于措辞，因为近来似乎有很大一个趋势，是要离开实际生活——文化生活、社会生活、日常生活而谈逻辑，甚至想要离开科学思想和哲学思想而谈逻辑，把逻辑认作与下棋、占卦、饲鸟一样，同为有闲阶级的玩意。"[2]针对这种逻辑研究中的形式主义倾向，贺麟强调形式与内容不可分，认为格物穷理的逻辑方法应当是以内容以求形式，进而以形式整理内容的辗转递进的过程。他的这种内容与形式相统一、逻

---

① 贺麟. 哲学与哲学史论文集. 北京：商务印书馆，1990：219.

② 贺麟. 哲学与哲学史论文集. 北京：商务印书馆，1990：211.

辑学与认识论相统一的看法，显然比那些逻辑研究中形式主义的观点深刻得多，正确得多。他甚至认为沿着形式主义的思路并不能掌握逻辑方法，只有沿着从内容求形式的思路才会真正得到逻辑方法的训练。他写道："欲知分析方法，须精读用分析方法写成的哲学书，如康德、休谟的著作。欲知几何方法之用于哲学，须精读笛卡儿、斯宾诺莎的原著。未有专读科学方法的概论书籍，专读形式逻辑的教科书，即可谓已得科学之实质，已尽逻辑训练之能事者。"[①]他的这种看法无疑是正确的。

贺麟还清楚地看到逻辑的方法或理智的方法的局限性，他指出，逻辑方法是一种分析的方法，然而，"单是分析，即使面面俱到，亦绝不能达到整体。况分析只是愈分愈细绝不能面面俱到，故必借直觉的助力，方可把握全体"[②]。这里的直觉是指"后理智的直觉"，实际上是指辩证的综合或辩证法。贺麟认为处于知性阶段的逻辑方法只能获得科学的知识，还不能获得关于整体的哲学知识。换句话说，处于知性阶段的逻辑方法只能充任哲学思考的辅助方法，要想取得哲学知识还应当由知性阶段提升到理性阶段，更多地依靠辩证法。

辩证法

贺麟认为，当一个哲学家在从事哲学思考的时候，要想突破分析方法的局限，必须采用辩证的方法。贺麟把辩证法称为"矛盾思辨法"，他很赞成杜威的说法，也认为没有绝对不用矛盾思辨法而能作哲学思考的人。他指出："形式的分析与推论、矛盾思辨法、直觉三者实为任何哲学

① 贺麟. 哲学与哲学史论文集. 北京：商务印书馆，1990：219.
② 贺麟. 哲学与哲学史论文集. 北京：商务印书馆，1990：182.

家所不可缺一，但各人之偏重略有不同罢了。"①在他看来，理智分析的方法是辩证法的前提，由理智分析的方法必须引导到辩证法，而辩证法与"后理智的直觉"其实是一回事。总之，他认为三者构成一个完整的哲学方法论体系，缺一不可。

基于唯心主义哲学立场，贺麟不承认辩证法是客观世界本身具有的逻辑，而是求"形而上学"即建构唯心主义本体论的方法。从这个意义上说，"辩证法就是思辨法，也就是思辨哲学的根本方法"②。怎样运用辩证法求得唯心主义的本体呢？他指出两点。

第一，借助辩证法可以从形而下的"复多"或"部分"推演出形而上的"统一体""整体"或"一元本体"，即宇宙万有的究极本体。他说："辩证法就是求对立的统一或复多的统一之法。所谓统一体，即形而上之理，即我篇首所谓一元的本体。"换句话说，"辩证法是观认万殊归于一理，一理统贯万殊的方法"。万事万物，形式繁复可谓是"多"，但多中必有"一"。贺麟认为这个"一"即是形而上的"心"或"理"。照他看来，辩证法也就是宋明理学家常说的"格物穷理"的方法。"就此法之多中求一言，可谓格物（多）穷理（一）；就此法之一中见多言，可谓为以理观物。"③

第二，借助辩证法可以从充满矛盾的现实界推演出没有矛盾的理想界，这个理想界即是本体界。他说："盖现实界的矛盾须从理想界着眼以求调解，有限事物的矛盾须从无限理则着眼以求调解，现象界的矛盾须从本体界着眼以求调解，部分间的矛盾须从全体大局着眼以求调解，末流枝节有矛盾从根本源泉着眼以求调解。"按照他的说法，为了调解矛

---

① 贺麟. 哲学与哲学史论文集. 北京：商务印书馆，1990：181.
② 贺麟. 近代唯心论简释. 重庆：独立出版社，1943：136.
③ 贺麟. 近代唯心论简释. 重庆：独立出版社，1943：143.

盾，必须设定没有矛盾的本体界。从这点来看，辩证法也就是佛教"破执显真"的方法。"辩证法足以破执显真，使心眼开明，向着理想界，本体界，无限理则，根本源泉，或全体大局仰望，以超出形下事物之矛盾也。"①

由上述可见，贺麟是从唯心主义哲学立场出发，认同、理解辩证法的。他所理解的辩证法就是这样一种"求得形而上学"的思辨方法：首先确立一对范畴的辩证联系或矛盾关系，然后把其中一个范畴抬到"形而上"的本体论高度，而把另一个范畴置于"形而下"的从属地位。例如，先确立"一"与"多"的辩证联系，接着提出"一"为"多"的本体；先确立理想与现实的辩证联系，接着提出理想界为现实界的本体。他的新心学哲学体系也是按照这个思路构思的。他先把心与物组成一对范畴，然后把心提到本体论的高度，于是便形成"心为物之体，物为心之用"的命题。贺麟的这种哲学思维方式，包含着承认矛盾关系、整体联系等辩证法因素，但带有很大的主观随意性，没有全面地把握矛盾双方的相互转化，而是任意地、片面地突出某一方面，走向了形而上学的一点论。这样一来，活生生的辩证法最终被窒息在他的唯心主义体系之中。

贺麟指出，在求得形而上学的总体认识上，辩证法与"后理智的直觉"一致。它们的共同之处在于：第一，都是某种天才的艺术，而不是可以呆板模仿的死方法；第二，都是把握整体的方法。基于这种认识，贺麟打通了辩证法与直觉法之间的联系。他强调："辩证法自身就是一个矛盾的统一。辩证法一方面是方法，是思想方法，是把握实在的方法。辩证法一方面又不是方法，而是一种直观，对人事的矛盾，宇宙的过程

---

① 贺麟. 近代唯心论简释. 重庆：独立出版社，1943：146.

的一种看法或直观。"①贺麟由于把辩证法同直觉法等量齐观，不可避免地对辩证法产生了许多误解。

第一点误解是，他夸大了黑格尔辩证法中的神秘主义因素，把辩证法视为"情感逻辑"。同西方的新黑格尔主义者一样，贺麟不同意学术界通常那种对黑格尔辩证法的理解，主张对辩证法应当有两点新认识：第一，黑格尔的辩证法是天才的直观，有艺术的创造性；第二，黑格尔的辩证法是一种体察精神生活、欣赏文化宝藏的体验。他认为克洛齐把黑格尔看成"最大的非理性主义或超理性主义者"或"理性的神秘主义者"不无道理。他说："此语颇博得现代许多黑格尔学专家的赞许。盖最近的趋势皆欲纠正前此认黑格尔为纯理性主义者或泛逻辑主义者的偏误也。"②他认为，只有这样的理解才算揭示了黑格尔辩证法的"真正精神和本来面目"，纠正了把黑格尔理性化的偏向。他说："也许哈特曼有意将已成为口头禅的辩证法特别说得神奇难深些，但这实是精研黑格尔哲学的人，自知其无知的供状，至少可以促耳食两三条机械定律便自以为精通辩证法的人之反省。"③

不可否认，在黑格尔的辩证法思想中确有神秘主义的因素，这主要表现在黑格尔不是把辩证法看作关于自然界、社会和人类思维发展的最一般规律，而是看成概念的运动形式。这是黑格尔辩证法思想中的消极因素，而不是积极因素。积极因素应该是隐含于其中的近代德国资产阶级的革命思想。黑格尔以其辩证法思想论证资本主义替代封建主义的必然性，因而是属于欧洲近代整个理性主义思潮的。所以，把黑格尔看成理性主义者，大体是正确的。这也是西方哲学史界比较普遍一致的看法。

① 贺麟. 近代唯心论简释. 重庆：独立出版社，1943：136.
② 贺麟. 近代唯心论简释. 重庆：独立出版社，1943：148.
③ 贺麟. 近代唯心论简释. 重庆：独立出版社，1943：149.

贺麟同所有的新黑格尔主义者一样，片面地夸大黑格尔辩证法思想中的神秘主义因素，否定其理性主义的主导方面，很难反映黑格尔辩证法思想的全貌。

出于对黑格尔辩证法的误解，贺麟强调辩证法不仅仅是理论思维的方法，更是所谓"情感逻辑"。他说："辩证法产生的历史乃哲学家研究人类情感生活后所发现的一个通理。情感生活是矛盾的，是相反相成的，爱极而恨，乐极生悲，便是情感起伏的例子。又如诗有节奏，正因为诗是情感的表现，因此有人说辩证逻辑便是情感逻辑。又有人称辩证逻辑是爱的逻辑。由辩证法来研究情感生活是最适宜的。以之研究自然界便不免有穿凿附会、削足适履的地方，黑格尔亦曾应用辩证法来建立他的《自然哲学》的体系，并列机械作用、化学作用和有机作用为自然的辩证发展的三个阶段。各国新黑格尔派哲学家大都不很重视，甚或反对。他们大都认为，只有把辩证法应用到精神生活、内心生活上去，才见其生动活泼。"①在这里，他对辩证法的应用范围作了限制，认为它只适用于精神生活或内心生活，而不适用于自然界，这就否定了辩证法的客观基础及其普遍的指导意义。他把辩证法归结为"情感逻辑"，同非理性因素相联系，进一步加重了辩证法的神秘主义氛围。

照贺麟看来，既然辩证法是"情感逻辑"，当然不可能人人都掌握得了，它只能是天才人物特有的思维艺术。他指出："真正作辩证法的思考是异常之难的，比科学的实验、归纳、演绎都较为困难。因为这需要天才的慧眼，逻辑的严密和纯思辨的训练。在哲学史上真正善于应用辩证法的哲学家乃是不世出的天才。真正的由亲切的体验，活泼的识度，能够对于宇宙和人生提出一种辩证的看法，能够切实觑出宇宙间事物的内在的必然的矛盾，并见到其矛盾中的谐和，对立中的统一，也非有能静

---

① 贺麟.五十年来的中国哲学.沈阳：辽宁教育出版社，1989：69.

观宇宙的法则，置身于人世变迁的洪流中，而又能深察其变中之不变，不变中之变的轨则的慧眼不为功。"①他用"异常之难""天才的慧眼""亲切的体验""活泼的识度""静观""深察"等字眼修饰辩证法，以表示它同普通人无缘，这并不符合实际。无论是西方哲学史还是中国哲学史，都以大量的材料证明：辩证法是人类的全部认识所固有的。认识的辩证法是客观辩证法的反映。人们要想正确地认识客观世界，必然借助辩证思维。这里可能有自觉与不自觉的区别，绝没有能与不能的原则界限。所以，辩证法是人类共同拥有的思想财富，绝不是天才人物的专利。如果把辩证法夸张到神乎其神、令人望而生畏的程度，无疑会贬损辩证法的科学意义。

第二点误解是，过分凸显辩证法的灵活性，不承认辩证法有规律。他对辩证唯物论者归纳的关于辩证法的三条规律一一提出异议。

关于对立统一规律，贺麟说："这原是辩证法最根本的一条原则，平常所谓殊途而同归，百虑而一致，相反而相成，都是这条原则的变相。宇宙间的事，必须一张一弛调和起来才能成功，种种相反的东西如身与心，知与行，主与客，都是对立的，可又是统一的，在这种对立中，有主有从。如身心对立中，心是主身是从，知行对立中，知是主行是从，这种对立的统一，也便是矛盾的调解，冲突的克服，需要精神的努力。只有精神才能使对立的东西统一起来，物质绝不能统一对立的，这条原则我曾称之为辩证观。"②他指责辩证唯物论者对这条原则"从未曾好好予以发挥"。那么，他是怎样发挥的呢？概括起来有如下几点。

第一，他认为矛盾不是客观世界所固有的，而是人们以"消极的理性"观认宇宙的结果。"用消极的理性以观认宇宙，则见得宇宙万物莫不

---

① 贺麟. 近代唯心论简释. 重庆：独立出版社，1943：136.
② 贺麟. 五十年来的中国哲学. 沈阳：辽宁教育出版社，1989：70.

自相矛盾。"贺麟在唯心主义的前提下承认矛盾的普遍性，这是合理的内核，但这种合理的内核被紧紧镶嵌在否定形式之中。在他看来，凡是具有矛盾的东西都不是真实的，都不是合理的。"所谓矛盾的实在观就是认为凡非真实的东西必是不合理的，自相矛盾的。凡是真实的东西必是合理的，必是整个的，圆满合一的。"①

第二，他认为矛盾双方的地位不能互相转化，而是一方从属另一方，一方压倒另一方。例如，身心对立中，心为主身是从，知行对立中，知是主行是从。贺麟接触到关于矛盾的主要方面的问题，但他判定矛盾主要方面的标准是随意的、主观的，对矛盾关系的理解是僵化的。

第三，他认为对立面的统一是人们以"积极的理性"观认世界的结果。"用积极的理性以观认宇宙，则见得宇宙万物又莫不是矛盾的谐和，对立的统一。"在他看来，对立面的统一不是通过矛盾自身运动实现的，而是通过"精神的努力"完成的。他说："在思辨的阶段，或积极理性的阶段，便可见到有限的或决定的事物相反中的统一。也就是观认到事物之通体中所包含的肯定，变化中所包含的永常。换言之，凡由异中见同，由分中见合，变中见常，冲突中见谐和，皆积极理性之功能也。"②从这段话我们可以看出，贺麟把对立面的统一理解为对立面的和谐，而这种和谐又只能借助"积极理性"来完成。这种解释没有反映出辩证法的精神实质。

由上述可见，贺麟基于"消极理性"讲矛盾、对立，而基于"积极理性"讲和谐、统一，并没有自始至终地把握矛盾双方的辩证关系。辩证法要求在矛盾的统一体中把握矛盾的对立，而统一则应当理解为矛盾双方的联结和转化。有条件的相对的统一性和无条件的绝对的斗争性相

---

① 贺麟. 黑格尔学述·译序. 上海：商务印书馆，1936.

② 贺麟. 近代唯心论简释. 重庆：独立出版社，1943：151.

结合，构成了一切事物的运动发展过程。所谓矛盾的解决，应当理解为新的对立统一体取代旧的对立统一体，并不意味着矛盾的消失。贺麟把对立面的统一归结为"冲突的克服""调和"，并没有把矛盾的原则贯彻到底。

关于否定之否定规律，贺麟说："一般的说法，都以为否定之否定是无限的否定，乙否定甲，丙否定乙，丁又否定丙，以至无穷。实际上否定作用是有止境的，否定至'合'而矛盾解除。凡是矛盾的东西不是真的，因为真理是不矛盾的。实际上，真的东西并不怕被否定。真理本身是矛盾思想的解除。譬如兄弟相争，原是一个矛盾，但以全家庭和谐或对父母行孝道为标准，此矛盾即可解除，所以只有真否定伪，伪不能否定真，全体否定部分，部分不能否定全体。"[①]他所讲的"一般的说法"，显然是指辩证唯物论的说法。辩证唯物论认为，客观事物是遵循着否定之否定规律发展的。事物的发展即由于内部矛盾的推动，从肯定阶段到否定阶段，再到否定之否定阶段，螺旋式地上升。客观世界本身是无限发展着的，所以否定之否定的过程永远不会完结，是没有止境的。贺麟的看法与此相反，他认为否定至"合"而止，至"合"而矛盾解除。这样，等于取消了发展的无限性。贺麟之所以形成这种看法，原因有三：一是他误解了"矛盾"概念，把矛盾视为"兄弟纠纷"，用常识意义上的矛盾概念置换了辩证法的矛盾概念；二是误解了"否定"概念，把否定理解为订正谬误，没有看到否定本身就包含着肯定；三是认为矛盾即是"不真实"，而否定即是排除矛盾。这同他对于对立统一规律的看法是一致的。

关于质量互变规律，贺麟认为"这条原则是辩证唯物论者杜撰出来的。黑格尔并没有说质量互转是辩证法之一定律。其实黑格尔根本就没

---

① 贺麟. 当代中国哲学. 南京：胜利出版公司，1947：76.

有说辩证法有什么呆板的定律或公式……本来，从量变到质变是一个科学事实，可是从质变到量变便在科学上找不出证据。所以质量并不能'互'转"[①]。贺麟只承认量变可以引起质变，而否认质变可以引起量变，对质量互变规律作了片面的理解。按照他的观点，量变不以质变为前提，势必把量变的原因神秘化，使之成为不可理解的现象。质量互变规律说明，由于事物内部矛盾的推动，由量变到质变，又由质变到新的量变，如此不断地循环往复，构成新旧事物交替的无限发展过程。如果只承认由量变引起质变，而不承认由质变引起量变，势必会把无限发展的链条拦腰割断。

综上所述，贺麟关于哲学思想方法论的研究是相当全面、相当深刻的。他提出的直觉法、逻辑方法、辩证法缺一不可、相互补助的观点，对于从事哲学研究的确有指导意义。他承认直觉的方法论意义，但不同意把直觉同非理性主义混为一谈；他强调逻辑分析的必要性，也清楚地意识到它的局限性；他对辩证法明确地表示认同，只因受到唯心主义体系的限制，又不可避免地造成一些误解。在现代新儒家当中，梁漱溟注重直觉法而排斥理智的方法。冯友兰注重理智的方法，虽提出正的方法（理智）与负的方法（直觉）互补的看法，但并没有把二者有机地统一起来。熊十力虽在建立哲学体系时曾使用过辩证的方法，但并没有把辩证法提到方法论的高度来对待，并且对理智的方法缺少同情感。贺麟关于哲学思想方法论的研究，显然已克服梁漱溟、冯友兰、熊十力等人的缺陷，达到新的理论深度。

---

① 贺麟. 当代中国哲学. 南京：胜利出版公司，1947：76.

第八章 意识现象学：自然的知行合一

从"心理合一"的逻辑主体论出发，贺麟在知行观方面提出"自然的知行合一"说。自然的知行合一说包含着三个基本命题，即"知行同是活动""知行永远合一""知主行从"。贺麟从纯意识的角度考察知行关系，没有具体探讨认识的来源、认识的形成过程、感性与理性的关系、理论与实践的关系、主观与客观的关系等问题。因而，他提出的"自然的知行合一"说既不是通常意义上的认识论或知识论，也不是传统意义上的知行观，其实是一种意识现象学。

"知行同是活动"

在本体论方面，贺麟强调心与物是不可分的整体，与此相关，他在知行问题，也强调二者的一致性，提出"知行同是活动"的观点，对知行范畴做了意识现象学的释义。

什么是"知"？贺麟说："知指一切意识的活动……任何意识的活动，

如感觉，记忆，推理的活动，如学问思辨的活动，都属知的范围。"简言之，"知是意识的或心理的动作"①。他这种对知的解释，显然脱离了具体的认识过程，并没有从认识论的意义上揭示知的含义。从认识论上看，知应当是主观对客观的认识。任何认识都是主观对客观的反映，离开这一点，仅靠单纯的"意识的或心理的动作"自然不会产生任何知识。贺麟离开主观与客观的关系，离开认识发生发展的具体过程，把"知"仅仅归结为"心理活动"，从认识论上看，他已迈向先验论。因为按照这种说法，似乎凭借"心理活动"就可以产生认识。这等于否认认识对象的客观实在性，否认外部世界是认识的来源，其唯心主义倾向是显而易见的。贺麟没有明确地把认识论意义上的知同意识现象学意义上的知区别开来，这是他的一个失误。他的本意在于彰显意识的能动作用，探讨知识何以形成的前提，但由于离开认识过程，其关于"知"的定义不能不失于空洞和抽象。

什么是"行"呢？贺麟说："行指一切生理的活动……任何生理的动作，如五官四肢的运动固然属行，就是神经系的运动，脑髓的极细微的运动，或者古希腊哲学家所谓火的原子的细微运动，亦均属于行的范围。"②他关于"行"的定义同样是意识现象学的，即把"行"视为意识活动的生理基础。他没有把认识论意义上的知同意识现象学意义上的知区别开来，也没有把认识论意义上的"行"同意识现象学意义上的"行"区别开来。贺麟没有看到，认识论意义上的"行"应当指社会实践，应当理解为人们能动地改造和探索现实世界的社会性的客观物质活动。实践是人类的特有的主观见之于客观的物质活动，其中当然包含着意识的因素，包含着生理的因素，但绝不能仅仅归结为"生理活动"。从认识论

① 贺麟. 近代唯心论简释. 重庆：独立出版社，1943：53.

② 贺麟. 近代唯心论简释. 重庆：独立出版社，1943：53.

的角度看，贺麟关于行是生理活动的说法，显然太狭窄了，太空洞了，抹杀了实践的社会性和物质性，取消了实践过程中主观与客观的矛盾。他的这种意识现象学意义上的"行"的概念，其唯心主义倾向也是显而易见的。

贺麟抓住意识现象中生理活动与心理活动密切联系这一点，进一步把"知"与"行"统一起来。照他看来，既然"知"和"行"都是"活动"，二者之间当然不可能有质的差别；即便有差别，也只能是量的差别。因此，"不能说，行是动的，知是静的。只能说行有动静，知也有动静"。他反对用静止的观点看待认识，这是一个包含着辩证法因素的观点，纠正了梁漱溟把概念说成"呆静的认识"和冯友兰把概念看成凝固化的理念的错误观点。但是，他倒向了另一种错误，即抹杀知和行的原则界限，把主观意识同客观的物质活动混为一谈了。

他指出，知可以分为"显知"和"隐知"两个等级。"如沉思，推理，研究学问为显知"，"如本能的意识、下意识的活动为隐知"。但是，"显知与隐知间亦只有量的程度的或等级的差别，而无根本的不同或性质的不同"①。他所说的"显知"大体相当于通常所说的理性认识，而"隐知"大体相当于感性认识。如果说二者无根本的不同、无性质的不同，也就等于取消了认识过程中感性与理性的矛盾，从而无法解释认识从低级到高级或由浅到深的发展过程。贺麟还指出，行也可以分为"显行"和"隐行"两个等级："如动手动足的行为为显行"，"如静思沉坐的行为为隐行"。"显行与隐行间只有量的程度的或等级的不同，同是行为，而且同是生理的或物理的行为。"②基于上述分析，他得出两条结论：第一，"最隐之行，差不多等于无行"，然而"最隐之行"通常表现为"最显之知"，所

---

① 贺麟. 近代唯心论简释. 重庆：独立出版社，1943：54.

② 贺麟. 五十年来的中国哲学. 沈阳：辽宁教育出版社，1989：132.

以"最隐之行"与"最显之知"合一；第二，"最隐之知，也差不多等于无知"，然而，"最隐之知"通常表现为"最显之行"，所以"最隐之知"与"最显之行"合一。总之，显行即隐知，隐行即显知，知和行作为意识现象来说，不可分割地联系在一起，没有原则界限。这样一来，贺麟通过对知行作意识现象学的释义，取消了哲学意义上的"行"的客观实践性，把行销解到知之中，得出同王阳明大体一致的结论。在"销行以归知"这一点上，贺麟和王阳明是共同的。贺麟采用意识现象学的释义方法，通过对知行关系的抽象分析，导出"知行合一"的结论，思想进路同王阳明不一样。

"知行永远合一"

在"知行同是活动"的基础上，贺麟又提出了"知行永远合一"的论断。他说："任何一种行为皆含有意识作用，任何一种知识皆含有生理作用。知行永远合一，永远平行永远同时发动，永远是一个心理生理活动的两面。"[①]为了支持这一论点，他提出理由："因为只要人有意识活动（知），身体的跟随无论如何也是无法取消的。此种知行合一观，我们称为'普遍的知行合一论'，亦可称为"自然的知行合一论'。一以表示凡有意识之论，举莫不有知行合一的事实，一以表示不假人为，自然而然即是知行合一的事实。"[②]"知行合一"的结论是贺麟从"知行同是活动"的命题中演绎出来的。既然知行同是意识活动，二者便紧密地联结在一起，心理活动包含着生理活动，生理活动包含着心理活动，所以二者必

---

① 贺麟. 近代唯心论简释. 重庆：独立出版社，1943：59.

② 贺麟. 近代唯心论简释. 重庆：独立出版社，1943：59—60.

然地合而为一，必然地都以意识为基础。这就是贺麟断言"知行永远合一"的依据。

知行怎样合一呢？贺麟指出两点。

第一，从横的角度看，知行同时发动，为一个整体的两个方面。"知行合一乃是知行同时发动之意。据界说，知是意识的活动，行是生理的活动。所谓知行合一就是这两种活动同时产生或同时发动。在时间上，知行不能分先后。不能说知先行后，亦不能说知后行先。两者同时发动，同时静止。""知与行即是同一活动的两面，当然是两者合一的。若缺少一面则那心理生理的活动，便失其为生理心理的活动……所谓知行是同一活动的两面，亦即是说知行是同一活动的整体中的中坚分子或不可分离的本质。无无知之行，亦无无行之知，知与行永远在一起，知与行永远互相陪伴着，好像手掌与手背是整个手的两面。"①贺麟把知行关系理解为整体结构，反对把二者截然分开，接触到知行的同一性，包含着某些合理因素。但是把知行和手心手背的关系相比拟，显然夸大了知行的同一性，没有看到知行的统一乃是对立的统一，乃是具体的历史的统一，乃是从知行不统一走向统一、又从统一走向不统一的无限的发展过程。如果只看到知行的同一性，而不承认知行的差别性，将无法说明认识的发展过程。

从哲学认识论上看，知和行当然不可以截然分开，在认识过程中渗透着实践的因素，在实践过程中渗透着认识的因素，但这只是知行关系的一个方面即同一的方面。同此方面密切相关的还有另一个方面，即知行对立的方面。因为只有将认识过程相对地划分为认识阶段和实践阶段，才能说明人类认识由实践到认识，从认识到实践，循环往复，不断深化的历史发展过程。如果说知行一开始就是绝对统一的，如手心手背一样，

---

① 贺麟. 五十年来的中国哲学. 沈阳：辽宁教育出版社，1989：133—134.

认识怎么还会有发展的可能？贺麟提出的知行两面说，旨在强调意识是认识发生的必要前提，这从生理学、心理学、意识现象学的角度看，也许是可以成立的，但从哲学认识论上看，却难以成立，因为这种说法脱离了认识的具体的历史发展过程，有意无意地把知行的统一关系说成了抽象的、僵死的同一，有如黑格尔所说的"在黑夜里看牛，一切牛都是黑的"那种抽象的同一。

第二，从纵的角度看，知行平行。贺麟说："知行合一又是知行平行的意思。平行说与两面说是互相补充的。单抽出一个心理生理的孤立活动来看，加以横断面的解剖，则知行合一乃知行两面之意。就知行在时间上进展言，就一串的意识活动与一串的生理活动之合一并进言，则知行合一即是知行平行。"[①]他指出，知行平行包含三层意思：第一，知行并进，次序相同；第二，知行不能交互作用；第三，知行各自成系统，各不逾越范围。所以，应当"以知释知，以行释行"。如果说贺麟的两面说脱离了具体认识过程而夸大了知行的同一关系，那么，平行说则夸大了知行的对立。贺麟在这里力图对知行关系作动态的解释，力图把知和行抽述为各自独立的发展过程，但由于他并没有真正把实践意义上的"行"纳入知行学说之中，并没有实现这种意图。关键在于，他心目中的行，只是生理活动，只是意识现象的表现形式，没有看到行是认识的基础、源泉和发展动力。所以，尽管贺麟的知行说似乎承认行具有相对于知的独立性，但并没有把行提到在认识论中的应有地位。他的"行不能决定知"的观点，"以知释知，以行释行"的观点，还是主张从意识自身发掘认识的源泉，没有超出意识现象学的范围。从哲学认识论的角度看，贺麟的知行平行说貌似二元论，实则是唯心主义一元论。

贺麟提出了两面说，又提出了平行说，似乎很全面、很辩证地展示

---

① 贺麟. 近代唯心论简释. 重庆：独立出版社，1943：57.

了知行关系，但由于他脱离了具体的认识发展过程，都成了没有具体内容的抽象的思辨。他没有发现，平行说与两面说并不能相容：两面是就一个整体而言才能成立，而平行必须是两个个体才可以构成的关系。所以，贺麟并没有能够做到在知行的对立关系中把握二者的统一，也没能做到在知行的统一关系中把握二者的对立。无论两面说，还是平行说，都是在意识的范围内转圈，并没有深入到认识与实践的相互关系问题。

贺麟把他提出的"自然的知行合一"论同王阳明的知行合一说作了比较。他称王阳明的知行合一说为"率真的自动的知行合一"，并且属于"价值的知行合一说"中的一种，我们在第三章已做过介绍。贺麟把自己的观点称为"自然的知行合一"，包含着对王阳明知行观批评的意思，在他看来，王阳明的知行学说在理论上不够彻底，有知行二元论倾向，且有浓厚的伦理学色彩。他主张对知行关系作纯粹的意识现象学的考察。同王阳明的知行合一说相比，贺麟的"自然的知行合一"说的确具有纯学术的色彩，其理论深度无疑超过了王阳明的学说，但是他的理论完全抛开了具体的认识过程，不能不说失之于抽象。王阳明的知行合一说学理上虽然有错误，但在实践方面可以发生某些影响，贺麟的"自然的知行合一"说由于过分抽象，恐怕很难对人们的认识过程和生活实践有什么指导意义。

"知主行从"

贺麟提出的"知行同是活动""知行永远合一"两个命题，如果仅就意识现象的发生而言，是可以成立的，这种意识现象学的研究，提出意识是认识形成的必要前提的观点也是站得住脚的，但是贺麟并没有把他的知行观限制在意识现象学的范围内，而是要从中得出一般的认识论原则，确立"知"在知行关系中的主导地位。他未作任何分析，便从"知行同是活动""知行永远合一"两命题中引申出"知为主，行为从"的命题。"知行同是活动"与"知行永远合一"两命题可以是意识现象学的，也可以是一般认识论的，而"知主行从"的命题却只能是认识论的。因为就意识现象的发生而言，诚如贺麟所说，心理活动与生理活动缺一不可，无所谓孰主孰从，只有在认识论的意义上，哲学家才会对知行主从关系有不同的看法。唯心主义者强调知的主导作用，主张知为主行为从，而唯物主义者强调行的重要性，主张知为从行为主。贺麟的哲学立场显然属于前者，而不是后者。

贺麟说："知者永远决定行为，故为主。行永远为知所决定，故为从。人之行不行，人之能行不能行，为知所决定。盖人决不能做他所绝对不知之事。人之行为所取的方向，所采的方法，亦为知所决定。"①他从以下两个方面展开说明他的"知主行从"的观点。

第一，从体用关系来说，知为主，行为用。他说："知是行的本质（体），行是知的表现（用）。行若不以知为主宰，为本质，不能表示知的意义，则行为失其所以为人的行为的本质，而成为纯物理的运动。因为物理运动就是不表现任何思想方面知识方面的意义……故知是体，行是用；知是有意义，有目的的，行是传达或表现此意义或目的之工具或媒介，故可下界说如下：行为者表现或传达知识之工具也；知识者指导行为之主宰也。"②贺麟抓住纯物理运动与人类自觉的实践活动有差别这一点，借以证明"知为体行为用"，或"知为主，行为从"。这种证明似是而非。

① 贺麟. 近代唯心论简释. 重庆：独立出版社，1943：65.
② 贺麟. 近代唯心论简释. 重庆：独立出版社，1943：65—66.

诚然，人类的自觉的实践活动与纯粹的物理运动不同，它体现了人类特有的主观能动性。但是，贺麟把主观能动性仅仅归结为"知"是片面的，因为"行"同样也是主观能动性的表现，此其一。其二，认识的发展程度取决于实践的发展程度，没有实践作为认识的来源、基础和发展动力，认识便成了无源之水、无本之木。从这个角度看，恰恰是行为主，知为从。可见，从人类的实践活动同物理活动有区别这一点，并不能得出"知体行用"或"知主行从"的结论。

第二，从目的和手段的关系来看，知是目的，行是手段。"知永远是目的，是被追求的主要目标，行永远是工具，是附从的追求过程。任何人的活动都是一个求知的活动。"①贺麟看到认识对实践的指导作用，这一点是正确的，但是他把这种作用片面地加以夸大，否定实践对认识的制约作用，那就错了。其实，知和行应当是互为目的与手段的辩证关系：认识世界的目的，在于改造世界，从这个意义上说，知是手段，行是目的；实践的发展推动认识的深化，从这个意义上说，行是手段，知是目的。贺麟的"知永远是目的"的说法，只看到二者关系的一个方面，而忽视了另一个方面。

以上贺麟作的两点论证，并没有为"知主行从"说找到有说服力的理由。关于知行的主从问题，其实是谁依赖于谁的问题。人类几千年的认识史已经证明，知依赖于行，即认识依赖于实践。就拿近代自然科学来说，它并不是凭空产生的，而是在资本主义的工业实践中孕育产生的。如果没有近代资本主义工业实践，显然不会产生近代的自然科学。这说明认识是随着实践的发展而发展的，不是知决定行，而是行决定知。贺麟"知主行从"的命题在局部的意义上可以是正确的，但总的来说却是颠倒了知行关系。

---

① 贺麟. 近代唯心论简释. 重庆：独立出版社，1943：67.

　　总括起来，贺麟在知行观方面提出"知行同是活动""知行永远合一""知主行从"三个命题，从意识现象学的角度看，他充分肯定意识是认识发生的必要前提，其中不乏合理因素。但从认识论的角度看，却贯穿着一条贬低行在认识过程中的地位的错误原则，片面地夸大知的主导作用，其唯心主义性质是显而易见的。

第九章　儒者人格新论：理、欲、势合一

　　贺麟提出"自然的知行合一"观，作为一种意识现象学，对于认识的形成与发展并没有多少指导意义，然而却是贺麟重塑儒者形象、阐发儒家伦理的理论支柱。他说："认识了知行真关系，对道德生活可得到一较正确的理解。理解离开知外无行，离开学问外无涵养，离开真理的指导外无道德。由于指出行为的理智基础，可以帮助我们打破那不探究道德的知识基础的武断的道德学；打破那使由不使知的武断的道德命令，并打破那只就表面指责人，不追溯行为的知识背景的武断的道德判断。"[①]从自然的知行合一观出发，贺麟力图把理性、人情、时代三者统一起来，从而形成关于儒者人格的新理论。

重塑儒者形象

　　儒学向来以"人学"著称，特别重视道德伦理问题。现代新儒家继

---

① 贺麟. 五十年来的中国哲学. 沈阳：辽宁教育出版社，1989：156.

承了儒学的这一传统，十分关心"人的问题"，努力探索儒家人格观念实行现代转化的途径。现代新儒家的理论思考，一般都以人生哲学为落脚点。梁漱溟构想了"尚情无我"的新式儒家人格，熊十力以其体用不二论为依托，倡导"内圣外王"的价值取向，冯友兰视"极高明而道中庸"的天地境界中的人为圣人。同他们一样，贺麟的新心学体系也以人生哲学为归宿。在何为新式儒者的问题上，贺麟比他们更为用心，曾写了《儒家思想的新开展》《五伦观念的新检讨》《新道德的动向》《论人的使命》《自然与人生》《功利主义的新评价》《西洋近代人生哲学的趋势》等十多篇文章，还把他的一本新儒学论文集定名为《文化与人生》。通过这些著作，贺麟提出了他关于现代儒者人格的构想。

在传统儒学中，儒者往往指那些"耕读传家"之士。贺麟认为这样的儒者人格观念未免太狭隘了，已不能适应时代的需要。他站在现代新儒家的立场上，对儒者人格做了新的诠释。他写道：

> 何谓"儒者"？何谓"儒者气象"？须识者自己去体会，殊难确切下一定义，其实也不必呆板说定。最概括简单地说，凡有学问技能而又具有道德修养的人，即是儒者。儒者就是品学兼优的人。我们说，在工业化的社会里，须有多数的儒商、儒工以作柱石，就是希望今后新社会中的工人、商人皆成为品学兼优之士，亦希望品学兼优之士，参加工商业的建设，使商人和工人的道德水准和知识水平皆大加提高，庶可进而造成现代化、工业化的新文明社会。①

贺麟对"儒者"做了最广泛的解释。在他看来，儒者应该是一种高尚的道德形象，理想的道德人格。儒者人格不是抽象的，它应当通过现

---

① 贺麟. 文化与人生. 北京：商务印书馆，1988：11—12.

实的人得以体现。所以，他希望每个中国人都成为品学兼优的儒者。他指出，在中国只有造就一大批这样的儒者，现代化事业才会有希望。"若无多数重忠孝仁爱信义和平的道德修养的儒商、儒工出，以树立工商的新人格模范，商者凭借其经济地位以剥削人，工者凭借其优越技能以欺凌人、傲慢人，则社会秩序将无法安定，而中国亦殊难走上健康的工业化的途径。"①贺麟清醒地看到，中国社会正处在转型时期，即由农业社会转变为工商业社会。与此相适应，人们的儒者人格观念也应有所变化，不能再拘守旧有模式。他认为现代儒者为人处世的态度应当表现出合理性、合人情、合时代等新特点。他从这三个方面入手，塑造了他心目中的现代儒者人格形象。

合理性

贺麟认为，现代儒者人格首先应当是理性的体现者。按照他的解释，"合理性即所谓'揆诸天理而顺'。"②这里的理性是指价值理性而不是科技理性。在贺麟看来，只有牢牢地把握价值理性，才能为现代儒者形象奠立坚实的道德形而上学的基础。他指出，对于现代儒者来说，合理性最根本，最重要，合时代和合人情都应当以合理性为准绳。如果只求合时代而不求合理性，便会流为庸俗的赶时髦；如果只求合人情而不求合理性，便会流为"妇人之仁"或感情用事，乃至主观直觉。这都会偏离儒者应有的价值取向。

在贺麟"合理性"的主张中，包含着他关于道德根源的看法。在他

---

① 贺麟. 文化与人生. 北京：商务印书馆，1988：11.

② 贺麟. 文化与人生. 北京：商务印书馆，1988：13.

看来，道德的根源应当是理性，而不是经济。他不同意辩证唯物论关于经济基础决定道德伦理的观点，主张把道德放在人类生活最重要的位置。他认为，不是经济基础决定道德伦理，而是道德伦理决定经济基础。他说："不经过自觉的计划或经营——不论出自政府或个人——根本就不会有经济；换言之，就经济的性质或意义论来，经济就是为人力所决定的东西，是由人类的理智和道德的努力创造而成的东西。由此足见一切经济或一切金钱，其背后均有道德的观念和意识的作用在支配它。更足见经济既是理智的和道德的产物，故即所以代表能产生此经济的主人公的意志、思想或道德的观念。"[1]他不否认人们的道德观念同人们的经济生活有关系，但坚信为经济所决定的道德并非真道德。他认为真正的道德既非为经济所决定，也不会随着经济状况的改进而改进。

贺麟从唯心论的立场出发来看待道德的根源，认为道德来自理性，来自人的自由意志。他说："真正的道德行为乃为自由的意志和思想的考虑所决定，而非受物质条件的决定。"[2]他表示赞成朱熹"仁是心之德爱之理"的观点，并加以发挥说："贵德谓自觉，盖人本有向上利他之德性，每每不自知觉，不能奋发推广，故贵自加反省，自觉其内心仁德之宝贵，勿为物欲所障蔽。"[3]贺麟认为道德既来自自由意志，也来自"思想的考虑"即理性，这种看法一方面承袭了宋明理学注重心性自觉的观点，另一方面也吸收了西方伦理学家注重意志自由的观点，力图把"自觉"与"自愿"两个方面结合起来。同传统的儒家相比，贺麟的理论视野无疑显得更加开阔。不过，他并没有在意志自由方面做更多的发挥，重点仍放在对理性的阐发上。

---

[1]　贺麟. 文化与人生. 北京：商务印书馆，1988：29.

[2]　贺麟. 文化与人生. 北京：商务印书馆，1988：43.

[3]　贺麟. 当代中国哲学. 南京：胜利出版公司，1947：138.

　　贺麟指出，合理性也就是合理想。"因为理想基于人类的本性。理想出于理性，人类是理性的动物，理想是构成人格的要素，人类所以异于禽兽，伟人所以异于常人，全看理想的有无和高下。"①在贺麟看来，唯心论者必定是理想主义者。一个人只有树立崇高的理性，才可以提高其生活的品位，改造现实，征服现实，达到人格的自我完善。他指出，对于现实的人来说，理想是他争取自由的必不可少的条件。例如，没有理想作争取自由的标准，也就无所谓自由。自由不是任性，不是为所欲为或随遇而安，而是追求理想的不懈努力。理想又是认识现实的主观条件，从理想出发反观现实，才会认识到现实中的缺欠从而形成改造现实的动机。理想是征服现实的指南针，人类任何有意义、有价值的政治社会的建树，都是理想与现实相结合的产物。总之，"理想为主，现实为从，理想为体，现实为用"②，贺麟在处理理想与现实的关系中，毫不含糊地把理想放在第一位。把理想视为现实的价值尺度。照他看来，要想成就现代的儒者人格，首先必须从树立理想入手。

　　树立理想才会明确地意识到人的使命。贺麟把人的使命视为理想与现实的统一，在他看来，人的使命既是理想的，又是现实的。人的使命感来自理想，从这个意义上讲，人的使命就是人生理想、人生目的。但是使命与理想又不完全一样：理想是主观建立的，而使命是客观赋予的，"使命比目的要具体些，切实些。做人有了做人的使命，人生就有目的、意义与价值。没有具体的、切实的、非执行不可的使命，而高谈人生目的，就嫌空洞不着边际了"③。贺麟是个理想主义者，但不是空想主义者，他对宋明理学家"平时拱手谈心性，临危一死报君恩"的空疏之弊有清

---

① 贺麟. 文化与人生. 北京：商务印书馆，1988：103.

② 贺麟. 文化与人生. 北京：商务印书馆，1988：104.

③ 贺麟. 文化与人生. 北京：商务印书馆，1988：81.

醒的认识，要求把理想落实到现实的层面上。他通过对"人生使命"这一人生哲学范畴的阐释，力图摆脱空疏的阴影，彰显儒学经世致用的特质，表现出对现实的关切。贺麟很看重人的使命，他说："人没有人的使命，人就没有人格，不能算是真正在做人。""去寻求一个自觉的正大的人的使命，乃是人特有的功能，理性动物特有的功能。"①贺麟的这种看法体现出理性与行为的辩证统一、理想与现实的辩证统一，对于唤起人的使命感、责任感、进取心，的确有一定的指导意义。

依据"合理性"或"合理想"的原则，贺麟对儒学中天人合一的传统观念表示认同。在他看来，"理性"同"天理"是一个意思，天理又可简称为"天"。据贺麟分析，天有三层含义：

"第一，天指美化的自然，亦即有精神意义的非科学研究的自然。如《易经》上说：'天行健，君子以自强不息。'《论语》上说：'天何言哉，四时行焉，百物生焉。'这种由花木山水而悟天道人生，乃是艺术家直觉的知天。

"第二，天指天道，就是总天地万物之理，也就是宇宙之所以为宇宙，人生之所以为人生的基本法则，主宰宇宙人生之大经大法。这是哲学的理智的知天。

"第三，天指有人格的神，亦即最圆满的理想的人格，也是人人所欲企求的最高模范的人格，最高的价值。这是人类情意所寄托的无上圆满的神，这是道德生活与宗教信仰的天。"②

在贺麟看来，"天"乃是美、真、善等一切人生价值的总和，它表示美学价值、哲学价值、宗教价值，是人之所以为人的最高准则，用传统儒学的话说，就是人的安身立命之地。换句话说，天就是价值理性的代

---

① 贺麟. 文化与人生. 北京：商务印书馆，1988：82.
② 贺麟. 文化与人生. 北京：商务印书馆，1988：83—84.

名词，它赋予人生以终极价值，也是人所应当追求的最高的价值目标。从这个意义上说，"人是以天为体，以物为用的存在"[①]。基于这种认识，他对儒家天人合一的价值观作了这样的阐发："由知天而希天，由希天而与天为一。不仅是圣人才能希天，人人皆能希天，人人皆在希天。"[②]同传统的儒家一样，贺麟也把天人合一视为人生的最高境界。同传统的儒家不同的是，他自觉地把天人合一的价值观奠立在唯心主义或理想主义基础之上，表现出现代新儒家特有的风格。

依据"合理性"或"合理想"的原则，贺麟对儒家传统的伦理规范也表示认识，对三纲五伦观念做了新检讨，并且主张把三纲五伦观念移植到现代社会之中，作为新道德的基石。他认为三纲五伦是一个完整的伦理规范系统。在这个系统中，三纲比五伦更能体现"合理性"的原则。因为"三纲说实为五伦观念之核心，离开三纲而言五伦，则五伦说只是将人与人的关系，方便分为五种，此说注重人生、社会和等差之爱的伦理学说，并无传统或正统礼教的权威性与束缚性"[③]。贺麟站在现代新儒家的立场上，对三纲说做了三点诠释。

第一，他从相对与绝对的关系证明三纲的必要性。他认为，五伦仅表示相对的人际关系，对于双方都有约束性，一方对另一方尽道德义务是有条件的。比如，臣是否应尽臣道，应视君是否尽君道而定。如果君不尽君道，臣似乎也就有理由不尽臣道。"这样一来，只要社会上常有不君之君，不父之父，不夫之夫，则臣弑君，子不孝父，妇不尽妇道之事，事实上、理论上皆应可以发生。"[④]由此势必导致人际关系的失调和社会秩

---

① 贺麟. 文化与人生. 北京：商务印书馆，1988：84.

② 贺麟. 文化与人生. 北京：商务印书馆，1988：84.

③ 贺麟. 文化与人生. 北京：商务印书馆，1988：57—58.

④ 贺麟. 文化与人生. 北京：商务印书馆，1988：57—59.

序的混乱。为了避免这种情况的发生，必须由先秦时期的五伦说上升到汉代的三纲说。他说："三纲说要补救相对关系的不安定，进而要求关系者一方绝对遵守其位分，实行单方面的爱，履行单方面的义务。所以三纲说的本质在于要求君不君，臣不可以不臣；父不父，子不可以不子；夫不夫，妇不可以不妇。换言之，三纲说要求臣、子、妇尽单方面的忠、孝、贞的绝对义务，以免陷入相对的循环报复，给价还价的不稳定的关系之中。"①照他看来，三纲说比五伦说更深刻、更有力量，更能反映儒家伦理的特质。因为五伦是从现实层面看待道德关系、处理道德关系，而三纲说是从理想层面看待道德关系、处理道德关系，更能体现"合理性"的原则。

第二，他以"理念"的绝对性证明三纲的权威性。他认为，三纲说不是建立在现实的人际关系之上，而是建立在人对"理念"的关系上。他说："先秦的五伦说注重人对人的关系，而西汉的三纲说则将人对人的关系转变为人对理、人对位分、人对常德的单方面的绝对的关系。故三纲说当然比五伦说来得深刻而有力量。举实例来说，三纲说认君为臣纲，是说君这个共相，君之理是为臣这个职位的纲纪。说君不仁臣不可以不忠，就是说为臣者或居于臣的职分的人，须尊重君之理，君之名，亦即是忠于事，忠于自己的职分的意思。完全是对名分、对理念尽忠，不是做暴君个人的奴隶。"②贺麟所说的"理念"是指对理性的自觉意识。在他看来，这个意识是超越的意识，同人与人的现实关系无关。这样，他便从"理念"的绝对性，引申出三纲的权威性，从而把三纲说成超历史、超现实的伦理信条。贺麟的这种看法同冯友兰是一致的。冯友兰在《新原人》一书中写道："在道德境界中底人，尽伦尽职，只是求'成就一个是'。他的尽伦尽职，只是尽伦尽职并不计其行为所及底对象，是不是值

---

① 贺麟. 文化与人生. 北京：商务印书馆，1988：59.
② 贺麟. 文化与人生. 北京：商务印书馆，1988：60.

得他如此。例如在旧日社会中，为忠臣孝子者，只是尽忠尽孝而已，并不计及其君是否值得有臣为之尽忠，或其父是否值得有子为之尽孝。"①他们分别以各自的方式对儒家伦理作了理想主义的阐发。

第三，他引述西方的伦理学中的某些说法印证三纲的普遍有效性。他说："最奇怪的是，而且使我自己都感到惊异的，就是我在这中国特有的最陈腐、最为世所诟病的旧礼教核心三纲说中，发现了与西洋正宗的高深的伦理思想和与西洋向前进展向外扩充的近代精神相符合的地方。"②他指出，这种相符合的地方有四点：其一，三纲说同柏拉图的范型说一致；其二，同康德的绝对律令说一致，其三，同基督教中"道德本身就是目的"的说法一致；其四，同西方浪漫主义者对女子"竭尽其片面的爱"的精神一致。他概括起来说："总之，我认为要人尽单方面的爱，尽单方面的纯义务，是三纲说的本质。而西洋人之注意纯道德纯爱情的趋势，以及尽职守、忠位分的坚毅精神，举莫不包含有竭尽单方面的爱和单方面的义务之忠忱在内。"③他通过对中西伦理思想的比较，借以说明三纲是根植于人类理性的伦理准则，因而具有普遍的有效性。

我们从以上贺麟对三纲的新检讨中不难发现，他提出的"合理性"原则，包含着从价值本体论方面为儒家道德规范系统寻找理论支持的意向。他要求现代人从"合理性"的角度认同儒家的道德规范，并把它化为自觉的道德实践。我们从贺麟"合理性"的原则中，很容易发现黑格尔对他的影响。黑格尔曾说："伦理性的东西就是理念的这些规定的体系，这一点构成了伦理性的东西的合理性。"④贺麟的看法与此极其相似。他

---

① 冯友兰. 新原人. 重庆：商务印书馆，1943：164.

② 贺麟. 文化与人生. 北京：商务印书馆，1988：60—61.

③ 贺麟. 文化与人生. 北京：商务印书馆，1988：61.

④ 转引自周辅成编. 西方伦理学名著选辑：下卷. 北京：商务印书馆，1987：423.

试图用"合理性"原则承继、转换儒家的价值系统。毋庸讳言，贺麟的"合理性"原则带有较浓的权威主义色彩，但也应看到，贺麟在抗日战争时期这种特定的历史条件下提出此说，也有维护民族群体的积极意义。

合人情

在如何成就儒者人格问题上，贺麟是个理想主义者。但他强调，理想不是抽象的，而是具体的。理想应当通过现实得以实现。基于理想与现实相统一的观点，贺麟在提出"合理性"原则的同时，又提出"合人情"的原则。

贺麟提出的"合人情"原则，是针对宋明理学在理欲关系上抽象化倾向而发的。理欲之辨是儒家最关心的问题之一。孔子、孟子、荀子等早期儒家虽有重道义轻功利的倾向，但没有对功利、欲望等一概加以排斥，到宋明时期，理学家们走向极端，提出"存天理，灭人欲"之说。经过许多理学大师的阐发，存理灭欲已成为最有影响的传统观念之一。贺麟站在现代新儒家的立场上，对这一观念加以反省。他认为，"存天理，灭人欲"之说过分强调被抽象化了的天理，而极力排斥现实的人欲，未免流于"以理杀人"之弊，这是"不近人情的"。他主张重新认识天理与人欲的关系、道德与功利的关系、公与私的关系、知情意的关系，走出宋明理学的误区。他指出，要想正确地看待上述关系，必须贯彻"合理性"与"合人情"并重的原则。他解释说："合人情即求其'反诸吾心而安'。"①

依据"合人情"原则，贺麟主张重新看待天理与人欲的关系。他说：

---

① 贺麟. 文化与人生. 北京：商务印书馆，1988：66.

"近代伦理思想上有一大的转变，早已超出中古僧侣式的灭人欲、存天理、绝私济公的道德信条；而趋向于一方面求人欲与天理的调和，求公与私的共济，而一方面又更进一步去设法假人欲以行天理，假自私以济大公。"①从现代伦理思想的发展趋势上看，宋儒"存天理，灭人欲"之说显然业已过时，因此现代新儒家不必再拘守这种旧观念，而应当跟上时代的脚步，对理欲关系提出新的看法。贺麟认为，人欲与天理并不是敌对的或对立的关系，而是相容的、互济的关系。过分地凸显人欲，当然会使之成为非道德的消极因素；但是，如果恰当地看待人欲，人欲也可以构成使天理得以实现的积极因素，甚至是必不可少的前提与条件。如果道德生活完全脱离了人的欲望、需求，则必然陷入空虚与贫乏。这样的道德生活绝不是现代人所要求的充实丰富、洋溢着生命力的生活。贺麟指出，宋明理学把人欲视为洪水猛兽，要求加以消灭，这乃是旧时代的人所难以避免的偏见。即便是洪水猛兽，因时代不同人们对它们的看法也会有变化。在生产力水平低下的时代，洪水泛滥成灾，猛兽肆意伤人，人们自然对它们抱有恐惧心态；而在生产力水平较高的时代，洪水可以用来发电，猛兽可以关到动物园中供人欣赏，原本对人类有害的消极因素却转化为对人类有利的积极因素。对人欲亦应当作如是观。

依据"合人情"的原则，贺麟主张重新审视道德与功利的关系。道德与功利的关系同理欲关系是密切相关的，既然理欲不是对立的关系，道德与功利也不应当是对立的关系。贺麟认为道德与功利应当是主从关系或体用关系。他说："功利与非功利（道德的）不是根本对立的，是主与从的关系。非功利是体，功利是用，理财与行仁政，并不冲突，经济的充裕为博施济众之不可少的条件。"②照他看来，功利与道德非但不是

---

① 贺麟. 文化与人生. 北京：商务印书馆, 1988: 209.
② 贺麟. 文化与人生. 北京：商务印书馆, 1988: 209.

对立的，反倒是相辅相成的：功利乃是实现道德理想的必不可少的条件。例如，"我们不能说求金钱是人生的目的。但可利用金钱作为发展个性、贡献国家、服务社会的手段"[①]。人们在谋求功利、维护功利、分配功利的时候，只要不违犯恕道和公平原则，就不应该受到指责。在这里，他大胆地纠正了儒家对功利主义的偏见。不过，他并没有放弃儒家道德至上的原则。在他的眼里，道德仍旧是体，而功利不过是用，功利仍然围绕着道德的轴心转。贺麟作为现代新儒家，并不打算全部推翻儒家的伦理思想体系，而是谋求道统与现代的衔接，通过新的诠释，把由商品经济升华来的功利观念充实于其中。

从"道德是体，功利是用"的观点出发，贺麟不赞成对功利主义过分地加以指责。有人形容追求功利的人到死的时候都伸着两手，张着嘴，不肯闭上双眼，流露出一副向外渴求而不得以满足的可怜相。贺麟认为这些批评者本人并不懂得"追求的经过，追求的精神，本身就有价值"。所以，这些功利主义的批评者很容易走向逃避人生的道路，倘若沿着这条道路走下去，将使整个社会变得死气沉沉，没有人生的乐趣。贺麟对这样的批评者作了批评，指责他们不能"因为自己敝屣福利，乃忽视他人的福利；自愿牺牲福利，便不尊重他人的福利，强迫别人也去牺牲福利。自己逃避人生，便斥肯定人生的人为向外追逐。这是不对的"[②]。贺麟对极端的非功利主义的批评态度反映出，他充分肯定积极进取的追求精神，试图把现代人的竞争意识纳入新儒家的价值观念系统。

贺麟虽然对功利主义抱有同情的态度，但并不把功利主义看成唯一的价值评判标准。他主张把道德理想主义与功利主义结合起来，实行所

① 贺麟. 文化与人生. 北京：商务印书馆，1988：210.
② 贺麟. 文化与人生. 北京：商务印书馆，1988：209.

谓"新式的功利主义"。据他解释，新式功利主义不是谋求个人的利益，而是谋求社会的利益或群体的利益，所以本质上仍旧是社会的理想主义或社会福利主义。"简言之，这就是为全体为社会设法谋幸福，为平民求利益的道德理想。"①他认为这种新功利主义同儒家传统的注重内心道德和纯义务的道德思想并不矛盾。"因为内心的道德思想注重人格修养，不受物质的限制，保持自己的纯洁，这固然很好，但新功利主义则要进一步，从人格的保持到人格的发展；从不受物质的支配，到支配物质；从消极的个人人格修养，到积极的大众福利的增进。"②可见，它不是对传统的背离，而是对传统的发展和延续，因此应当成为现代儒者所采取的人生态度。

依据"合人情"的原则，贺麟主张重新审视公与私的关系。宋明理学的"存天理，灭人欲"之说，无视人们的正当需求，倡导"廓然大公"而排斥自私。贺麟认为这样处理公与私的关系，从现代的眼光看是不妥当的。因为"要想人绝对不自私，不仅失之'责人重以周'，甚且有一些违反本心，不近人情"③。事实上，人是无法做到"纯公无私"的，因此大可不必诅咒自私，大可不必把自私视为"恶"而加以排斥。贺麟认为"自私"不一定是个贬义词。从现代的伦理观点来看，自私的意义是自保、自为、自爱，自私得坦白，开明，合理，便叫作"利己主义"。利己主义作为一种理想，对于改进人们的道德生活有积极的意义。贺麟发现利己主义的积极意义至少有两点："第一，在于有自我意识，承认自我有利己的权利，得免于混沌飘浮，漫无自我意识，沦为奴隶而不自知觉的

---

① 贺麟. 文化与人生. 北京：商务印书馆，1988：211.
② 贺麟. 文化与人生. 北京：商务印书馆，1988：211.
③ 贺麟. 文化与人生. 北京：商务印书馆，1988：67.

危险。第二，利己主义否定了中古时代空洞的绝对无私的高压，确认个人应有的权利与幸福。"①因此，现代儒者不能再像宋明理学家那样，对自私或利己一概加以排斥，而应当对利己主义抱着理解、宽容的态度。

贺麟认为，公与私的关系不是相互冲突、根本对立的关系，而是矛盾统一的关系，因此二者是可以相互协调、共容不悖的。他指出，处理公私关系的准则不能是根本没有可行性的"纯公无私"，而应当是"假私济公"，即借助于个人追求利益的过程，达到"济天下之大公"的目标。他指出，从儒家性善论的观点看，"人是不愿意自私的，人之做利己的事，是势之不得已的。他的最后的归宿，他内心深处的要求，是想打破人我的隔阂，泯除人我的界限的。"②他分析说，一个人如果总是拘屈于做利己的事，总是把自己置于同他人对立、竞争、冲突的地位，终究会产生痛苦、压抑的感觉，感到互相隔阂造成的悲哀而渴求相互沟通。这时，他便会发现利己主义其实对于自己并不利，便会自然而然地形成忘怀物我、超越小我之私的要求，愿意从事于合内外、超人我的工作，愿意致力于实现真我、服务社会、忠爱国家的公共事业。这时，他便自然而然地由利己主义者转变为道德理想主义者。所以，"假私济公"的发展趋向最终指向"超私归公"。贺麟说："我们由假私济公说起，一直说到超私归公，假私济公是天道，但亦未始不可加以人为的努力。超私归公是修养达到的事，但亦未始不可以说是理性的法则，宇宙的大道。"③经过这样的解释，贺麟便把利己主义纳入儒家道德理想主义的轨道，把"合理性"同"合人情"两原则统一起来了。

依据"合人情"的原则，贺麟提出知情意统一的观点。他认为理智

---

① 贺麟. 文化与人生. 北京：商务印书馆，1988：69.

② 贺麟. 文化与人生. 北京：商务印书馆，1988：69.

③ 贺麟. 文化与人生. 北京：商务印书馆，1988：69—70.

（知）、情感（情）、意志信仰（意）实际上同出一源，都建立在人对宇宙本体的体验之上。"道本浑然一体，难于形容。如言其要，可以真情真理表之。哲学家见道而表出之，则为真理；文学家见道而发抒之，则为真情。真理真情既同出一源，故并无冲突。"①对于真理真情矢志不渝，也就是真意。贺麟认为信仰、感情、意志都可以视为知识的不同形式，信仰只有建立在理智的基础上才不至于成为迷信，理性或理想只有经过对象化、具体化，才能获得激动人的感情的力量，如果离开了理性的指导或理想的引导，感情则会流为盲目的冲动。反过来说，情感也有助于理性，真情与真理实为一致："爱情中即包含有知识，因爱情的力量尤可使知识发达，知识中亦包含更深的爱情，因知识亦可引起爱情。真情就是真理，真理亦就是真情。无情就是无理，无理亦必无情。"②总之，在贺麟看来，知、情、意三者都是成就理想人格不可或缺的因素：理智帮助人认识宇宙人生的真理，情感帮助人获得美化的道德和优雅的风度，而意志使人信仰坚定并把真理真情贯彻到行动之中。

合时代

　　基于理想与现实相统一的观点，贺麟还看到现实性与时代性的一致关系。凡是现实的，必定是合理性的、合人情的，同时也必须是合时代的。从这种认识出发，贺麟提出成就现代儒者人格的第三条原则——合时代。他认为，不应当把儒学看成一套一成不变的、僵死的概念，它应当随着时代的发展而发展。其实，儒家的开山孔子本人就是一位"圣之

---

① 贺麟. 哲学与哲学史论文集. 北京：商务印书馆，1990：121.
② 贺麟. 文化与人生. 北京：商务印书馆，1988：318.

时者也"，历来主张"礼以时为大"。由此看来，合时代乃是儒学题中应有之义。据贺麟解释，所谓合时代就是"审时度势，因应得宜"，使儒家思想同时代精神相一致。

贺麟认为，要想使儒家思想跟上时代的步伐，首先应当研究西方近现代人生哲学的发展趋势。据他考察，自从资本主义社会取代了封建主义社会，西洋近代哲学的一个明显的趋势就在于注重人生哲学的研究，注重人生观的建立。他指出，人生观问题是近代每一个人生哲学家十分重视的问题。"生活无人生观为指针，如无舵之舟，不但于自己有飘荡沉沦的危险，亦容易与他人相撞击，相冲突。这样，一个人无安身立命之所，盲目地生活着，必不能达到人生的目的。所以一个人必须要建立自己的人生观。"①他认为现代的儒者应当从这里得到借鉴，把儒家人格理想提到人生观的高度，"格人生之物，穷人生之理，批评错误的人生态度而建立健全合理的人生观"②。

与此相联系，西洋近代人生哲学的另一种新的趋势就是超出狭义的人生，而讲求更广大的、整全的、和谐的人生哲学。贺麟把这种发展趋势概括为三句话，第一句话叫作"欲知人不可以不知物"。这里的"物"是指自然，也就是把自然当作人生的一面镜子，通过观察自然、了解自然来了解人生。"自然本可以为人生的工具。利用自然，征服自然就是充实我们的工具，因此可使我们的生活更扩展，更丰富，更有意义"。③第二句话叫作"欲知人不可以不知天"。这里的"天"是指超越的本体，也就从超越的角度看待人生。人是有限的、有对的，而"天"是无限的、无对的，"天"是人的根本、人的终极关怀之所在。"我们要真正了解人，了解人的地位，人的意义，只知道人与人的横的关系是不够的，要了解

---

① 贺麟. 文化与人生. 北京：商务印书馆，1988：312.

② 贺麟. 文化与人生. 北京：商务印书馆，1988：312.

③ 贺麟. 文化与人生. 北京：商务印书馆，1988：313.

人对天、人对神或永恒之理的纵的关系，才能完全。"①第三句话叫作"欲知生不可以不知死"。要建立整全的人生观，对于"人生"的反面即"人死"必须有一个正确的看法，否则就不能算健全的人生观。这三句话总括起来，就是要从人生以后看待人生，从多层面、多角度看待人生，以求对人生的意义有更深的了解。贺麟认为，西洋近代这种人生哲学的思考方式，特别值得已迈入近代的中国人学习与借鉴，"中国人历来对于物的研究不大注意，已经缺了一面，而中国又向来缺乏真正的宗教，对于神亦不大理会，因此又缺了一面"②。中国人恪守孔子"未知生，焉知死"的教导，对人生看得很重，而对死却不怎么关注。

除了上述两大趋势之外，西洋的人生哲学还有其他几个发展趋势。例如，从悲观转向乐观，由偏重理智或偏重情感而发展到理智与情感的交融，由十七、十八世纪的个人主义趋向十九世纪的广义的社会主义，吸收生物学中进化论思想强调人类一切道德、社会都处于进化过程中，等等，这些都值得中国人学习、借鉴。其中进化论的人生观尤其是救治中国传统思想中退化人生观的良方，"因为进化观是现代的观点，我们要国家社会的现代化，还须从使每个人的人生观它（疑为"的"之误——引者注）现代化做起"③。

作为现代新儒家，贺麟对传统儒学怀有深切的同情与敬意，但他没有被传统束缚起来。他清醒地看到，传统儒学不可避免地受到中世纪的局限，儒学要想适应新时代的需要，必须实行现代转换。贺麟从西方近代人生哲学的新趋向中受到启发，关于新式儒者人格提出以下几点构想。

第一，容纳商业意识，扩大儒者的外延。在旧日中国社会中，由于受"重本抑末""重农轻商"等传统观念的影响，在人们的心目中，儒

① 贺麟. 文化与人生. 北京：商务印书馆，1988：314.

② 贺麟. 文化与人生. 北京：商务印书馆，1988：314.

③ 贺麟. 文化与人生. 北京：商务印书馆，1988：321.

者往往指"耕读传家"的读书人，并被视为士、农、工、商的四民之首。商业被视为"末业"，商人被视为"利禄之徒"，自然被排斥在儒者的范围之外。贺麟认为这种观念在现时代已经过时了，必须加以改变。他说："我觉得几千年深入人心重农轻工商的旧观念，实应加以改变。中国一般人的见解，多谓农人的道德高于商人。故四民以士为首，农次之，耕读传家为极受尊重的高尚之业。而经商则认为可耻之事，所以传统儒家思想总是重农抑商。汉朝有禁止商人衣帛食肉，重赋税以困辱之的法令。盖农工比较勤劳，自食其力，商人则利用智巧，剥夺农工。农人天真，纯朴可爱，商人则狡猾好利，可恨可鄙。这是传统一般人鄙视商人的原因和心理。其实平心而论，且就大多数看来，农人固属勤劳自食其力，商人也何尝不夙兴夜寐，操其业务。农人固朴实耐苦，商人亦多急功好利的人。农人固劳力，商人恐有时亦须劳力且兼须劳心。总之，农人与商人皆是良好的公民，皆是组成健全的社会国家所不可缺的中坚分子。似不宜有所轩轾于其间……且即从道德生活言，商贾大都比农人好动，远离乡井（所谓'商人重利轻别离'），旅行冒险，精神可佩。农人则比较安土重迁，好静而守旧，于维持传统的道德文化，颇有力量。商人游历的地方多，见闻亦多，每每非故乡的旧风俗习惯所能束缚。故商人于打破旧风俗习惯，改革旧礼教，促进新道德的产生，常有其特殊的贡献。"[1]他认为，应当适应中国由农业社会向工商业社会转化的发展趋势，改变鄙视商人的旧观念，扩大"儒者"的外延。他强调，在现代新型商品经济日趋发达的社会中，商人必须受到应有的尊重，尤其需要"儒商""儒工"出来作社会的柱石。

第二，发扬民主精神，养成现代的诗礼风度。贺麟反对把儒家思想仅看作维护封建专利主义的统治的工具，认为在儒家思想中也包含着民

---

[1] 贺麟. 文化与人生. 北京：商务印书馆，1988：33—34.

主主义思想因素。比如，儒家"天视民视，天听民听"的思想，"民贵君轻"的思想，都表现出相当鲜明的民主精神。现代儒者应当在继承儒家民主精神的基础上，进一步接受西方的民主观念，养成新型的诗礼风度。换句话说，现代的诗礼风度并不仅指举止儒雅，而应当充分体现民主精神。"凡具有诗礼风度者，皆可谓有儒者气象。凡趣味低下，志在名利肉欲，不知美的欣赏，即是缺乏诗意。凡粗暴鲁莽，扰乱秩序，内无和悦的心情，外无整齐的品节，即是缺乏礼意。"[①]贺麟认为这种新式的儒者诗礼风度同现代的民主政治是相适应的，不应当把二者对立起来。辜鸿铭曾站在旧儒学的立场上，拒斥民主政治，攻击西洋近代文明"无诗之美，无礼之和"，贺麟反驳了辜氏的看法。他说："辜鸿铭指斥西洋近代工商业文明的民主政治，却陷于偏见与成见。彼只知道中古贵族式的诗礼，而不知道近代民主化的诗礼。"[②]比如，竞争选举、国会辩论、政治家的出入进退，都颇有"礼"的意味；人们在劳动之余，唱歌跳舞，自得其乐，相当美化而富有诗意。照贺麟看来，辜氏的说法与事实不符，未免把儒家的诗礼风度看得太呆板、太狭隘了。

第三，重新认识五伦观念，使之与近代的人本主义思想融会贯通。贺麟认为"五伦的观念是几千年来支配了我们中国人的道德生活的最有力量的传统观念之一。它是我们礼教的核心，它是维系中华民族的群体的纲纪"[③]。他不否认，中国在实行五伦观念的过程中，某些做法不对头，许多礼节仪文必须改变，但并不能因此而否定五伦观念本身。照贺麟看，传统的五伦观念完全可以实行现代转换。它不仅适合于古代社会，同样也能适合于现代社会。"因为即使在产业革命、近代工业化的社会里，臣

① 贺麟. 文化与人生. 北京：商务印书馆，1988：12.

② 贺麟. 文化与人生. 北京：商务印书馆，1988：12.

③ 贺麟. 文化与人生. 北京：商务印书馆，1988：51.

更忠，子更孝，妻更贞，理论上事实上都是很可能的。"①为什么这样说呢？他的理由是五伦观念可以同近代的人本主义相沟通。他解释说，五伦说不十分注重人与神、人与自然的关系，而特别注重人与人的关系；不十分注重宗教价值、艺术价值和科学价值，而特别注重道德价值。在看重"人"这一点上，可以说五伦观念同西方的人本主义思潮殊途同归。"西洋自文艺复兴以后，才有人或新人的发现。十七世纪和十八世纪内，人本主义盛行。足见他们也还是注重人及人与人的关系，我们又何必放弃自己传统的重人伦的观念呢？"②他主张立足于人本主义的立场，重新看待五伦观念所包含的现代意义，"认真依照'欲知人不可以不知天'（《中庸》）和'欲修身不可以不格物'（《大学》）的教训，便可以充实五伦说中注重人伦的一层意思了"③。

　　贺麟对五伦观念的诠释强调它与西方人本主义相同的方面，却没有提到它同西方人本主义不同的方面。西方的人本主义思潮反映了新兴资产阶级的价值观，倡导人格独立和个性解放，儒家的五伦说虽说重视人的道德价值，却没有突出人格独立和个性解放的意义，它把人归结为种种关系，主张卑者依附于尊者。它的出发点是家庭关系，然后由父子关系推演到君臣关系，由兄弟关系推演到朋友关系，这是一种建立在小生产基础之上的，带有浓厚的宗法性质的人际观念，而西方的人本主义则是建立在商品经济、等价交换基础上的人际观念。贺麟对五伦观念的诠释，显然并没有表达它的全部内容，而是做了取舍、改铸。他接过这一传统观念，剔除了其中的宗法成分，注入了人本主义的新内容，把它变成了能同中国社会变化相适应的现代新儒家的人际观念。

---

① 贺麟. 文化与人生. 北京：商务印书馆，1988：52.

② 贺麟. 文化与人生. 北京：商务印书馆，1988：53.

③ 贺麟. 文化与人生. 北京：商务印书馆，1988：53.

从贺麟提出的"合时代"的原则中可以看出，他是以开放的心态看待儒家传统、看待西方文化、看待工商业文明、看待民主政治、看待人际关系、看待中国社会的发展趋势的。他努力淡化儒学的专制色彩，摒弃已过时的封建意识，充分表明他的新儒学思想的时代特质。他在一定程度上突破了传统儒家伦理规范的旧范式，顺应了近代以来中国社会转换价值系统的大趋势。他构想的新式儒者观念是资本主义生产关系在道德领域中的反映，与维护封建主义生产关系的传统观念相比，无疑具有进步意义。

儒家往往把某个具体的历史人物看成自己心目中的理想人格的化身，从而树立一个人生的楷模。儒家的创始人孔子心目中的楷模是尧舜禹等圣王，后世儒家心目中的楷模是孔子。直到近现代，倡导儒学的思想家们仍沿用这种做法。康有为把孔子描绘成"托古改制"的改革家，梁漱溟把孔子塑造成带有生机主义和直觉主义特征的精神偶像，认为孔子的处世原则是"不分什么人我界限，不讲什么权利义务，所谓孝悌礼让之训，处处尚情而无我"①。贺麟作为现代新儒家，当然对孔子是十分崇拜的，但他却没有采取改铸孔子形象的手法来寄托他心目中的人格理想。他认为现代儒者应当体现合理性、合人情、合时代三项原则，孔子虽是一位伟大的人物，但毕竟属于旧时代。照他看来，唯有孙中山先生堪称现代新式儒者的楷模。"他在创立主义、实行革命原则中，亦以合理性、合人情、合时代为标准，处处皆代表典型中国人的精神，符合儒家的规范。"②贺麟关于现代儒者人格的构想反映出，他一方面注意传统与现代的沟通；另一方面又注意到天理与人欲的调和，力图把儒家的传统观念加以改铸发挥，移入现代中国社会之中。他所设计的现代儒者人

---

① 梁漱溟. 东西文化及其哲学. 北京：商务印书馆，1922：152.

② 贺麟. 文化与人生. 北京：商务印书馆，1988：15.

格在中国没有变为现实，但他提出的如何促使传统向现代转化的思路，对于我们今天正确地看待和处理传统文化与现代化的关系问题，仍可以提供借鉴。

贺麟评说

从阳明学到新心学

贺麟作为新心学的创立者，当然不会不研究心学的集大成者王阳明的学术思想。他很重视王阳明的知行合一说和致良知之教，以此作为谋求知行观新开展的出发点。

贺麟认为，王阳明提出的知行合一说具有很重要的理论价值。"王阳明之提出知行合一说，目的在为道德修养，或致良知的功夫，建立理论的基础。"王阳明在他的得意弟子徐爱在世的时候，经常同徐爱在一起讨论知行合一问题。可惜，徐爱短命而亡，从此王阳明本人很少谈论知行合一问题。王阳明的后学很少继承和发挥王阳明的知行合一说，王阳明的批评者也很少涉及这一问题。贺麟扭转了这一局面，十分重视研究知行合一说。他说："知行合一说虽因表面上与常识抵触，而易招误解，但若加正当理解，实为有事实根据，有理论基础，且亦于学术上求知，道德上履践，均可应用有效的学说。而知行问题，无论在中国的新理学或新心学，在西洋的心理学或知识论，均有重新提出讨论，重新加以批评研究的必要。"

一

在欧美大学哲学系接受过系统的哲学理论思维训练的贺麟，发挥其长于理论分析的优势，对王阳明的知行合一说提出独到的理解。据贺麟研究，王阳明的知行合一说有两个含义。第一个含义是"补偏救弊的知行合一"。例如，王阳明曾说："行之明觉精察处便是知，知之真切笃实处便是行。若行而不能明觉精察便是冥行，所以必须说个知；知之不能真切笃实，便是妄想，所以必须说个行。原来只是一个工夫。古人说知行，皆是就一个工夫上补偏救弊说，不似今人截然分作两件事做。如今说知行合一，虽亦是就今时补偏救弊说，然知行体段本来如是。"（《王阳明全集·语录》）在贺麟看来，所谓"补偏救弊的知行合一"说，乃是针对当时思想界的弊端而提出的补救办法，"即是勉强将知行先分为二事，有人偏于冥行，便教之以知以救其弊；有人偏于妄想，便教之以行以救其弊。必使他达到明觉精察之行，真切笃实之知，或知行合一而后已。这样一来，知行合一便成了理想，便须努力方可达到或实现的任务。"王阳明提出补偏救弊的知行合一说，具有很强的针对性。理学成为科举的题库和教科书以后，大多数士子研习理学，只是为了获取功名，并没有树立真诚的信念，亦不准备付诸生活实践，故而为王阳明所诟病。对于王学的这层意思，贺麟予以充分肯定，不过，他认为这还不算是王阳明知行学说的精意。从理论上说，王阳明的知行合一说的精意是"本来如是的知行合一，或知性本来的体段"。这是第二个含义。他从《王阳明全集·传习录》中找到如下根据：

我今说个知行合一，正要人晓得一念发动处便即是行了。

知行原是两个字说一个工夫。这一个工夫须著此两个字，方说得完全无弊病。

若会得时，只说一个知，已有行在；只说一个行，已自有知在。

贺麟把王阳明"本来如是的知行合一"说概括为两个基本观点：一是认为知行为同一发动的两面；二是认为知行平行，合一并进。

贺麟还指出，知主行从是贯穿王阳明知行观的一条基本原则。王阳明说："知是行的主意，行是知的工夫。知是行之始，行是知之成。"（《传习录》）贺麟对王阳明的这一提法评价很高，称"知是行的主意"为讨论知识论问题的不朽名言。这句话表明知不是一堆死概念，认识主体也不是被动地接受外界印象的白纸。王阳明充分肯定认识的主动性，强调认识支配行为的作用。在贺麟看来，"这个学说与鲁一士'观念是行为的计划'（Idea is a plan of action），或'观念是行为的指南'（Idea is a guide to action）的说法如合符契，一扫死观念、空观念、抽象的观念之说。至阳明所谓'行是知的工夫'，即系认行为是实现所知的手续或行为是补足我们求真知的工夫之意，意思亦甚深切，且亦确认知主行从的关系。"贺麟在推进王阳明的知行合一说时，沿袭了王阳明知行并进等观点，也沿袭了王阳明知主行从的基本原则。

贺麟很重视王阳明早年提出的知行合一观，更重视王阳明晚年提出的致良知之教。他认为，知行合一说只是讨论知行的关系，对于知行关系的逻辑分析和心理研究有贡献，但还不能反映王阳明的本体论思想和方法论思想。直到王阳明晚年提出致良知之教，才算完成了体用兼赅的理论体系。在王阳明哲学体系中，良知是本体，致良知是工夫，本体与工夫紧密结合在一起。用王阳明的话说："人心是天渊。心之本体无所不贰，原是一个天，只为私欲障碍，则渊之本体失了。心之理无穷尽，原是一个渊，只为私欲窒塞，则渊之本体失了。如今念念致良知，将此障碍窒塞一齐去尽，则本体已复，便是天渊了。"（《传习录》下）由这段话可以看出，王阳明的致良知是对陆九渊回复本心的直觉方法的继承和发展。王阳明还依据致良知对《大学》中的格物做了新的诠释，认为"格物如孟子'大人格君心'之格。格者，正也。格物者是去其心之不正，以全其本体'良知'之正"。贺麟评述说："不管他是否曲解原书，他所指格物，就是致良知，就是消极地克去此心之不正，积极地回复到本心之正。"贺麟认为，王阳明解释经书的风格同陆九渊"六经注我"的风格是一致的，他们的哲学体系都建立在"本体即是主体"的原则之上。

贺麟还把陆王心学同西方哲学加以比较，认为本心或良知的哲学含义并不是洛克所批评的那种西方哲学家常说的"天赋观念"。按照洛克的说法，所谓"天赋观念"，其实就是由乳母的迷信、老妇的权威、邻居的喜怒赞否等外部经验逐渐熏陶而形成的道德意识。贺麟指出，这种"天赋观念"同陆王所说的本心或良知并不是一回事，因为陆王都拒斥这种由外部经验熏陶而成的"天赋观念"，认为这种观念是对本心或良知的桎梏，正是发明本心或致良知所要克治的因素。陆九渊所说的本心和王阳明所说的良知，不是指"天赋观念"，大体上相当于康德所说的"道德律令"。"康德所谓道德律即是我固有之，非由外铄，心与理一的良知或本心。要想认识这种道德律，不能向外钻究，只需向内反省。因为陆王的本心，既非经验所构成，故他们的方法不能采取向外研求的经验方法，而特别提出向内反省以回复本心的直觉法。"在现代新儒家当中，贺麟是最早发现儒家哲学与康德哲学相似之处的学者。他的这一发现几乎得到所有现代新儒家的认同。

学术界通常认为，王阳明主张知行合一，朱熹主张知先行后，二者在知行观方面有根本分歧。贺麟不认同这种流行的说法。他把朱熹的知行观定位为"理想的价值的知行合一观"。他指出，朱熹的知行观与王阳明的知行观虽然有很大的区别，但不构成根本的对立。朱熹强调知先行后，把知行合一视为理想目标，在知与行之间拉开相当大的距离，没有王阳明那种即知即行的说法。在朱熹的知行观中，知与行的界限是明确的；而在王阳明的知行观中，知与行之间不存在着严格的界限。尽管如此，王阳明与朱熹在知行观方面却存在着许多共同点。贺麟认为他们的知行观都是价值的知行合一观，朱熹为理想的价值的知行合一观的代表；而王阳明则是直觉的价值的知行合一观的代表。因此，它们的知行观是相通的："其实，朱子虽注重艰苦着力的理想的知行合一观，但当他讲涵养用敬、讲中和、讲寂感时，已为王阳明的直觉的知行合一观，预备步骤。王阳明虽讲直觉的率真的知行合一，但当他讲知行之本来体段时，已具有浓厚的自然知行合一观的意味，故自然的知行合一论，实由程朱到阳明讨论知行问题所必有的产物。"他认为，朱熹与王阳明的学说同中有异，异中有同，比较全面地看待二者之间的思想联系，没有受到门户之见的束缚。立足于程朱与陆王的会通，这是贺麟新儒学思想的独到之处。

二

对于王阳明的知行合一说，贺麟并不照着讲，而是接着讲。他讲出的新意，就是把王阳明"率真的知行合一说"，发展为"自然的知行合一说"。

贺麟对王阳明知行合一说的特点作了这样的概括："我们试仔细理会阳明的意思，则如他所谓知行合一的本体，既非理想的，高远的，亦非自然的，毫无价值意味的，而乃持一种率真的或自动的（Spontaneous）知行合一观。所谓率真的或自动的知行合一观，就工夫言，目的即手段，理想即行为，无须悬高理想设远目的于前，而勉强作积年累月之努力，以求达到。知与行紧紧发动，即知即行，几不能分先后，但又非完全同时。换言之，可以说，就时间言，知与行间只有极短而难于区分之距离。如见父自知孝，见兄自知悌，见孺子入井自知往救等，便是阳明所谓知行合一的真体段。"他引用了王阳明在《传习录》中答徐爱的一段话证明他的看法。

> 爱问："今人尽有知父当孝兄当悌者，却不能孝不能悌，知行分明是两件事。"曰："此已被私欲间断，不是知行本体。未有知而不行者，知而不行，只是不知。圣贤教人知行，正是要复那本体。故《大学》指个真知行与人看，说如好好色，如恶恶臭。见好色属知，好好色属行。只见好好色时已自好了，不是见后又立个心去好。闻恶自属知，恶恶自属行，只闻恶臭时已自恶了，不是闻后别立个心去恶。"

贺麟对王阳明"率真的自动的知行合一观"做了两点分析：第一，王阳明的知行合一观最接近自然的知行合一观，但又不同于自然的知行合一观；第二，王阳明虽反对高远的、理想的、分而后合的知行合一，但他仍在知行之间拉开极短的距离，因而仍然是理想性的、有价值意味的。基于这种分析，贺麟对朱熹和王阳明的知行观做了比较。他指出，朱熹关于知行问题的根本见解，包含着两个基本点。一是从理论上说，知先行后，知主行从；二是从价值上说，知行应当合一，穷理与履践应当兼备。因此，朱熹的知行合一观虽然从知先行后起步，但仍以知行合一为归宿。他引证朱熹的原话作为立论的依据。

> 问："南轩云：'致知力行互相发。'"曰："未须理会相发，且各

项做将去。若知有未至，则就知上理会，行有未至，则就行上理会。
少间，自是互相发。"

　　学者工夫，唯在居敬、穷理二事，此二事互相发。能穷理，则
　　居敬工夫日益进；能居敬，则穷理工夫日益密。譬如人之两足，左足
　　行，则右足止；右足行，则左足止……其实则是一事。（《朱子语类》
　　卷九）

　　贺麟以上述分析为基础，提出新心学中的"自然的知行合一观"，试
图把知行合一说从实践哲学提升到理论哲学的高度。在王阳明那里，从
"知行不一"到"知行合一"有一个过程，中间需要人为的努力。贺麟把
这个过程取消了，强调知行在理论上不可能不合一，故而称之为"自然
的知行合一"。

三

　　"自然的知行合一说"的第一个基本观点是"知行同时活动"。为了
证明二者同为"活动"，贺麟不再像王阳明那样把"知"界定为"良知"，
把"行"界定为"致良知"，而对知行范畴作了意识现象学的释义。

　　关于"知"，贺麟的说法是："知指一切意识的活动……任何意识的
活动，如感觉，记忆，推理的活动，如学问思辨的活动，都属于知的范
围。"在贺麟那里，"知"的范围极广，不限于通常所说的"知识"。他
把"知"等同于"意识的活动"，抽掉了具体的认识内容。关于"行"，
贺麟的说法是："行指一切生理的活动……任何生理的动作，如五官四肢
的运动固然属于行，就是神经系的运动，脑髓的极细微的运动，或者古
希腊哲学家所谓火的原子的细微的运动，亦均属于行的范围。"他所谓的
"行"，范围亦极广，不限于通常所说的"行动"或"实践"。他对"行"

的解释是抽象的，没有具体内容，只是视为意识活动的生理基础。他没有把认识论意义上的"知"，同意识现象学意义上的"知"区分开来，也没有把实践论意义上的"行"，同意识现象学意义上的"行"区分开来。

贺麟抓住意识现象中生理活动与心理活动密不可分这一点，把知与行紧密联系在一起。既然知与行同为"活动"，二者之间就不存在质的差别：不能说行是动的，知是静的。"只能说行有动静，知也有动静。"从这一观点出发，他不认同通常的知行有别的说法，强调知与行的同一性。

贺麟把知区分为"显知"与"隐知"两个层面。沉思、推理、研究学问等，属于"显知"的层面；本能的意识、下意识的活动等，属于"隐知"的层面。"显知与隐知间亦只有量的程度或等级的差别，而无根本的不同或性质的不同。"他把行区分为"显行"和"隐行"两个层面。动手动足的行为，属于"显行"；静思沉坐的行为，属于"隐行"。"显行与隐行间只有量的程度或等级的不同，同是行为，而且同是生理的或物理的行为。"基于这种区分，他得出两条结论：第一，"最隐之行"差不多等于无行，然而又表现为"最显之知"，显知与隐行密不可分；第二，"最隐之知"差不多等于无知，然而又表现为"最显之行"，隐知与显行密不可分。总之，无论在何种情形，知与行都构成同一关系，不存在原则界限。通过对知行范畴做意识现象学释义，贺麟消解了"行"的客观实践性，得出与王阳明大体一致的结论。在"销行以归知"这一点上，贺麟同王阳明是一致的，可是思想进路不一样。王阳明采取的是道德先验的进路，贺麟采取的是抽象分析的进路。

四

以"知行同是活动"为前提，贺麟提出"自然的知行合一说"的第二个基本观点："知行永远合一。"他说："任何一种行为皆含有意识作用，任何一种知识皆含有生理作用。知行永远合一，永远是一个心理生理活动的两面。"他的理由是："只要人有意识活动（知），身体的跟随无论如何也是无法取消的。此种知行合一观，我们称为'普遍的知行合一论'。亦可称为'自然的知行合一论'。一以表示凡有意识之伦，举莫不有知行合一的事实，一以表示不假人为，自然而然即是知行合一的事实。"展开来说，知行合一的情形表现为两点。

第一，从横的角度看，知行同时发动，为一个整体的两个方面。"知行合一乃是知行同时发动之意。据界说，知是意识的活动，行是生理的活动。所谓知行合一就是这两种活动同时产生或发动。在时间上，知行不能分先后。不能说知先行后，亦不能说知后行先。两者同时发动，同时静止。""知与行即是同一活动的两面，当然是两者合一的。若缺少一面则那心理生理的活动，便失其为心理生理活动。""所谓知行是同一活动的两面，亦即是说知行是同一活动的整体中的中坚分子或不可分离的本质。无无知之行，亦无无行之知，知与行永远在一起，知与行永远互相陪伴着，好像手掌与手背是整个手的两面。"

贺麟的这种讲法，有一定的道理。知与行当然不可以截然分开，但这只是二者关系的一个方面，即具有同一性。但不能过分夸大同一性而否认二者之间的差别性。只有承认二者之间的差别性，才能对从行到知、从知到行、循环往复以至于无穷的认识发展过程做出合理的解释。如果像贺麟那样，把知与行看成手心与手背那样的同一关系，认识如何有发展的可能？知行两面说脱离了认识的具体的历史发展过程，有意无意地把知行关系表述为抽象的同一性，有如黑格尔所说的那种"在黑夜里看牛，一切牛都是黑的"抽象的同一性。

第二，从纵的角度看，知行平行。"知行合一又是知行平行的意思。平行说与两面说是互相补充的。单抽出一个心理生理的孤立活动来看，加以横断面的解剖，则知行合一乃知行两面之意。就知行在时间上进展言，就一串的意识活动与一串的生理活动之合一并进言，则知行合一即是知行平行。"据贺麟分析，知行平行有三层意思。第一，知行并进，次序相同；第二，知行不能交互作用；第三，知行各自成系统，各不逾越范围：以知释知，以行释行。如果说两面说夸大了知行的同一，而平行说则夸大了知行的对立。贺麟试图对知行皆作动态的解释，把知行分别描述为单独的演化过程，但并不成功。问题在于他并没有把客观实践意义上的"行"纳入知行观中。新心学视野中的"行"，只是空洞的"生理活动"，没有实际内容。这样的"行"，不可能成为认识的基础、源泉和发展动力，对"知"没有解释力，势必导致"行不能决定知""以知释知，以行释行"的观点。贺麟还是把自己限制在意识现象学的范围内，试图从意识自身寻找认识的源泉，忽略了客观实践在认识发展中的地位。

贺麟提出了两面说，又提出了平行说，似乎很全面，但由于脱离了具体的、历史的认识发展过程，都成了没有具体内容的抽象思辨。他似乎没有觉察到，两面说与平行说在学理上是不能兼容的。两面说仅就单一整体而言，谈不上平行与否；平行说是对两个无限伸展系列而言，并无法构成一个整体。由此可见，贺麟在考察知行关系时，并没能做到在统一中把握对立、在对立中把握统一。无论两面说，还是平行说，都是在意识的范围中转圈，没有具体考察认识与实践的相互关系。

五

贺麟强调，他提出的"自然的知行合一观"有许多地方可以同王阳明的知行合一说相互印证发明，并且弥补了王阳明的知行合一说的不足之处。例如，王阳明的知行合一说，至少在时间观念上没有说清楚：所谓知行合一，究竟是指知行同时合一呢，还是指异时合一呢？如果说是同时合一，则意味着人同禽兽同为知行合一，智愚、贤不肖也同时合一，这就排除了心性修养的必要性，因而有违于王阳明的本意；如果说知行合一不是同时性的，中间拉开很长的距离，需经过努力方可达到目标，似乎也不符合王阳明的本意。贺麟认为他提出的"自然的知行合一"解决了这些问题，在理论上更为圆融。

贺麟认为，他提出的自然的知行合一说，同朱熹、王阳明的知行观皆有内在的联系，可以说是儒家知行观的第三个发展阶段。贺麟强调自然的知行合一观是理论上的新发展，但并没有因此而贬低朱熹、王阳明在知行观方面的贡献。

陆九渊与王阳明是对贺麟影响最大的中国哲学家，他所创立的新心学可以说是陆王心学在现时代的转换，在现时代的继承和发展。新心学与陆王心学之间存在着十分密切的思想联系。第一，新心学继承了陆王心学的主体性原则，并自觉地从现代哲学的角度加以论证。贺麟提出的"心为物之体，物为心之用"，同陆九渊提出的"吾心即是宇宙，宇宙便是吾心"，同王阳明提出的"心外无理，心外无物"是一脉相承的。第二，新心学继承了王阳明的知行合一论，并且从生理学和心理学的角度加以发挥，形成了"自然的知行合一观"。他一方面以王阳明的知行合一观印证"自然的知行合一观"，另一方面以"自然的知行合一观"发挥、批评、推进王阳明的知行合一观。尽管有些说法有所不同，其基本精神大体上是一致的。第三，新心学继承了陆王"扶持纲常名教"的传统，从本体论的角度论证"三纲五伦"的合理性。贺麟认为，五伦是礼教的核心，而三纲又是五伦的核心。在他看来，"三纲五伦"在现时代仍旧是行之有效的伦理规范。同陆王一样，贺麟也以扶持三纲五伦为己任。不过，他对这一传统的伦理规范按照现时代的要求做了改铸发挥，赋予其现代性的内涵。

贺麟提出的"自然的知行合一说"，实际上把知和行都统一于人，就这一点来说，无疑是正确的。他没有接着西方近代哲学主客二分的思路讲知识论，而是接着阳明的思路讲知行观，表现出一个中国现代哲学家长于独立思考的可贵品格。他在分析技巧、论证方式、表达方式、理论深度等方面，均超过了王阳明。不过，由于贺麟对知和行的界定过于抽象，致使"自然的知行合一说"取消了由不知到知的认识发展过程，因而不能不失落对人的认识活动和实践活动的理论指导意义。如何把"自然的知行合一说"提升到认识与实践具体地历史地统一的高度，应当说还是新心学没有解决的问题。

（原题《从阳明学到新心学的思想轨迹——论贺麟知行观的新开展》，载《宜宾学院学报》2011年第1期）

对新儒者的定位

贺麟（1902—1992），字自昭，四川金堂人。毕业于清华学校之后，到美国奥柏林大学、哈佛大学留学，获硕士学位，后留学德国柏林大学，回国后执教于北京大学哲学系。他沿着理性主义思路，把新黑格尔主义同陆王心学结合起来，创立了新心学思想体系，设计了新式儒者人格。

一

贺麟承认自己是个唯心主义者。他这样概括唯心主义的论纲："合心而言实在，合理而言实在，合意义价值而言实在。换言之，唯心论者认为心外无物，理外无物，不合理性，不合理想，未经思考，未经观念化的无意义无价值之物，均非真实可靠之物或实在。"[①]他强调，唯心论所说

[①] 贺麟. 哲学与哲学史论文集. 北京：商务印书馆，1990：129.

的"心"乃是"逻辑意义上的心",与"理"是同一的,故而心即理。心或理既是实在的依据,又是价值的源头。从价值源头的意义上说,唯心论可以成为儒家仁学的哲学基础。"从哲学看来,仁乃仁体。仁为天地之心,仁为天地生生不已之生机,仁为自然万物的本性。仁为万物一体、生意一般之有机关系和神契境界。"[①]就这样,贺麟通过确立唯心论的哲学信仰,实现了向儒家学脉的复归。

基于唯心论的哲学识度,贺麟对儒者人格做了新的诠释,力图赋予儒者现代性的品格。他写道:

> 何谓"儒者"?何谓"儒者气象"?须识者自己去体会,殊难确切下一定义,其实也不必呆板说定。最概括简单地说,凡有学问技能而又具有道德修养的人,即是儒者。儒者就是品学兼优的人。我们说,在工业化的社会里,须有多数的儒商、儒工以作柱石,就是希望今后新社会中的工人、商人,皆成为品学兼优之士,亦希望品学兼优之士,参加工商业的建设,使商人和工人的道德水准和知识水平皆大加提高,庶可进而造成现代化、工业化的新文明社会。[②]

贺麟对儒者做了最广泛的解释。在他看来,儒者应该是一种高尚的道德形象,一种品学兼优、德才兼备的理想人格。在处于转型时期的中国,儒者不再是"耕读传家"之士的专称,其中更应当包括儒商、儒工。"若无多数重忠孝仁爱信义和平的道德修养的儒商、儒工出,以树立工商的新人格模范,商者凭借其经济地位以剥削人,工者凭借其优越技能以欺凌人、傲慢人,则社会秩序将无法安定,而中国社会亦殊难走上健康

---

① 贺麟. 文化与人生. 北京: 商务印书馆, 1988: 10.

② 贺麟. 文化与人生. 北京: 商务印书馆, 1988: 11—12.

的工业化的途径。"①如何适应中国社会现代化发展的精神需求，突破传统的儒者人格模式，设计新式儒者人格，这是贺麟在创立现代新儒学思想体系时必须回答的核心问题。

二

在贺麟的心目中，新式儒者的第一个特征是合理性。新儒者首先应当是理性的体现者，"合理性即所谓'揆诸天理而顺'"。新式儒者同传统儒者一样，都应当自觉地接受道德规范的约束，并且把自觉性建立在道德理性主义的基础之上。依据"合理性"原则，贺麟表示接受儒家的三纲观念，并且用理念的绝对性证明三纲的权威性。他认为，五伦仅表示相对的伦理关系，对于双方都有约束性，一方对另一方尽道德义务是有条件的。比如，臣是否尽臣道，应视君是否尽君道而定。三纲把这种相对的伦理关系提升到绝对的伦理关系。"先秦的五伦说注重人对人的关系，而西汉的三纲说则将人对人的关系转变为人对理、人对位分、人对常德的单方面的绝对的关系。故三纲说当然比五伦说来得深刻而有力量。举实例来说，三纲说认君为臣纲，是说君这个共相，君之理是为臣这个职位的纲纪。说君不仁臣不可以不忠，就是说为臣者或居于臣的职分的人，须尊重君之理，君之名，亦即是忠于事，忠于自己的职分的意思。完全是对名分、对理念尽忠，不是作暴君个人的奴隶。"②贺麟所说的"理念"是指认同理性的自觉意识。在他看来，这个意识是超越的意识，具有普遍性和理想性，同人与人的现实关系无关。这样，他便从"理念"的绝对性引申出三纲的权威性，将其说成超历史、超现实的伦理信念。他由此得出的结论便是：儒家的纲常伦理不仅是古人的行为规范，同样

---

① 贺麟. 文化与人生. 北京：商务印书馆，1988：11.
② 贺麟. 文化与人生. 北京：商务印书馆，1988：60.

也是今人的行为规范；只有自觉地接受这种规范的约束，方可称为儒者。毋庸讳言，贺麟提出的"合理性"原则维护了儒家理性专制主义传统，但也应看到，他在抗日战争时期这一特定历史条件下提出此说，也有维护民族群体的积极意义。

三

在贺麟的心目中，新式儒者的第二个特征是合人情。在"何谓儒者人格"的问题上，贺麟是个理想主义者；但他又强调理想不是抽象的，而是具体的，理想通过现实得以体现。基于理想与现实统一的观点，他在倡导合理性的同时，又倡导"合人情"。所谓"合人情"是针对宋明理学"存天理，灭人欲"之说而发的。贺麟认为，"存天理，灭人欲"之说过分强调抽象化了的天理，极力排斥现实的人欲，确有"以理杀人"之弊，是不近人情的，因而这种观念应当纠正。"近代伦理思想上有一大的转变，早已超出中古僧侣式的灭人欲、存天理、绝私济公的道德信条，而趋向于一方面求人欲与天理的调和，求公与私的共济，而一方面又更进一步去设法假人欲以行天理，假自私以济大公。"[①]依据这种看法，贺麟不再坚持理欲对立的观点，坦然承认人欲的正当性，强调理欲的相容性和共济性。他指出，如果恰当地看待人欲，人欲可以成为促使天理实现的积极因素，乃至不可缺少的前提条件。如果道德生活完全脱离了人的欲望、需求，必然陷入空虚、贫乏和不近人情。

依据"合人情"原则，贺麟重新审视道德与功利的关系，纠正传统儒学的非功利主义的价值导向。他认为，道德与功利不是不相容的对立关系，而是具有相容性的主从关系或体用关系。"理财与行仁政，并不冲突，经济的充裕为博施济众之不可少的条件。"[②]如果正确看待功利，它

---

① 贺麟. 文化与人生. 北京：商务印书馆，1988：66.
② 贺麟. 文化与人生. 北京：商务印书馆，1988：10.

不但不与道德理想对立，反而可以成为实现道德理想的不可缺少的条件。例如，"我们不能说求金钱是人生的目的。但可利用金钱作为发展个性、贡献国家、服务社会的手段"①人们在谋求功利、维护功利、分配功利的时候，只要不违反恕道和公平的原则，就不应该受到责备；如果以功利奉献社会，更应当受到鼓励。在这里，贺麟大胆地纠正了以往儒家的偏见，表现出新式儒者的价值取向。不过，他并没有放弃儒家道德至上的原则。在他看来，道德依旧是体，功利仍旧是用，功利是围绕着道德的轴心转的。作为现代新儒家，他不想全部推翻儒家的价值观念体系，而是谋求道统与现代的对接。通过这样一番转换，他把由商品经济升华来的功利取向充实到儒家思想之中。他把儒家的道德理想主义诠释为"新式功利主义"，强调"这就是为全体为社会设法谋幸福，为平民求利益的道德理想"②。

依据"合人情"的原则，贺麟提出知、情、意统一的观点。他认为理智（知）、情感（情）、意志信念（意）都根源于人对"道"或"理"的体认。"道本浑然一体，难于形容。如言其要，可以真情真理表之。哲学家见道而表出之，则为真理；文学家见道而发抒之，则为真情。真理真情既同出一源，故并无冲突。"③对于真理真情矢志不渝，也就是真意。贺麟认为理性、信念、情感都可以视为知识的不同形式。信念只有建立在理智的基础上才不至于流为迷信，理性只有经过对象化、具体化，才能获得激励人的力量。如果离开理性的指导或理想的引导，感情则会流为盲目的冲动；如果离开感情的支撑，理性则会抽象化。真情与真理相互为用："爱情中即包含有知识，因爱情的力量尤可使知识发达，知识中

---

① 贺麟. 文化与人生. 北京：商务印书馆，1988：11.

② 贺麟. 文化与人生. 北京：商务印书馆，1988：209.

③ 贺麟. 哲学与哲学史论文集. 北京：商务印书馆，1990：121.

亦包含更深的爱情，因智识亦可引起爱情。真情就是真理，真理就是真情。无情就是无理，无理亦必无情。"①在贺麟看来，知、情、意三者都是成就理想人格不可或缺的因素：知帮助人认识宇宙人生的真理，情帮助人养成美化的道德和优雅的风度，意使人坚定地把真理真情贯彻到行动之中。

四

在贺麟的心目中，新式儒者的第三个特征是合时代。贺麟反对把儒学看成一套一成不变的、僵死的信条，强调它是一门随着时代的发展而发展的学问。其实，儒家的鼻祖孔子本人就是一位"圣之时者也"，历来主张"礼以时为大"。由此看来，"合时代"乃是儒学题中应有之义。据贺麟解释，合时代就是"审时度势，因时得宜"，使儒学适应时代精神的要求。

贺麟指出，儒学要想适应新时代的要求，必须实行现代转换。第一，要容纳商业意识，扩大儒者的外延。旧式儒者往往专指"耕读传家"的读书人，把商人排斥在儒者之外，这种观念应当改变。在现代社会中，商人须受到应有的尊重，尤其需要"儒商""儒工"出来做社会的柱石。第二，要发扬民主精神，养成现代的诗礼风度。贺麟反对把儒学看成封建主义的代名词，认为在儒学中包含着民主的因素，如"天视民视""民贵君轻"等。这种民主因素可以会通现代的民主观念，养成新式的诗礼风度。例如，竞争选举，国会辩论，政治家的出入进退，都有"礼"的意味；人们在工作之余唱歌跳舞，自得其乐，相当美化而富有诗意。这都是现代儒者应有的风度。第三，要重新认识五伦观念，使之与西方近代的人本主义精神融会贯通。贺麟认为五伦是儒家礼教的核心，是维系

---

① 贺麟. 文化与人生. 北京：商务印书馆，1988：318.

中华民族群体的纲纪，在现代社会仍可发挥作用。尽管实施五伦的礼节仪文已经过时，但五伦的人本主义精神并没有过时。"西洋自文艺复兴以后，才有人或新人的发现。十七世纪和十八世纪内，人本主义盛行。足见他们也还是注重人及人与人的关系，我们又何必放弃自己传统的重人伦的观念呢。"①他从儒家那里接过五伦观念，剔除其中的宗法意涵，突出人本主义的新内容，试图把它变成与现代社会相适应的道德观念。

贺麟的"合时代"的原则反映出，他以开放的心态看待儒家传统，看待西方文化，看待工商业文明，看待民主政治，看待人际关系，看待中国社会的发展前景。他努力淡化儒学的专制色彩，突显其现代性，在一定程度上突破了旧范式，适应了现代中国社会价值观念转换的大趋势。他构想的儒者人格观念是市场经济在价值观中的体现，同以自然经济为基础的旧观念相比，无疑具有进步意义。

贺麟作为现代新儒家，对孔子十分尊重，然而他没有把孔子重塑成新儒者的楷模。在贺麟的心目中，新儒者的楷模应当是孙中山先生。"他在创立主义、实行革命原则中，亦以合理性、合人情、合时代为标准，处处皆代表典型中国人的精神，符合儒家的规范。"②贺麟在承接儒家道德理想主义的同时，一方面注意到天理与人欲的协调，另一方面又注意到传统与现代的沟通，力图对儒家的传统观念加以改铸发挥，移入现代中国社会。他所设想的儒者人格在中国没有变为现实，但他提出的思路对于我们今天如何处理传统文化与现代化的关系，仍可引为借鉴。

（原题《贺麟对新儒者的定位》，载2005年第1期《中国矿业大学学报·社会科学版》）

---

① 贺麟. 文化与人生. 北京：商务印书馆，1988：53.
② 贺麟. 文化与人生. 北京：商务印书馆，1988：15.

贺麟学案

贺麟的生平

游学古今中外

贺麟，字自昭，1902年9月20日出生于四川省金堂县五凤乡的一个士绅家庭。8岁入私塾读书，"从小深受儒家熏陶"，"特别感兴趣的是宋明理学"[①]。13岁考入成都联合高中。他的教师曾鼓励他做个有为的青年，而他的志趣则是"平淡的生活，高尚的思想，在一架书里走遍古今中外"，把哲学作为自己自学的方向。

1919年贺麟考入清华学堂（清华大学的前身），听梁启超开的几门关于中国学术思想史的课程，眼界大开。他特地拜访梁启超，登门求教。梁启超建议他多读戴震的书，还借给他一套戴震的弟子焦循的文集。在梁启超的指导下，贺麟步入中国学术的殿堂，很快写出《戴东原研究指

[①] 贺麟. 康德黑格尔哲学东渐记. 中国哲学：第2辑，北京：生活·读书·新知三联书店，1980：376.

南》《博大精深的焦理堂》等论文。另一位教授把贺麟领入西方学术的新天地，他就是吴宓。贺麟在快毕业的那年选了吴宓的翻译课，打算"步吴宓先生介绍西方古典文学的后尘，以介绍和传播西方古典哲学为自己终身的'志业'"。他后来实现了这一理想，把斯宾诺莎、黑格尔等人的哲学著作翻译成中文。

1926年，贺麟离开清华到美国奥柏林大学哲学系继续学习。他是班上最肯用功的学生之一，成绩名列前茅。1928年获学士学位，同年入哈佛大学读研究生。他听过著名哲学家怀特海的课，经常参加怀特海教授周末为学生举办的可可茶会。怀特海强调过程的整体性，同斯宾诺莎有相近之处。贺麟通过怀特海转向斯宾诺莎。他花了很大气力啃完斯宾诺莎的名著《伦理学》，发现其中情欲与理性相互关系的理论与宋明理学的理欲之辩相似。他模仿司马迁的笔法，写下《斯宾诺莎像赞》：

> 宁静淡泊，持躬卑谦。
>
> 道弥六合，气凌云汉。
>
> 神游太虚，心究自然。
>
> 辨析情意，如治点线。
>
> 精察情理，揭示本源。
>
> 知人而悯人，知天而爱天。
>
> 贯神人而一物我，超时空而齐后先。
>
> 与造物游，与天地参。
>
> 先生之学，亦诗亦哲；
>
> 先生之品，亦圣亦仙。
>
> 世衰道微，我生也晚。
>
> 高山仰止，忽后瞻前。

　　出于对斯氏的景慕，贺麟加入了国际斯宾诺莎学会。但他却没有完全接受斯宾诺莎的哲学。经过实体学说的浸润，他迈入了黑格尔哲学的大门。他决意到黑格尔的故乡进一步深造，1930年，他在哈佛大学获硕士学位，婉言谢绝乌尔夫教授要他攻读博士学位的挽留，启程来到德国，入柏林大学继续学习哲学。

　　在德国，贺麟亲身领略到德国人对哲学的酷爱。有一次，在课堂上老师讲到精彩之处，学生们竟兴奋得跺脚欢呼。在这种学习气氛中，贺麟对哲学的兴味更浓了。每逢上课，他都怀着虔诚的心情聆听老师讲授，就好像在教堂里参加礼拜一样。贺麟对黑格尔的理解受到新黑格尔主义的影响很大。他回顾说："我最感兴趣的是英国的新黑格尔主义者格林和美国的新黑格尔主义者鲁一士，特别是鲁一士《近代哲学之精神》和《近代理想主义演讲》这两本书对我的启发甚大。我在当时就着手翻译其中的几篇论述黑格尔精神现象学的文章，以求把黑格尔哲学的精神传播到中国来。"[1]他在德国留学时带班的老师哈特曼也是一位新黑格尔主义者。按照哈特曼的看法，黑格尔的辩证法是天才的直观，没有通常所说的三个规律可循。辩证法不是抽象的理智方法，而是体察精神生活的方法，有艺术的创造性。贺麟认为哈特曼抓住了黑格尔辩证法的真谛，曾著文介绍哈特曼的观点。

　　贺麟出国留学，抱着十分明确的目的，即振兴中华民族的学术事业。他常说："一个没有学问的民族，也是要被别的民族轻视的。"为了振兴学术，挽救民族危亡，1931年日本帝国主义的侵华战争刚一打响，贺麟就放弃即将到手的博士学位，提前结束留学生活，返回灾难深重的祖国。

　　贺麟在国外学习哲学长达5年之久，对西方哲学做了系统的研究，积

---

① 贺麟. 康德黑格尔哲学东渐记. 中国哲学：第2辑，北京：生活·读书·新知三联书店，1980：377.

累了丰富的学识。他泛滥于西方哲学各家各派，孜孜不倦地汲求真知，并注意把握中西学术的贯通之处，心得颇多。经过比较选择、撷英咀华，他逐渐形成一套独具一格的哲学思想。

执教北京大学

贺麟回国以后，到1956年调到中国科学院哲学所以前，一直在北京大学任教，有时也到清华大学哲学系兼课。1931年任哲学系讲师，翌年任副教授，1936年任教授，先后主讲过西方现代哲学、西方哲学史、黑格尔哲学、斯宾诺莎哲学等课程。他讲课深入浅出，语言生动，很受学生的欢迎。当今中国西方哲学史界的许多专家都出自贺麟的门下。

贺麟以广博的学识赢得学术界同仁的尊敬。他由于公开承认自己是唯心论者，素有"中国的费希特"之称。1935年，他当选为"中国哲学会"理事，1937年又当选为常务理事、西洋哲学翻译委员会主任。他打通渠道，从国民党政府争取到一亿法币的经费，用这笔钱翻译出版了20多部西方哲学名著，为推动中国学术研究做出很大贡献。贺麟亲自动手翻译的西方哲学名著有《黑格尔学述》(鲁一士著)、《黑格尔》(开尔德著)、《致知篇》(斯宾诺莎著)等。贺麟的译著很有特色，通常在书前加上很长的评序，提纲挈领地介绍全书的基本思想，阐述他自己的研究心得。每篇序都是高水平的论文。他的译文流畅典雅，如从己出，忠实于原意，措辞精炼、准确，可读性强，很受读者欢迎。

贺麟不满足只做哲学史家，只介绍别人的思想，而是要做一个有建树的哲学家。他把儒家传统哲学与西方哲学结合在一起，创立了"新心学"。1930年，还在外国留学的时候，贺麟就写出《朱熹与黑格尔太极说之比较观》，探索中外哲学相结合的途径。1937年，贺麟随北大南迁，并入西南联大，与冯友兰、金岳霖、郑昕等人共事，经常在一起切磋学术，新心学思想愈益成熟。从1943年起，他陆续出版《近代唯心论简释》《文化与人生》《当代中国哲学》等书，阐述他的新心学思想。

蒋介石出于政治目的，很欣赏贺麟的"新心学"，曾四次召见贺麟。有一次，蒋介石还故意在书房的写字台上摆放贺麟的著作，以示对他的重视。贺麟在美国留学期间就同情国民党，表示拥护孙中山的三民主义，在床头挂着孙中山的像。北伐军不断获胜，他曾为之洒下激动的热泪。回国以后，书生气十足的贺麟不太了解国内的政治情况，曾一度把蒋介石看成孙中山的继承者，并把自己"学术救国"的宏愿寄托在蒋介石的身上。1940年年底，蒋介石让秘书给贺麟拍来电报，约他到重庆相见。他专程飞往重庆，在黄山别墅由陈布雷陪同见到了蒋介石。初次见面蒋给贺麟留下的印象还不错。贺麟提议建立"外国哲学著作编译委员会"。蒋满口答应，同意政府拨款资助。蒋介石留贺麟在中央政治学校任教，贺麟婉言谢绝了。1942年，他经北大校长蒋梦麟同意，借调中央政治学校讲学半年。

开始的时候，贺麟还比较乐于同蒋接触，在自己的著作中写过一些恭维蒋的话。后来，他逐渐看透了蒋的底细。蒋介石对学术一窍不通，甚至弄不清楚歌德与康德到底是一个人，还是两个人。他对学术并不感兴趣，只不过是为了装潢门面，拉几个学者摆摆样子而已。他所热衷的是权术而不是学术。在解放战争时期，有一次蒋介石召见贺麟，二人谈起战况。当时石家庄已被解放军攻下，可蒋介石当面撒谎，硬说"没事"。这使贺麟很反感。陈布雷死后，贺麟对蒋介石完全失望，从此不再同蒋有来往。

抗战胜利后，贺麟担任北京大学训导长。他几次都表示辞职，未能成功。凭着一个正直学者的良心，他从未迎合上峰，干迫害进步学生的事。刚好相反，他多次顶住国民党政府教育部部长朱家骅施加的压力，坚持学校的独立原则，不开除挂了号的进步学生，一些特务报来的黑名单，他也一律扣下不报，锁在抽屉里了事。他还多次出面，保释被捕的青年学生。一些思想进步的教授如樊弘等人，也是在贺麟的保护下，才躲过国民党政府警方的迫害。1948年，北京大学举办50周年校庆。大学生们特地送给贺麟一面锦旗，上绣"我们的保姆"字样，以表示对他的感谢与爱戴。

归宗马列

1949年，全国解放在即，中国历史将揭开新的一页，贺麟也面临着一生中最重要的抉择。他不愿意再同国民党混下去了。北平被中国人民解放军包围，南京方面三次派飞机请贺麟离开，都被他拒绝。他明确表示："我不愿提个小皮包，像罪犯一样跑掉；也不愿再与蒋介石有联系。即使到美国也不会如学生时代那样受优待，何况我的爱人和女儿决不做'白俄'。"他已看透国民党的腐败，预感到它必然失败的下场。

但是，留下来结果又会怎样？对于共产党他不能不有所顾虑：自己信奉唯心论，共产党信奉唯物论，而且自己写过批评辩证唯物论的文章，能否会得到共产党的谅解？自己为实现"学术救国"的理想，同蒋介石有过接触，共产党能否体谅自己的苦衷？中国共产党北京地下城工部很了解贺麟的心情，及时派贺麟从前的助手汪子嵩同志做思想工作。汪子嵩郑重地对贺麟说："我代表地下党城工部来找贺先生谈话，转告城工部负责人的意见，请贺先生不要到南京去。我们认为贺先生对青年人的态度是好的。"冯至教授用德语对贺麟说："现在是一个最后决定的关头，即使是亲人，抉择不同也要闹翻。"袁翰青教授先后三次找贺麟谈话，帮助他了解共产党的政策。在党组织和友人的帮助下，贺麟终于打消了顾虑，毅然决定：留下来，跟共产党走。从此，他开始了新的政治生命。

新中国成立以后，贺麟响应党的号召，走出书斋，投身社会实践，思想进步很快。从1950年开始，他先后到陕西、江西等地参加土地改革工作。1951年，他在《光明日报》上发表《参加土改改变了我的思想》，开始转变哲学信仰。他在文章中谈到，只有通过社会实践的锤炼，思想才会有力量；从概念到概念的思想是贫乏无力的。他表示放弃唯心主义哲学立场，解释辩证唯物主义和历史唯物主义。

贺麟积极参加20世纪50年代初对唯心主义的批判，先后写出《两点批判，一点反省》《批判胡适的思想方法》《批判梁漱溟的直觉主义》等文章。他运用马克思主义观点批判胡适、梁漱溟的唯心主义思想，同时也深刻检讨自己从前错误的学术立场。他诚恳地说："批判从前曾经从不同方面，在不同方式下影响我的思想的胡适和梁漱溟先生"，"也就是自己要和自己过往的反动唯心论思想划清界限"[1]。贺麟在唯心论前面冠以"反动"的字眼，足以说明他同唯心论一刀两断的决心。

贺麟在前进的道路上也不是一帆风顺的。1957年，他因批评学术界对唯心主义简单否定的错误做法，招致无端的政治批判。"文化大革命"中间，他多次被抄家、批斗，后来又以"劳动锻炼"的名义被遣送河南两年。贺麟以哲学家特有的冷静对待这些不公正的待遇，经受着浊流的冲击。他相信浊流总会过去，真理终究会胜利，任何时候都未曾动摇对党的信任，从未动摇过马克思主义信念。贺麟历经劫难，立场更加坚定。他拥护党的十一届三中全会以来的正确路线，为开展学术研究努力工作。1982年，已届耄耋之年的贺麟加入中国共产党，这位历尽坎坷的哲学家终于找到了光明的归宿。

新中国成立以后，贺麟的治学重点转向西方哲学。他运用马克思主义的立场、观点、方法撰写许多评述西方哲学的专著。他翻译出版了《小逻辑》《伦理学》《哲学史演讲录》《精神现象学》等西方哲学原著多

---

[1] 贺麟. 两点批判，一点反省. 人民日报，1955-01-19.

部，还翻译了马克思的博士论文等多部经典著作。从1956年起，他调入
中国科学院哲学所，先后任研究员、西方哲学史研究组组长、研究室主
任、哲学所学术委员会副主任、全国外国哲学史学会名誉会长、《黑格尔
全集》编译委员会名誉主任等职务。曾任民盟北京市委员、民盟中央委
员，第二、五、六届全国政协委员。他在学术园地锲而不舍地耕耘着，
赢得了人们对他的尊敬与爱戴。

在20世纪40年代，贺麟就建立了新心学思想体系，成为中国现代新儒
家思潮中声名卓著的重镇。但他并不囿于成见，从未放弃对于真理的向往
与追求。当他认识到辩证唯物主义和历史唯物主义的学术价值后，毅然尽
弃前学，彻底转变学术立场，归宗马列。贺麟的转变反映出中国现代哲学
发展的大趋势。他经历了曲折的道路，终于赶到了现代哲学的前沿。

谋求儒学的新开展

立足于中西文化之"体"

贺麟是专攻西方哲学的，但他清楚，研究西方哲学本身不是目的，
目的在于以西学为鉴，找到一条弘扬民族文化、发展中国哲学的道路。
他治西方哲学，十分注意中西哲学的对勘、比较，发现二者之间的共同
点。在把握中西哲学共同点的基础上，贺麟力求达到二者的融会贯通，
援西学入儒，从而获得发展儒学的新的学术立场。

自从近代中国文化与西方文化接触以来，中西文化的关系问题便成
为思想界普遍关注的中心问题之一。有人主张"中学为体，西学为用"，
有人主张"中国本位文化"，有人主张"全盘西化"。对于这些观点，贺

麟都表示不同意，并一一做出批评。

他指出，"中学为体，西学为用"的说法，背离了文化上的体用合一原则，颠倒了体用关系，在理论上说不通，在事实上也行不通。"中学为体，西学为用"论者不懂中学西学各有其体用，西学之体与西学之用不可分割，中学之体与中学之用不可分割；西学之体不能移做中学之用，中学之体与西学之用亦无法嫁接。贺麟认为，无论是中学还是西学，在文化上都是有机的整体，决不可以生吞活剥，割裂零售或机械凑合。正确的做法应该是"以体充实体，以用补充用，使体用合一发展，使体用平行并进"[①]。

全盘西化论者有见于体用之全，在这一点上似乎比"中学为体，西学为用"论高明一些，但陷入另外一种错误观念。全盘西化论者只看到西学的价值，却没有看到中学的价值。他们不懂得，无论西学还是中学都包含着永恒的价值，并不是互不相容的。他认为，一个民族接受外来的文化，应当建立在对其深刻彻底地了解的基础之上，把握其体用之全。绝不能被动地接受其影响，奴隶式地对之加以模仿。吸收外来文化与民族精神的创进发扬并无矛盾，恰恰相反，只有真正地发扬民族精神，才能真正地吸收外来文化。从这个观点看，"且持数量的全盘西化之说，事实上理论上似均有困难。要想把西洋文化中一切的一切全盘都移植到中国来，要想将中国文化一切的一切都加以西洋化，事实上也不可能，恐怕也不必需"[②]。贺麟指出，中国文化对付外来文化其实有成功的经验，譬如宋明理学就是吸收佛教文化的范例。宋明理学不是"佛化"的中国哲学，而是"化佛"的中国哲学。我们今天处理中西学文化的关系，应当向宋明理学那样，对外来文化加以主动地吸收、融化、超越和扬弃。贺

---

① 贺麟. 文化与人生. 上海：商务印书馆，1947：36.

② 贺麟. 文化与人生. 上海：商务印书馆，1947：35.

麟的主张是:"我根本反对被动的'西化',而赞成主动的'化西'。所谓'化西',即是自动地自觉地吸收融化、超越扬弃西洋现在已有的文化。但须知这种'化西'的工作,是建筑在深刻彻底了解西洋各部门文化的整套的体用之全上面。"①

至于"中国本位文化"论,在贺麟看来则是一种狭隘的文化观念。因为文化乃是全人类共同的精神财富,不可能以狭义的国家作为本位。他指出,从表面看,本位文化论与全盘西化论正好相反:前者抑西扬中,后者抑中扬西,实际都是一种附会比拟的中西文化异同论。他认为这种出主入奴的文化异同论已经成为过时之论,因为它夸大了文化的个性而忽略了文化的共性,不利于中西文化的交流与融合。

贺麟认为,"中学为体,西学为用""全盘西化""中国本位文化"三种观点,都只是就文化本身而谈文化,或者仅从"用"的角度看文化,没能从文化哲学即从"体"的角度看待文化。贺麟认为,文化本身不是体,而是用。文化应该以道,以精神,以理性为体。他说:"道是文化之体,文化是道之用。所谓'道'是宇宙人生的真理,万事万物的准则,亦即指真善美永恒价值而言。"②从"道体"的角度看,中西之学的差异是次要的,二者之间没有不可逾越的鸿沟,完全可以融会贯通。基于这种认识,贺麟提出:"以自由自主的精神或理性为主体,去吸收融化、超出扬弃那外来的文化和以往的文化。""只要一种文化能够启发我们的性灵,扩充我们的人格,发扬民族精神,就是我们所需要的文化。我们不需要狭义的西洋文化,亦不需要狭义的中国文化。我们需要文化的自身。我们需要真实无妄、有体有用的活文化、真文化。"③

---

① 贺麟. 文化与人生. 上海: 商务印书馆, 1947: 36.

② 贺麟. 文化与人生. 上海: 商务印书馆, 1947: 32.

③ 贺麟. 文化与人生. 上海: 商务印书馆, 1947: 37.

总之，照贺麟看来，解决中西文化关系问题，关键在于把握文化之体——道或理性。他指出，中国和西方的正统哲学都是关于"道"或"理性"的学问，二者的基本精神是相通的，即所谓"东圣西圣，心同理同"。西方的正统哲学家是苏格拉底、柏拉图、康德、黑格尔等；中国的正统哲学家为孔、孟、程、朱、陆、王，即儒家。要实现中国文化的现代化，当务之急在于把握、丰富、发扬文化之体；而达此目的的途径则是两大"正统"的融合：一方面是西方正统哲学的"儒化"或"华化"；另一方面是中国儒学的"西化"。二者融合的结果就是援西学入儒的新儒学。在贺麟看来，这就是新儒学必然兴起的根本原因。

评述时贤之得失

贺麟认为新儒学思潮代表五四以来中国现代哲学思潮的主潮，最有生命力。五四新文化运动似乎是对儒学的冲击，其实恰恰为新儒学的发展带来机会。"新文化运动之最大贡献，在于破除和扫除儒家的僵化部分的躯壳的形式末节，及束缚个性的传统腐化部分。它并没有打倒孔孟的真精神、真意思、真学术，反而因其洗刷扫除的工夫，孔孟程朱的真面目更加显露出来。"[①]为推进新儒学的发展，贺麟对"主潮"中的代表人物梁漱溟、冯友兰、熊十力等新儒家学者，一一作了评述，总结了新儒学的发展情况和经验教训。

贺麟对梁漱溟的评价很高，认为他是自新文化运动以来倡导陆王之学最有力量的人。梁漱溟的《东西文化及其哲学》一书，代表东方文化说话，代表儒家说话，自成一家之言，提出比较系统，有独到见解的思想。例如，梁漱溟提出"敏锐的直觉"以发挥孔子的仁和王阳明的良知，主张以直觉作为人生的指导原则，养成不算账、不分别人我、不计较得

---

① 贺麟. 文化与人生. 北京：商务印书馆，1988：5.

失、遇事不问为什么的人生态度。贺麟认为梁漱溟的这些观点发前儒所未发，是很有新意的。

但贺麟对梁漱溟的新儒学思想并不十分满意，提出三点批评。第一，梁漱溟对东西文化的比较只是摭拾许多零碎的事例，缺乏文化哲学的坚实基础。因此，把中学与西学对立起来，找不到使二者融会贯通的基础，有违于"人同此心，心同此理"的原则。梁漱溟站在东方文化派的立场上，贬抑西学，不利于新儒学的发展。第二，梁漱溟发挥儒家陆王一派的思想偏于人生态度方面，很少涉及本体论和宇宙论，思想体系不够完整。第三，梁漱溟高扬直觉，但没有认识到直觉也是一种哲学方法。他一方面承认直觉的认识功能；另一方面却指斥其"为可疑而不可资为以求真实的方法"，这就陷于混乱了。从这三点批评看，贺麟并没有否定梁漱溟的基本思想，而是在探索使之更加完善的途径。

贺麟认为冯友兰的新儒学虽受英美新实在论的影响，但实际上仍为程朱理学的发挥。冯氏认为任何事物之所以成为事物，必依照理，必依据气，这是继承朱子认事物为理气之合的说法。冯氏认为理是先天的、永恒的，未有飞机之前，已有飞机之理；未有山水之前，已有山水之理。这是继承朱子理在事先之说。冯氏认为理不在事物之中，不在心中，而潜存于"真际"，真际在逻辑上先于实际。这种看法与朱子的理世界之说相类似。可见新理学确有"集中国哲学大成的地方"。

贺麟认为新理学对于儒学的阐发有其成功之处，但也有许多缺点。第一，新理学偏重程朱，冷落陆王，没有汲取先儒的教训，失之于"支离"。他批评说："讲程、朱而不能发展至陆、王，必失之支离。讲陆、王而不能回复到程、朱，必失之狂禅。冯先生只注意程、朱理气之说，而忽视程、朱心性之说，且讲程、朱而排斥陆、王，认陆、王之学为形而下学，为有点'拖泥带水'。""对于陆、王学说太乏同情，斥之为形而下学，恐亦不甚平允，且与近来调和朱、陆的趋势不相协和。"[①]第二，新理学没有能够把真际与实际统一起来，新理学所说的"理"缺乏实证性。他引述郑昕的话说："'一事有一事之理，一物有一物之理'，假定满坑满谷，死无对证之理，于事何补？于人何补？于理何补？"[②]在贺麟看来，这个批评非常有力量，指出了新理学的致命伤。既然新理学的理在人心之外，人心无法证实"理"，那么理对于人的心性修养也就不具有约束力。第三，新理学在思想方法方面过分强调分析，而忽略了综合，有"支离务外之弊"。很明显，贺麟是站在陆王心学的立场上批评新理学的，但他没有拘于门户之见。他既肯定新理学在复兴儒学方面的成绩，又进一步明确了新儒学由程朱推进到陆王的发展方向。

在现代新儒家学者中，贺麟最欣赏熊十力的"新唯识论"思想。他认为熊十力"得朱陆精意，融会儒禅，自造新唯识论。对陆王本心之学，发挥为绝对的本体，且本翕辟之说，而发展设施为宇宙论，用性智实证，以发挥陆之反省本心、王之致良知……为陆、王心学之精致化系统化最独创之集大成者"[③]。熊氏的"新唯识论"注意到认识论、宇宙论、本体论的一致性，在这一点上胜过冯氏的新理学。但熊十力认为西方哲学以逐物求知为务，"盘旋知识窠臼中"，"纯认思辨，构画本体"，却是贺麟所不能同意的。

通过对现代新儒家思潮的总结，贺麟充分肯定这一思潮的主导地位。同时，他亦明确了新儒学的发展方向应该是：站在新时代的高度，谋求程朱陆王的融合，或理学与心学的融合；谋求传统儒学与西方哲学的融合。

---

① 贺麟. 当代中国哲学. 南京：胜利出版公司，1947：36，25.

② 贺麟. 当代中国哲学. 南京：胜利出版公司，1947：39.

③ 贺麟. 当代中国哲学. 南京：胜利出版公司，1947：12.

探索新儒学的出路

贺麟认为，中国的儒学与西方文化的融会贯通，是现代新儒学的根本出路。具体地说，可以采取哲学化、宗教化、艺术化三条途径。

一是哲学化，以西洋之哲学发挥儒家之理学。贺麟认为，儒学是诗教、礼教、理学三者为一体的学养，亦可称为艺术、宗教、哲学三者的和谐体。其中的理学，相当于西方文化中的哲学。二者都是对人性的阐发，都是从本体论的角度对"道"或"理"的论述，都是人类公共的精神产业。西方的哲学以苏格拉底、柏拉图、康德、黑格尔的唯心论为正宗，中国的理学以孔子、孟子、程朱、陆王为正宗，二者在本质上是相同的，所谓"东圣西圣，心同理同"。因此，中国的理学与西方的哲学完全可以相互解释、相互印证、相互贯通、相互阐发。以西洋哲学发挥儒家理学中本来就有的意蕴，可以使儒家的哲学内容更丰富，体系更严谨，条理更清晰，从而在本体论方面奠立新儒学的理论基础，取得"以体补助体"的效果，使中西文化在本体论方面融会贯通。

二是宗教化，吸收基督教之精华，以充实儒家之礼教。贺麟认为，儒学作为礼教来说，凭借一整套伦理规范和伦理观念，维系着人们之间的关系；西方的基督教凭借其宗教信仰，也起着同样的作用。因此，二者在道德论方面有着相互融合的基础。传统的儒家礼教"家庭制束缚性最大"，带着浓厚的宗法色彩，尚未经过现代化的洗礼。西方的基督教自宗教改革之后，已脱去封建习俗完成了现代转化。比如，现代基督教"到民间去"的殉道精神，可以冲洗礼教的宗法色彩，"为道德注以热情，鼓以勇气"。他还指出，现代基督教所倡导的平等、博爱精神与儒家的仁学思想也是一致的，仁学思想是同现代基督精神相契合的。"仁即是救世济物、民胞物与的宗教热诚。《约翰福音》有'上帝即是爱'之语，质言之，上帝即是仁。'爱仁'不仅是待人接物的道德修养，亦是知天事天的宗教工夫。儒家以仁为'天德'，耶教以至仁或无上的爱为上帝的本性。足见仁之富于宗教意义，是可以从宗教方面大加发挥的。"①

三是艺术化，领略西洋之艺术，以发扬儒家之诗教。贺麟认为，传统儒家虽然也可以说是诗教，包含有艺术方面的内容，但《乐经》亡逸，致使乐教中衰。因此，儒家对于艺术，很少注重发扬。这样，就使儒学陷于严酷、枯燥的说教，不注意从感情上去培养熏陶，不注意从性灵上去顺适启迪，只知执着人我界限的分别，苛责以森严的道德律令和冷酷的是非判断。这不能说不是儒学的一个严重的缺陷。他指出，西洋艺术的浪漫主义精神可以冲洗儒学的迂腐气味，使之更富有感召力，更能陶冶人们的性情。学习、吸收西洋艺术的长处，使儒学艺术化、情感化，这应该是新儒学采取的途径之一。比如，对于儒学中"诚"的观念，可以从艺术的角度加以发扬："就艺术方面而言，思无邪或无邪思的诗教，即是诚。诚亦即是诚挚纯真的感情。艺术天才无他长，即能保证其诚，发挥其诚而已。"②贺麟对于"诚"的解释虽不符合儒家经典的原意，但确有其新意。

贺麟指出哲学化、宗教化、艺术化等三条新儒学发展的途径，不过他本人则侧重从哲学方面推动新儒学的发展。他把新黑格尔主义与陆王心学融会贯通，创立了新心学。他用新黑格尔主义的"绝对唯心主义"的观点印证陆九渊"吾心即宇宙"的观点和王阳明"心外无物"的观点，提出"心为物之体，物为心之用"的本体论思想。他借用新黑格尔主义的整体主义的思想方法发挥陆王心学"先立乎其大"的观点，论证心与理的一致性。他还吸收新黑格尔主义国家学说中的权威主义思想，承袭陆王"扶持纲常名教"的传统，提出新的"三纲五伦"说。不可否认，

① 贺麟. 文化与人生. 北京：商务印书馆，1988：6.

② 贺麟. 文化与人生. 北京：商务印书馆，1988：7.

新黑格尔主义是贺麟新心学的一个重要思想来源。但应注意到，他是站在儒家的立场上学习、研究和吸收新黑格尔主义的。因此，把贺麟归结为"新黑格尔主义者"似乎不妥。他应当是一位现代新儒家学者。

新心学的哲学思想

贺麟并不讳言自己是唯心主义者。他这样概括唯心主义的论纲："合心而言实在，合理而言实在，合意义价值而言实在。换言之，唯心论者认为心外无物，理外无物，不合理性，不合理想，未经过观念化的无意义无价值之物，均非真实可靠之物或实在。"①依据这条论纲，贺麟提出"心理合一"的实在观、自然的知行合一论以及关于直觉法与辩证法的观点。

"心理合一"的实在观

贺麟认为，事物的客观性应当通过"心"的实在性得到说明，因为心与物是不可分割的整体关系。他说："心与物是不可分的整体。为方便计，分开来说，则灵明能思者为心，延扩有形者为物。据此界说，则心物永远平行而为实体之两面：心是主宰部分，物为工具部分；心为物之体，物为心之用；心为物的本质，物为心的表现。故所谓物者非他，即此心之用具，精神之表现也。"②他认为心既是主体，又是实体；至于物，则是从属于心的，依赖于心而存在的，从心那里获得实在性。物本身无所谓实在性。物的颜色、形状等，皆是意识所渲染而成的，而物的意义、

---

① 贺麟. 哲学与哲学史论文集. 北京：商务印书馆，1990：129.
② 贺麟. 近代唯心论简释. 重庆：独立出版社，1943：3.

价值与条理，也是由人之主体——心造成的。总之，照贺麟看来，"离心而言物，则此物实一无色相，无意义，无条理，无价值之黑漆一团，亦即无物"①。贺麟夸大物质与意识的统一性，抹杀二者之间的原则界限，按照唯心主义方式回答了哲学基本问题。

贺麟从"心"这一范畴又引申出"理"的范畴。他分析说，心有二义。一是心理意义的心，一是逻辑意义的心。"逻辑意义的心即理，所谓'心即理也'。逻辑意义的心，乃一理想的超经验的精神原则。"②如果说每个人的"心"是个别的话，那么"理"作为"心"的逻辑抽象，则是一般。它超出个体意识的范围，具有普遍性、共同性和理想性。他给理下的定义是："理是一个很概括的名词，包含有共相、原则、法则、范型、标准、尺度以及其他许多意义。"③在新心学中"理"又称为"性"，它既是事物所已具有的本质，又是事物须得实现的范型。从这个意义上说，"唯心论即唯性论，而性即理，心学即理学，亦即性理之学"。

贺麟用"理"的普遍性来说明事物的客观性。他认为："一物之色相意义价值之所以有其客观性，即由于认识的评价的主体有其客观的必需的普遍的认识范畴或评价准则。"简言之，即是由于"人同此心，心同此理"。人们依据共同之理观察同一事物，便有相同的认识。于是，人们便把认识的相同性理解为事物自身的客观性。他举例说，黑板之所以称为客观的，是因为大家的"观"。如果无有"观"，亦无所谓"客观"。

至于理与物的关系，贺麟认为有两个方面：其一，理与事物是统一的，理是"自整个丰富的客观材料抽拣而出的共相或精蕴"。理构成事物的精华，是事物"所以然"的根据。其二，理在逻辑上先于物，是事物

---

① 贺麟. 近代唯心论简释. 重庆：独立出版社，1943：1.

② 贺麟. 近代唯心论简释. 重庆：独立出版社，1943：1.

③ 贺麟. 近代唯心论简释. 重庆：独立出版社，1943：21.

"所当然"的理想或范型。他的这种看法，从西方哲学看，试图综合黑格尔的具体共相说与柏拉图的理念论；从中国哲学来看，试图综合王船山的"理在事中"说和朱熹的"理在事先"说。但是其实他并没有真正达到目的，只是把两种不同的观点并列出来了。

心与理的关系问题历来是程朱理学与陆王心学分歧最大的问题之一。程朱派把理作为最高范畴，视"心"为"形而下"；陆王派把心作为最高范畴，强调"心外无理"。即便在现代新儒家学者中，也未改变这种畸重畸轻的情况。贺麟依据逻辑关系，说明心与理的一致性，试图调解朱、陆两派的对立，在唯心主义的基础上把二者统一起来。按照贺麟的观点，心与理在本质上是同一的，心即是理，理亦即是心，犹如刃之有利，耳之有聪，目之有明。他也看到心与理的区别：心是主体性范畴，与感觉经验、情感欲望、性格意志等有关；理是客体性范畴，表示精神实体的普遍性、恒常性，具有更纯粹的性质。依据贺麟"心理合一"原则论说实在，这是一种唯心主义的本体论；但他注意把握主体与客体的统一性，却是一个有价值的学术思想。

自然的知行合一论

贺麟由于把"心一理"看成唯一实在的本体，因而在认识论方面也贯彻思维至上的原则，强调知行的一致性。他从心理学和生理学的角度论证王阳明提出的知行合一说，形成"自然的知行合一论"思想。

贺麟认为，"知是意识的或心理的动作"，而"行是指一切生理的活动"[①]。他用心理学上"知"的概念偷换了哲学上"知"的概念，用生理学上"行"的概念偷换了哲学上"行"的概念。按照他的定义，知、行都是空洞的、没有内容的活动观念，这就撇开了认识的来源、基础、动力

[①] 贺麟. 近代唯心论简释. 重庆：独立出版社，1943：53.

等认识论应当回答的问题。这种关于知行的定义，是贺麟的"自然的知行合一论"的出发点。

贺麟抓住心理活动与生理活动密切相关这一点，把知与行等同起来。他认为，既然知行都是活动，那么，二者之间就没有质的区别，有的只是量的区别。例如，沉思、推理、研究学问，可称为"显知"；而本能的意识、下意识的活动可称为"隐知"。显知与隐知只有量的差别而无根本不同。再如，动手动脚的行为，可称为"显行"；而静思沉坐的行为，可称为"隐行"。显行与隐行亦只有量的差别而无根本不同。据此，他得出两条结论：（1）"最隐之行"差不多等于"无行"，然而它又表现为"最显之知"，可见"最隐之行"与"最显之知"合一。（2）"最隐之知"差不多等于"无知"，然而它又表现为"最显之行"，可见"最隐之知"与"最显之行"合一。总之，知行不可分割地联系在一起，没有原则界限。行的客观性被贺麟取消了，被消解到知之中。

在"知行同是活动"的基础上，贺麟进一步展开知行合一的命题，他强调说，任何一种行为都含有意识作用，任何一种知识皆含有生理作用。"只要人有意识活动（知），身体的跟随无论如何也是无法取消的。此种知行合一观，我们称为'普遍的知行合一论'，亦可称为'自然的知行合一论'。一以表示凡有意识之论，举莫不有知行合一的事实，一以表示不假人为，自然而然即是知行合一的事实。"①既然知行同是活动，二者便紧密地联结在一起。心理活动包含着生理活动，生理活动包含着心理活动，所以二者永远地、自然而然地合一。这就是贺麟为"知行合一"这一心学的传统命题找到的新证据。关于知行合一的具体情形，他做了如下描述：

第一，从横的角度看，知行同时发动，为一个整体的两面。他解释说："所谓知行是同一活动的两面，亦即是说知行是同一活动的整体中的

---

① 贺麟. 近代唯心论简释. 重庆：独立出版社，1943：60.

中坚分子或不可分离的本质。无无知之行，亦无无行之知，知与行永远在一起，知与行永远互相陪伴着，好像手掌与手背是整个手的两面。"①

第二，从纵的角度看，知行并进，次序相同。"就知行在时间上进展言，就一串的意识与一串的生理活动之合一并进言，则知行合一即是知行平行。"②从这个角度看，知行各自成系统，各不逾越其范围，互相不发生作用，知为知的原因，行为行的原因。

贺麟的自然的知行合一论，既提出两面说，又提出平行说，似乎很全面，很符合辩证法，实际并非如此。他的两面说，夸大了知和行的同一，而平行说又夸大了知和行的对立。更为严重的是，他关于知行关系的看法，离开了认识的具体发展过程，未能说明主观与客观、感性与理性、认识与实践的矛盾关系，将其变成了没有内容的抽象分析。他的知行合一说，从心理学或生理学的角度看，不能说没有一定的道理，但从哲学的角度，却是一种错误的理论。贺麟关于知行关系的看法始终没有做到在对立中把握同一，或在统一中把握对立。无论两面说，还是平行说，都贯穿一个基调：贬抑实践在认识过程中的决定作用。这一点从贺麟的"知主行从"说中看得更清楚。

贺麟的"自然的知行合一论"的最后结论是："知者永远决定行为，故为主。行永远为知所决定，故为从。"他认为知较行有逻辑的在先性。第一，从体用关系看，知为体，行为用。知是有意义、有目的的，行是表达此意义、目的的媒介。"知是行的本质（体），行是知的表现（用）。行若不以知为主宰，为本质，不能表示知的意义，则行为失其所以为人的行为的本质，而成为纯物理的运动。"③他从人的行为与纯物理运动的差

---

① 贺麟. 近代唯心论简释. 重庆：独立出版社，1943：56.

② 贺麟. 近代唯心论简释. 重庆：独立出版社，1943：57.

③ 贺麟. 近代唯心论简释. 重庆：独立出版社，1943：56.

别这一点，来说明知较行具有逻辑的在先性。第二，从目的和手段的关系看，知是目的，行是手段。知永远是目的，是被追求的主要目标，行永远是工具，是附从的追求过程。任何人的活动都是一个求知的活动。

总括起来，"自然的知行合一论"包括"知行同是活动""知行两面""知行平行""知主行从"等观点。这些观点都体现了贬抑实践在认识过程中的地位和作用的原则。贺麟充分估计到知的超前性，肯定人类特有的主观能动性，某些分析细致、深入，颇有启发性。但他的知行观承继王阳明"销行归知"的路线，片面夸大知的作用，其唯心主义性质是显而易见的。

直觉法与辩证法

传统的儒家学者，往往仅限于直接地提出哲学见解，不大注意自觉的理论论证。贺麟对于传统儒学的这一缺点看得很清楚，特别注意研究哲学思想方法问题。他认为，"心理合一"的本体论思想赖以成立的方法论基础就是直觉法和辩证法。

照贺麟看来，把直觉的方法视为反理性主义的思想方法而加以排斥，是不正确的。他认为任何一位哲学家在从事哲学思考时，都离不开直觉的方法，这是由直觉在认识过程中所占的地位决定的。贺麟把认识过程划分为三个阶段。第一个阶段叫作"先理智之直觉"，相当于感性阶段。在这一阶段，直觉提供混沌的经验。第二个阶段叫作"理智的分析"，相当于知性阶段。在这一阶段，通过对直觉提供的材料加以理智地分析，形成科学的知识。他强调，理智的分析同直觉有不可分的联系，二者绝不是不相容的对立关系。首先，直觉是分析的前提，"先用直觉方法洞见其全，深入其微，然后以理智分析此全体，以阐明此隐微，此先理智之直觉也。"[1]

---

[1]　贺麟. 近代唯心论简释. 重庆：独立出版社，1943：96.

其次，分析推理"必先有自明的通则以作基本"，而此种自明的公理、通则来自直觉。总之，理智分析是直觉的深化与发展。他把认识的最后一个阶段叫作"后理智之直觉"，相当于理性阶段。在这一阶段，关于对象的分析进入辩证的统一或复多的统一，形成总体性的认识，即哲学的知识。

通过对直觉在认识过程中的地位的阐述，贺麟得出两条结论："第一，真正的哲学的直觉方法，不是简便省事的捷径，而是精密紧严，须兼有先天的天才与后天的训练，须积理多，学识富，涵养醇，方可逐渐使成完善的方法或艺术；第二，我并要说明直觉不是盲目的感觉，同时又不是支离的理智，是后理智的，认识全体的方法，而不是反理智反理性的方法。"[①]基于这种理解，他给直觉方法下了一个简洁的定义："直觉为用理智的同情以体察事物，用理智的爱以玩味事物的方法。"[②]在运用直觉方法的时候，既可以向外观认，用理智的同情以观察外物，如自然、历史、书籍等，又可向内省察，认识自己的本心或本性。无论是向外观认，还是向内省察，最终都可以获得总体的认识，形成一种本体论观念。

他指出，朱熹哲学和陆象山哲学都是运用直觉方法很成功的范例。朱熹偏重于向外体认探究的直觉法，运用"虚心涵泳，切己体察"的工夫，形成"理为本体"的形而上学思想。陆象山运用向内反省的直觉法，发明人的本心，形成"此心本灵，此理本明，此性本善"的看法，建立"心为本体"的形而上学。照贺麟看来，无论是朱学中的"理"，还是陆学中的"心"，都是对最高本体的揭示。因此，二者是相通的，心学即理学。从这里可以看出，贺麟对朱学与陆学直觉法的分析，其实是在论证他自己提出的心理合一的本体论思想。

贺麟还提出，除了直觉方法之外，辩证法也是一种求得形而上学的

---

① 贺麟. 近代唯心论简释. 重庆：独立出版社，1943：97.

② 贺麟. 近代唯心论简释. 重庆：独立出版社，1943：98.

方法。任何一位哲学家在从事哲学思考时都不能不借助辩证法。那么，怎样运用辩证法建立形而上学呢？

第一，借助辩证法可以从形而下的"复多"或"部分"推导出形而上的"统一体"或"整体"，这种"统一体"或"整体"即宇宙万有的本体。他说："辩证法就是求对立的统一或复多的统一之方法，所谓统一体，即形而上之理，即我篇首所谓一元的本体。"从这个意义上看，辩证法也就是"观认万殊归为一理，一理实贯万殊的方法"。万事万物，形形色色，林林总总，可谓之"多"，但多中必有"一"。这个贯通万有的"一"即是形而上的"理"或"心"。贺麟认为宋儒格物穷理的方法就是辩证法的具体运用。"就此法之多中见一言，可谓格物（多）穷理（一）；就此法之一中见多言，可谓从理观物。"

第二，借助辩证法可以从充满矛盾的现实界推演出没有矛盾的理想界，这个理想界就是本体界。他说："盖现实界的矛盾须从理想着眼以求调解，有限事物的矛盾须从无限理则着眼以求调解，现象界的矛盾须从本体界着眼以求调解，部分间的矛盾须从大体全局着眼以求调解，末流枝节有矛盾从根本源泉着眼以求调解。"按照这个逻辑，为了调解矛盾，必须设定没有矛盾的本体界的存在。贺麟指出，从这一点来看，辩证法也就是佛教常说的"破执显真"的方法："辩证法足以破执显真，使心眼开朗，向着理想界，本体界，无限理则，根本源泉，或全体大局仰望，以超出形下事物之矛盾也。"[①]

总之，贺麟所理解的辩证法，就是这样一种求得形而上学的思辨方法：用主从关系剪裁一对普遍的范畴，把其中一个抬到形而上的本体论高度，另一个置于形而下的从属地位。例如，在一与多这对范畴中，一被解释为多的本体；在理想与现实这对范畴中，理想被说成现实的本体。

---

① 贺麟. 近代唯心论简释. 重庆：独立出版社，1943：146.

他的新心学的本体论思想也是按照这种思路提出来的。他把心与物组成一对范畴，然后把心提到本体论高度，从而形成唯心主义的本体论思想。

贺麟对直觉法与辩证法作了比较。他认为，在求得形而上学这一点上，辩证法与直觉法异曲同工，殊途同归。这两种方法的共同之处在于：第一，都是某种"天才的艺术"，而非可以呆板模仿的死方法，没有什么思维规律可循，可教性是有限的；第二，都是把握整体的方法，都是对分析的综合。他指出，辩证法就是观认到事物之通体中所包含的肯定，变化中所包含的永常，由异中见同，由分中见合；而直觉则是理智分析的归宿，因为"单是分析，即使面面俱到，亦绝不能达到整体。凭分析只是愈分愈细，绝不能面面俱到，故必借直觉的助力，方可把握"①。贺麟认为，辩证法与直觉法是可以互相解释的。他说："辩证法自身就是一个矛盾的统一。辩证法一方面是方法，是思想方法，是把握实在的方法，辩证法一方面又不是方法，则是一种直观，对于人事的矛盾、宇宙的过程的一种看法或直观。"②在他看来，辩证法和直觉法都是整体主义的思想方法。

贺麟把辩证法同直觉法混为一谈，这种看法无疑是错误的，曲解了辩证法的本质。不过也应当看到，贺麟努力的方向则是试图用辩证法突破形式主义分析方法的局限性，用辩证思维方式取代知性思维方式。他清楚地意识到："要把握实在，非公式化的形式主义所能为力。"③但是他由于受到西方新黑格尔主义的影响，对辩证法做了直觉主义和神秘主义的曲解，未能达到这一目标。对于辩证法的误解是贺麟走向唯心主义的认识论根源之一。

---

① 贺麟. 近代唯心论简释. 重庆：独立出版社，1943：96.

② 贺麟. 近代唯心论简释. 重庆：独立出版社，1943：136.

③ 贺麟. 近代唯心论简释. 重庆：独立出版社，1943：153.

新心学的伦理思想

儒学向来以"人学"著称，特别重视道德伦理问题。贺麟继承了儒家这一传统。他的新心学思想体系以伦理思想为归宿。依据"心理合一"的哲学思想，他力倡道德至上说，对三纲五伦做出新的诠释，并试图塑造现代的儒者形象，形成以"理欲调和"为特征的伦理思想。

道德至上说

贺麟把道德摆在人类生活最重要的地位。他认为，不是经济决定道德，而是道德决定经济，经济只不过是道德的表现工具而已。他说："不经过自觉的计划或经营——不论出自政府或个人——根本就不会有经济，换言之，就经济的性质或意义论来，经济就是为人力所决定的东西，是由人类的理智和道德努力、创造而成的东西。"[①]他不否认人们的道德观念同经济生活有关系，但他坚信"为经济所决定的道德非真道德"。总之，他认为真正的道德非经济所能转移、所能决定，也不会随着经济状况的改进而改进。我们从他的这些看法可以看出，贺麟基本上沿袭了儒家"伦理本位"的传统观念，并且有意识地把这种观念根植在唯心主义历史观的基础上而加以确认。

据此，他表示不能接受唯物史观关于经济基础决定上层建筑的理论。他把经济基础叫作"下层"，把上层建筑叫作"上层"。他的看法同唯物史观恰恰相反，认为不是下层决定上层，而是上层决定下层："在我们看来，经济始终是工具，上层的生活才是目的。我们固然不否认工具的重要，但我们更注意目的的重要。"[②]他引述马克斯·韦伯的说法来证明这

---

① 贺麟. 文化与人生. 北京: 商务印书馆, 1988: 29.

② 贺麟. 当代中国哲学. 南京: 胜利出版公司, 1947: 78.

一观点，认为近代资本主义的出现，并非由于物质的自动或经济的自决，而是凭借许多理智的、政治法律的、精神的、道德的、宗教的条件。

从唯心主义历史观出发，贺麟对道德的根源做了这样的解释："真正的道德行为乃为自由的意志和思想的考虑所决定，而非受物质条件的决定。"①他表示赞成朱熹"仁者，心之德爱之理"的观点，并加以发挥说："贵德谓自觉，盖人本有向上利他之德性，每每不自知觉，不能奋发推广，故贵自加反省，自觉其内心仁德之宝贵，勿为物欲所障蔽"②。他的这些言论反映出，贺麟一方面承继了宋儒注重心性自觉的伦理思想，另一方面也吸收了西方注重意志自由的伦理思想，并试图把二者结合起来。他一方面维护传统，而另一方面又走出传统，转换传统，希冀借助意志自由说匡正传统伦理学说的缺陷。他分析说，儒家一向倡导的"三纲五伦"观念，本来就包含着"道德真精神"；可惜这种真精神由于未曾受到开明运动的净化，未能奠立在"自由意志"的基础上，从而也就未能使道德行为变成人们"出于真情之不得"的自愿选择，这样一来，"道德真精神"便为僵化的礼教所桎梏，为权威的强制所掩盖，以至于失掉维系社会、安定人心的作用。他主张"以学术的开明，真情的流露，意志的自主为准"，对儒家传统的伦理观念加以补救，使之适应工业化社会生活的需要。

五伦观念的新检讨

贺麟认为，以三纲五伦为核心的儒家伦理思想体系尽管有某些缺陷，但毕竟包含着"真道德"观念。"其理论基础深厚，犹源远根深，而其影响之远大，犹如流之长，枝叶之茂"，是不能轻易否定的。他不赞成五四

---

① 贺麟. 文化与人生. 北京：商务印书馆，1988：43.

② 贺麟. 当代中国哲学. 南京：胜利出版公司，1947：138.

新文化运动把儒家伦理一概斥为"吃人的礼教",并认为五四运动并没有打倒孔孟的"真精神,真意思,真学术"。作为对五四运动的回应,贺麟站在新儒家的立场上,努力寻找三纲五伦的理论依据,试图重振儒家伦理的雄风。

他提出:"五伦的观念是几千年来支配我们中国人的道德生活的最有力量的传统观念之一。它是我们礼教的核心,它是维系中华民族的群体的纲纪。"[1]照他看来,只要中华民族存在,五伦观念就不会失去价值,这种观念不仅适用于古代社会,而且也适用于现代工业社会。"因为即使在产业革命、近代工业化的社会里,臣更忠,子更孝,妻更贞,理论上事实上都是很可能的。"[2]他认为五伦乃是人生正常永久的关系,这种关系是人所不能逃避、不应逃避的。五伦观念注重社会团体生活,注重家庭、朋友、君臣间的正常关系,反对枯寂遁世的人生态度,它对于发展人性、稳定社会来说,永远是一种健康的思想。它不会妨碍现代的经济活动,不会同现代的生活方式发生冲突。

贺麟还指出,五伦观念之所以在现代社会仍然具有生命力,在于它契合伴随着资本主义而来的人本主义精神。五伦观念不十分注重人与神、人与自然的关系,而特别注重人与人的关系;不十分注重宗教、艺术、科学的价值,而特别注重道德价值。在看重"人"这一点上,可以说与西方的人本主义殊途同归。他颇有感慨地说:"西洋自文艺复兴以后,才有人或新人的发现,十七世纪和十八世纪内,人本主义盛行。足见他们也还是注重人及人与人的关系,我们又何必放弃自己传统的重人伦的观念呢。"[3]

---

① 贺麟. 文化与人生. 北京:商务印书馆,1988:51.

② 贺麟. 文化与人生. 北京:商务印书馆,1988:52.

③ 贺麟. 文化与人生. 北京:商务印书馆,1988:59.

　　贺麟把五伦说等同于西方近代的人本主义，显然忽视了二者之间的区别。西方的人本主义主张个性解放和人格独立，这是一种资产阶级的人学观点。儒家的五伦说虽也谈到人，却把人归结为种种关系，取消了独立人格，具有维护封建等级制的消极作用。五伦说的出发点是家庭关系，由父子关系推演出君臣关系，由兄弟关系推演出朋友关系，带有浓厚的宗法性质，是建立在小生产基础之上的人际观念。人本主义是建立在商品经济、等价交换基础之上的人际观念。贺麟对五伦说的阐发并没有反映出儒家五伦说的全部内容，实际上已做了改造。他接过儒家的五伦说，剔除其中的宗法成分，注入人本主义的内容，已把它变成反映资产阶级要求的现代新儒家观念。

　　贺麟认为，五伦与三纲是不可分的，三纲为五伦的核心。五伦仅表示人际关系的相对性，对双方都有约束性，一方对另一方尽道德义务似乎是有条件的。如果君不尽君道，臣似乎就有理由不尽臣道。这样一来便无法保证社会生活的安宁。因此，五伦必须由三纲来补救。"三纲说要求臣、子、妇尽单方面的忠、孝、贞的绝对义务，以免陷于相对的循环报复，给价还价的不稳定的关系之中。"①三纲表示人际关系的绝对性。正是由于三纲说，礼教才具有权威性。照他看来，不仅五伦说应当提倡，三纲说更应当提倡。

　　贺麟依据"心理合一"的宇宙观，从哲学高度为三纲说寻找理论依据。他指出，三纲不是建立在人际关系之上的，而是建立在人对于"理念"的关系之上的。他说："先秦的五伦说注重人对人的关系，而西汉的三纲说则将人对人的关系转变为人对理、人对位分、人对常德的单方面的绝对的关系。故三纲说当然比五伦说来得深刻而有力量。举实例来说，三纲说认君为臣纲，是说君这个共相，君之理是为臣这个职位的纲纪。

---

① 贺麟. 文化与人生. 北京：商务印书馆，1988：59.

说君不仁臣不可以不忠，就是说为臣者或居于臣的职分的人，须尊重君之理，君之名，亦即是说忠于事，忠于自己的职分的意思。完全是对名分、对理念尽忠，不是作暴君个人的奴隶。"①贺麟从"理念"的绝对性中引申出三纲的权威，把三纲说奠立在新儒学的哲学基础之上。经过这样的阐释，三纲变成了超历史、超人际关系的伦理信条。

贺麟还引述西方的某些伦理思想引证三纲说，借以说明它的普遍有效性。他说："最奇怪的是，而且使我自己都感到惊异的，就是我在这中国特有的最陈腐、最为世所诟病的旧礼教核心三纲说中，发现了与西洋正宗的高深的伦理思想和与西洋向前进展向外扩充的近代精神相符合的地方。"②他指出，相符合之处至少有以下四点：第一，三纲说同柏拉图的范型说一致；第二，同康德的"绝对律令"说一致；第三，同基督教"道德本身就是目的"的思想一致；第四，同西方浪漫主义者对女子"竭尽单方面的爱"的精神一致。他由此得出结论说："总之，我认为要人尽单方面的爱，尽单方面的纯义务，是三纲说的本质。而西洋人之注意纯道德纯爱情的趋势，以及尽职守、忠位分的坚毅精神，莫不包含有竭尽单方面的爱和单方面的义务之忠忱在内。"③通过对西方和中国伦理思想的比较，贺麟试图向人们表明："对理念尽忠"是人类普遍的道德信念，三纲是普遍有效的道德准则，它不会因时代的变迁而失去约束力。

从贺麟对"三纲五伦观念的新检讨"中，我们可以看出，他努力的目标在于，把三纲五伦移植到现代中国社会，使之继续发挥维系人心、安定社会的作用。贺麟长期浸淫于黑格尔哲学，接受黑格尔"国家是地上的伦理实体"的观点，力图用这种观点承继、转换儒家的传统。毋庸

---

① 贺麟. 文化与人生. 北京：商务印书馆，1988：60.

② 贺麟. 文化与人生. 北京：商务印书馆，1988：60—61.

③ 贺麟. 文化与人生. 北京：商务印书馆，1988：61.

讳言，贺麟的"三纲五伦新说"带有浓厚的权威主义色彩，但也应看到，贺麟在抗日战争这种特殊的历史条件下倡导三纲五伦观念，也有维护民族群体的积极意义。

现代儒者人格

贺麟站在现代新儒家的立场上，对儒者人格做了新的解释。在传统儒学中，儒者往往指"耕读传家"之士。照贺麟看来，这样的理解未免太狭隘了。他说：

> 何谓"儒者"？何谓"儒者气象"？须识者自己去体会，殊难确切下一定义，其实也不必呆板说定。最概括简单地说，凡有学问技能而又具有道德修养的人，即是儒者。儒者就是品学兼优的人。我们说，在工业化的社会里，须有多数的儒商、儒工以作柱石，就是希望今后新社会中的工人、商人皆成为品学兼优之士，亦希望品学兼优之士，参加工商业的建设，使商人和工人的道德水准和知识水平皆大加提高，庶可进而造成现代化、工业化的新文明社会。[1]

贺麟对"儒者"做了最广泛的解释，他认为每个中国人都应当成为品学兼优的儒者。只有造就一大批这样的儒者，中国的现代化才有希望。"若无多数重忠孝仁爱信义和平的道德修养的儒商、儒工出，以树立工商的新人格模范，商者凭借其经济地位以剥削人，工者凭借其优越技能以欺凌人、傲慢人，则社会秩序将无法安定，而中国亦殊难走上健康的工业化的途径。"[2]

---

[1] 贺麟. 文化与人生. 北京：商务印书馆，1988：11—12.
[2] 贺麟. 文化与人生. 北京：商务印书馆，1988：11.

　　贺麟特别指出，把商人排除在"儒者"的范围之外是不公允的。他认为大多数商人都是自食其力的。商人由于游历的地方多，见识多，对于打破旧风俗习惯，改革礼教，促进新道德的产生，常有特殊的贡献。在现代社会里，尤其需要"儒商""儒工"出来作社会的柱石。贺麟对"商人"的褒扬在一定程度上突破了传统儒家伦理思想的狭隘眼界，顺应了近代以来中国社会转换价值系统的大趋势。他的儒者观念是资本主义生产关系在道德领域中的反映，与封建主义的传统观念相比，具有进步意义。

　　贺麟认为，现代儒者为人处世的态度应当是合时代、合人情、合理性。

　　一是合时代。贺麟认为，不应当把儒学看成一套一成不变的、僵死的概念，它应当随着时代的发展而发展。其实，孔子本人就是一位"圣之时者也"，主张"礼以时为大"。从这一点来看，合时代乃是儒学题中应有之义。按照贺麟的解释，所谓合时代，就是"审时度势，因应得宜"①，使儒家思想同时代精神协调起来，从而获得新的生命力。

　　贺麟指出，儒者"合时代"的精神在政治方面应当体现为积极地容纳、发扬民主意识。贺麟反对把儒家思想只看作为专制帝王做辩护、谋利益的工具，他认为儒家思想与民主主义有相容的一面。比如，儒家"天视民视，天听民听"的思想、"民贵君轻"的思想都贯穿着真正的民主主义精神。贺麟也反对把儒家的诗礼风度同民主政治截然对立起来。辜鸿铭曾站在旧儒学的立场上，攻击西洋近代文明无诗之美、无礼之和，贺麟驳斥了他的看法。贺麟说："辜鸿铭指斥西洋近代工商业文明的民主政治，却陷于偏见与成见。彼只知道中古贵族式的诗礼，而不知道近代

---

① 贺麟. 文化与人生. 北京：商务印书馆，1988：13.

民主化的诗礼。"①比如，竞争选举、国会辩论、政治家的出入进退，都颇有"礼"的味道；人们在劳动之余，唱歌跳舞，自得其乐，相当美化而富有诗意。照贺麟看来，辜氏对近代工商业文明的批评，不符合事实，未免把儒家的诗礼看得太呆板、太狭隘了。贺麟儒者必须合时代的主张反映出，他是以开放的心态看待儒学、看待民主政治的。他淡化儒学的专制色彩，摒弃贵族意识，接纳民主观念，充分表明他的新儒家学术立场的资产阶级性质。

二是合人情。贺麟认为传统儒学过分注重抽象的"天理"，排斥"人欲"，而陷于"以理杀人"之弊，这是不近人情的。如果不解决这个问题，便无法实现儒学的现代转换。他指出："近代伦理思想上有一大的转变，早已超出了中古僧侣式的灭人欲、存天理、绝私济公的道德信条，而趋向于一方面求人欲与天理的调和，求公与私的共济；而一方面又更进一步去设法假人欲以行天理，假自私以济大公。"②从现代伦理思想的发展趋势上看，宋儒"存天理，灭人欲"之说业已过时。作为一个现代的儒者，应当重新认识天理与人欲、道德与功利的关系，正视人的功利要求。这就是贺麟所说的"合人情"。他说："合人情即求其'反诸吾心而安'。"③贺麟摒弃了"灭人欲"的旧观念，他认为"要想人绝对不自私，不仅失之'责人重以周'，甚且有一些违反本心，不近人情"。一个人人绝对不自私的社会是不可想象的。他指出，从现代的伦理观念看，自私的意义是自保、自为、自爱，自私得坦白、开朗、合理，便叫"利己主义"。他认为自私、利己也有其积极的方面，那就是可以作为实现道德理想的工具或材料。道德生活如果完全脱离了人的情欲私心，则必然陷入

---

① 贺麟. 文化与人生. 北京：商务印书馆，1988：12.

② 贺麟. 文化与人生. 北京：商务印书馆，1988：66.

③ 贺麟. 文化与人生. 北京：商务印书馆，1988：13.

空虚与贫乏。这样的道德生活绝不是现代人所要求的充实丰富、洋溢着生命力的生活。

出于对"利己主义"的同情，贺麟重新解释道德与功利的关系。他强调，二者不是对立关系，而是主从关系或体用关系，"非功利是体，功利是用，理财与行仁政，并不冲突，经济的充裕为博施济众之不可少的条件。"①他认为功利本身不是人生的目的，但可以成为实现道德理想的手段。例如，不可以把求金钱作为人生的目的，但可以利用金钱来发展个性、贡献国家、服务社会。可见功利与道德是相辅相成的。贺麟的这种看法比宋儒"存天理，灭人欲"的观点显然开明得多，这是现代中国社会商品经济有所发展的状况在理论上的反映。但是，贺麟并没有放弃儒家"伦理本位"的思想传统。在他看来，道德仍旧为体，功利不过是用，功利是围绕着道德的轴心转的。他提出"合人情"之说，只是力图把资产阶级功利观念充实到儒家思想体系之中，求得二者之间的调和。

三是合理性。贺麟指出，合时代、合人情、合理性是不可分割的关系。如果只求合时代而不求合理性，便流为庸俗的赶时髦；如果只求合人情而不求合理性，便流为"妇人之仁""感情用事"或主观的直觉。这都不是现代儒者所应有的态度。对于现代儒者来说，合理性最为根本，合时代与合人情应当以合理性为准绳。贺麟对合理性的解释是："合理性即所谓'揆诸天理而顺'。"②意思是说，现代儒者应当树立"心理合一"的哲学信念，追求超私归公、民胞物与、合内外、超人我的道德理想或精神境界。"超私归公是修养达到的事，但亦未始不可以说是理性的法则，宇宙的大道。"③

---

① 贺麟. 文化与人生. 北京：商务印书馆, 1988: 209.
② 贺麟. 文化与人生. 北京：商务印书馆, 1988: 13.
③ 贺麟. 文化与人生. 北京：商务印书馆, 1988: 69—70.

合人情与合理性，在贺麟看来是一致的。因为"人是不愿意自私的，人做利己的事，是势之不得已的。他最后的归宿，他内心深处的要求，是想打破人我的隔阂，泯除人我的界限的。"①合人情不仅求己心之独安，而且会设身处地，求人心之共安。这样一来，利己就会转化为利他，为私就会转化为为公，利己主义就会转化为理想主义。这就是说，合人情必然以合理性为归宿。人只有做到合理性，精神上才会有超脱潇洒、安顿归宿之感，养成宽阔的胸怀，造就高尚的人格。

总之，照贺麟看来，凡事皆能精研详究，以求合理、合情、合时，便足以代表现代儒者的态度了。他认为孙中山先生可以说是现代儒者的楷模，"他在创立主义、实行革命原则中，亦以合理性、合人情、合时代为标准，处处皆代表典型中国人的精神，符合儒家的规范"②。贺麟对现代儒者人格的诠释，一方面注意传统与现代的吻合；另一方面注意天理与人欲的调和，力图把儒家传统的观念与现代资产阶级伦理思想融为一体，建立一个适合中国资产阶级理论需要的价值观念体系。贺麟的这种"理欲调和"的伦理思想反映了中国半封建半殖民地社会资本主义生产关系有所发展而又非常不足的经济状况。贺麟设计的现代儒者人格在中国未变为现实，但他提出的如何促使传统向现代转化的构想，对于我们正确地看待、处理传统与现代的关系，仍可以引为借鉴。

（原载方克立、李锦全主编《现代儒家学案》中册，中国社会科学出版社1995年出版）

---

① 贺麟. 文化与人生. 北京：商务印书馆，1988：69.
② 贺麟. 文化与人生. 北京：商务印书馆，1988：15.

附　录

贺麟年表

1902年（光绪二十八年）1岁

9月20日生于四川省金堂县五凤乡。名麟，字自昭。他自述，"从小深受儒家熏陶"，"特别感兴趣的是宋明理学"。认为治学应以义理之学为本、辞章经济之学为用，"哲学应当与文化陶养、生活体验相结合"。他的父亲贺松云是晚清秀才，于金堂正精书院卒业。曾主持乡里和县里的教育事务，出任金堂中学校长、县教育科长。居家时常教儿子读《朱子语类》和《传习录》。

1909年（宣统元年）8岁

入私塾读书，不久便随姑太到镇上读小学。学习"四书""五经"，强调记诵而轻乎理解，虽只是一知半解，却为他后来研习国学打下了基础。

1914年（民国3年）13岁

小学毕业。因身材矮小、身体瘦弱，父母没有让他独自到外地读书，仍在小学进修。书籍为他打开了一扇超越时空的窗口，他暗暗立下志愿："我要读世界上最好的书，以古人为友，领会最好的思想。"

1917年（民国6年）16岁

考入省立成都联中——石室中学。普通科目成绩平平，唯独国文课却十分突出，国文老师称赞他是"全校能把文章写通的两个人之一"。

1919年（民国8年）18岁

考入北京清华学堂（清华大学前身），先后听过梁启超开的几门关于中国学术思想史的课程，对学术研究产生了浓厚的兴趣。快要毕业的时候，选修吴宓的"翻译课"，打算"步吴宓先生介绍西方古典文学的后尘，以介绍和传播西方古典哲学为自己终身的'志业'"。在第24卷第2期《清华周刊》上发表《新同学新校风》一文，提倡忠孝、仁爱、信义、和平等"中国固有之美德"和孔子的忠恕之道。

1920年（民国9年）19岁

校内刊物《平民周刊》选编辑，被选中。

暑假，随学校组织的消夏团到北京西山开展集体活动。

1924年（民国13年）23岁

趁梁漱溟应邀来清华短期讲学之机，拜访梁漱溟几次。梁漱溟对他说："只有王阳明的《传习录》与王心斋的书可读，别的都可不念。"

1925年（民国14年）24岁

在第22卷第21期《东方杂志》上发表《论严复的翻译》一文。

本年，基督教大同盟在北平举行会议。他代表《清华周刊》在本刊发表《论研究宗教是反对外来宗教传播的正当方法》一文，表明他以理性同情的眼光对待基督教。

被选为"沪案（五卅惨案）后援团"的两个宣讲人之一。

暑假公费到石家庄、太原、开封、洛阳、信阳等地宣传鼓动，宣传三民主义。

1926年（民国15年）25岁

到美国奥柏林大学哲学系学习西方哲学。主要课程有拉丁文、心理学、哲学史、宗教哲学、伦理学以及《圣经》等。先后撰写了《神话的本质和理论》《魔术》《村社制度研究》《结婚、离婚的历史和伦理》《论述吉伍勒的伦理思想》等论文，皆收入《哲学与哲学史论文集》。

1927年（民国16年）26岁

为纪念斯宾诺莎（Baruch de Spinoza, 1632—1677）逝世250周年，耶顿夫人（Mrs. Yeaton）在家组办读书会。他为该读书会的七位成员之一。耶顿夫人教授为他们讲授伦理学、黑格尔哲学和斯宾诺莎哲学，"由于她的启发奠定了我后来研究黑格尔和斯宾诺莎哲学的方向和基础，所以她是我永生难忘、终身受益的老师"。

暑假，加入设于芝加哥泰勒沙龙的东方学生会。北伐胜利挺进的消息传至美国，他极其兴奋，在"东方学生会"举办的学术会议上，宣读论文《中国革命的哲学基础》。该文后发表于《清华周刊》英文版。

10月，在第24卷第19期《东方杂志》发表《西洋机械人生观最近之论战》一文，后收入《近代唯心论简释》一书。

1928年（民国17年）27岁

修满学分，以优异成绩提前半年毕业于奥柏林大学，获哲学学士学位。学士论文是《斯宾诺莎哲学的宗教方面》。3月，转入芝加哥大学专攻哲学。选修米德教授的"黑格尔精神现象学""柏格森生命哲学"等课程，斯密士教授的"格林、布拉德雷、西吉微克、摩尔的伦理学"课程，塔尔兹的"政治伦理"课程。

出于对格林哲学的推崇，开始接受新黑格尔主义思想，写成《托玛斯·希尔·格林》一文。在"芝加哥道德论坛"上发表《中国革命胜利的主导思想》。1928年下半年转入哈佛大学，"目的在进一步学习古典哲学家的哲学"。

选听"康德哲学""斯宾诺莎哲学"等课程，选听哲学家怀特海教授的"自然哲学"课程，听过英国著名哲学家罗素（1873—1970）的学术演讲。曾与沈有鼎、谢幼伟和怀特海交谈中国哲学问题。他自述："我不满于芝加哥大学偶尔碰见的那种在课堂上空谈经验的实用主义者，所以在1928年下半年转往哈佛大学。"哈佛大学对古典哲学很重视，这对他的学术思想影响很大。

1929年（民国18年）28岁

听霍金（W.E.Hocking）教授的"形而上学"课程后，写成论文《斯宾诺莎身心平行论的意义及其批评者》。霍金教授认为论文有创新思想，给以满分。根据霍金教授的意见，对论文又加以补充、修改。

毕业于哈佛大学，获哲学硕士学位。他完成两篇论文，标题分别是《道德价值与美学价值》《自然的目的论》。他自述："我最感兴趣的是英国的新黑格尔主义者格林和美国的新黑格尔主义者鲁一士，特别是鲁一士《近代哲学之精神》和《近代理想主义讲演》这两本书对我启发甚大。我在当时就着手翻译其中的几篇论述黑格尔精神现象学的文章，以求把黑格尔哲学的精神早日传播到中国来。"

1930年（民国19年）29岁

在第149期《大公报·文学副刊》上发表《朱熹与黑格尔太极说之比较》一文。该文作为附录收入《黑格尔学述》一书。他试图把儒家传统哲学同西方哲学融合起来，推进儒家哲学现代化。从此，走上了中西哲学参证比较、融会贯通的治学道路。他自述："我是想从对勘比较朱熹的太极和黑格尔的绝对理念的异同，来阐发两家的学说。这篇文章表现了我的一个研究方向或特点，就是要走中西哲学比较参证、融会贯通的道路。"

从美国转到德国柏林大学，继续学习德国哲学，选修了迈尔的"哲学史"课、著名哲学家哈特曼教授的"历史哲学"课。研读了有关黑格尔生平及其学说的德文论著，如克朗纳的《从康德到黑格尔》、格罗克纳的《黑格尔》、哈特曼的《黑格尔》、狄尔泰的《青年黑格尔的历史》。哈特曼对他影响最大，使之认识到辩证法在黑格尔哲学体系中的核心作用。

1931年（民国20年）30岁

结识著名的斯宾诺莎专家格希哈特（犹太人），被邀请到法兰克福附近的"金溪村舍"做客。由格希哈特介绍，加入国际斯宾诺莎学会。

8月，结束了5年的欧美求学生涯，自柏林出发，经欧亚铁路回到祖国，28日抵达北京。

9月，经杨振宁的父亲、数学家杨武之教授推荐，受聘为北京大学哲学系讲师，主讲"哲学问题""西方现代哲学""伦理学""西方哲学史""黑格尔哲学"等课程。应清华大学文学院院长冯友兰邀请，在清华大学讲授"西洋哲学史""斯宾诺莎哲学"两门课程，每周4小时。

写完《德国三大哲人处国难时态度》一书，在《大公报》上连载。

1932年（民国21年）31岁

在北京大学升任副教授。

5月28日、6月1日，在第36期和第38期《大公报·现代思想》上连载《我之意志自由观》一文。

11月14日、11月21日，在第254期、第255期《大公报·文学副刊》上连载《大哲学家斯宾诺莎诞生三百年纪念》一文。

1933年（民国22年）32岁

1月23日，在第264期《大公报·文学副刊》上发表《斯宾诺莎的生平及其学说大旨》一文。

3月，在第1卷第4期《大陆》上发表《黑格尔之为人及其学说概要》一文；在第5卷第1期《哲学评论》上发表译文《黑格尔的精神现象学》。

12月，在第9卷第1期《清华学报》上发表《道德进化问题》一文。

1934年（民国23年）33岁

《德国三大哲人处国难时之态度》一书由独立出版社出版。

11月，在第305期《大公报·文学副刊》上发表书评《从叔本华到尼采——评赵懋华著〈叔本华学派的伦理学〉》。

在第41卷第5期《清华周刊》上发表《黑格尔印象记》。

1935年（民国24年）34岁

在第1卷第1期《新民月刊》上发表译文《五十年来的德国哲学》（此文为他的《西方哲学讲演集》一书的附录）。

参加第一届中国哲学会，当选为理事。

1936年（民国25年）35岁

升任教授。

在第33卷第4期《东方杂志》上发表《康德名词的解释和学说的要点》一文；在第7卷第3期《哲学评论》上发表《文化的类型》一文。

参加第二届中国哲学年会，当选为学会理事。

1937年（民国26年）36岁

参加第三届中国哲学会，当选为常务理事。

1938年（民国27年）37岁

10月，到国民党中央政治学校临时任教，一年后，仍旧返回西南联合大学。在第1卷第4期《新动向》上发表《与张荫麟先生辩太极说之转变》一文。在"北京大学四十周年纪念文集"中发表《知行合一新论》一文。该文集出版单行本。7月9日，在日记中写道："我读《重光杂志》中唐君毅的文章，觉得唐君毅的文字明晰，见解弘通，于中西哲学皆有一定的研究。其治学态度、述学方法、所研究之问题，均与余相近似，是基于'人同此心，心同此理'的原则。"

1940年（民国29年）39岁

在第3期《战国策》上发表《五伦观念的新检讨》一文，开始提出他的新心学哲学思想；在第3卷第1期《今日评论》上发表《物质建设现代化与思想道德现代化》一文；在第7卷第4期《哲学评论》上发表《时空与超时空》一文。

参加第四届中国哲学会，当选为常务理事和"西洋哲学名著"翻译委员会主任。

蒋介石让秘书发电报约见他。接电报后他飞往重庆，在黄山别墅由陈布雷陪同见到了蒋介石。借此机会他向蒋介石提出"西洋哲学名著翻译委员会"的经费问题，蒋介石答应拨款法币300万元。蒋介石邀请他留在中央政治学校任教，被他婉言谢绝。在他回国至1948年间，曾经四次接受蒋介石约见。如周辅成说："贺先生与蒋介石之间的个人关系也无可指摘，他从未做过其他说不出来的事。"

1941年（民国30年）40岁

在第3卷第5期《新认识》上发表《论知难行易》一文；在第1期《思想与时代》月刊上发表《儒家思想的新开展》一文，阐述他的新心学思想；在该刊第2期上发表《爱智的意义》一文。

大东书局出版的反映战国策派思想的论文集《时代之波》收入他的《五伦新解》《英雄崇拜与人格教育》两篇文章。在第5期《思想与时代》上发表《自然与人生——"回到自然去"》一文。

1942年（民国31年）41岁

在第1卷第11期《文化先锋》上发表《现代思潮批判》一文；在第7期《思想与时代》月刊上发表《宣传与教育》一文。

1943年（民国32年）42岁

将一些文稿辑成《近代唯心论简释》一书，由重庆独立出版社出版。这本书是第一本集中反映他的新心学哲学思想的论文集。

在第22期《思想与时代》上发表《学术通讯》一则；在第23期上发表论文《德国文学与哲学的交互影响》一文；在第29期上发表论文《基督教与政治》一文；在第8卷第4期《哲学评论》上发表《费希特哲学简释》一文。

1944年（民国33年）43岁

在第8卷第6期《哲学评论》上发表《谢林哲学简述》一文；第7期《理想与文化》上发表书信《论时空"答石峻君书"》；在第34期《思想与时代》上发表《宋儒的新评价》一文。

1945年（民国34年）44岁

译完斯宾诺莎著《致知篇》一书，由重庆商务印书馆出版。

在第1卷第17期《建国导报》发表《陆王之学的新开展——介绍熊十力及马一浮二先生的思想》一文。

1946年（民国35年）45岁

在第8卷第1期《三民主义半月刊》上发表《当代中国哲学》序言。

9月21日，致函胡适，盼复早归，主持北京大学复原工作。

西南联合大学哲学心理学系主任汤用彤因公离校，代理其职务。7月，闻一多在昆明被暗杀，西南联合大学成立"闻一多丧葬抚恤委员会"，当选为委员。西南联合大学解体，北大、清华、南开三校决定迁回原址。成立三校联合迁移委员会，当选为委员。10月，随北大返回北平。

1947年（民国36年）46岁

担任北京大学训导长，但从未迎合上司干迫害进步学生的事，多次顶住国民党政府教育长朱家骅施加的压力，没有开除进步学生。一些特务学生开来的黑名单，也一律扣下不报。他还多次出面保释被捕的学生，樊弘等思想进步的教授也都因得到他的掩护而躲过国民党警方的追捕。写成《当代中国哲学》一书，由南京胜利出版公司出版。将部分论文辑成《文化与人生》一书，由上海商务印书馆出版。这两本书是关于新心学哲学思想的重要著作。

在第9卷第1期《三民主义半月刊》上发表《民治论》一文；在《远东》创刊号发表《纳粹毁灭与德国文化》一文；在第41期《思想与时代》上发表《王安石的心学》一文；在第43期发表《王安石的性论》一文；在第48期发表《对黑格尔系统的看法》一文；在第3期《玉华》上发表《儒家的性善论》一文；在第126期《读书通讯》上发表《西洋近代人生哲学之趋势》一文。

1948年（民国37年）47岁

重庆中正书局编辑出版的论文集《儒家思想新论》收入了他的《儒家思想的新开展》一文。

在《周论》创刊号上发表《天下一家与两个世界》一文；在第1卷第7期上发表《论党派退出学校 》一文；第1卷第12期上发表《此时行宪应有的根本认识和重点所在》一文；第2卷第1期发表《论反动》一文；第2卷第4期上发表《自由主义与学术》一文；第2卷第18期上发表《论哲学纷无定论》一文。

12月25日，北京大学举行50周年校庆。学生特送锦旗一面，上绣"我们的保姆"字样，以表示对他的感谢与爱戴。

贺麟为学生讲授的"黑格尔理则学"课程根据樊星南所做记录整理成单行本，书名定为《黑格尔理则学简述》，作为北京大学五十周年纪念论文集之一，由北京大学出版社出版。该文后收入《黑格尔哲学讲演集》。

1949年（民国38年）48岁

译完黑格尔著《小逻辑》一书。

汪子嵩代表中共地下党做贺麟的工作，希望他不要到台湾去；进步教授袁翰青也与贺麟谈了3次，宣传共产党的知识分子政策。在中共地下党有关人员的帮助下，他选择留在大陆。在围城期间，南京方面三次派飞机至北平接请，都被他拒绝。从此，不再同国民党往来。

1950年49岁

开设"研读列宁的《黑格尔〈逻辑学〉一书摘要》"课程，听课者有杨宪邦、张岂之、杨祖陶、陈世夫、梅得愚、王太庆、徐家昌等人。

随北京大学土改团到陕西省长安县参加土地改革工作一个月。

所译黑格尔著《小逻辑》由上海商务印书馆出版。

1951年50岁

1月4日，在《光明日报》发表《讲授唯心主义课程的一些体会》一文；在《新建设》第3卷第4期发表《答复庄本生先生》一文；4月2日在《光明日报》发表《参加土改改变了我的思想——启发了我对辩证唯物论的新理解和对唯心论的批判》一文，表示赞同唯物论，并批判自己过去的唯心论的观点，开始转变哲学信仰。该文被收入五十年代出版社出版的《我们参观土地改革以后》一书中，后又收入《哲学与哲学史论文集》。

到江西省泰和县参加土改半年。

1953年52岁

加入中国民主同盟，任民盟北京市委员，第一、二届民盟中央参议委员会常委，第四、五届民盟中央委员，第四、五、六届全国政协委员。

1954年53岁

2月8日，撰写《小逻辑·译者引言》。撰写《我同意克列同志的说法的思想斗争过程》一文，未正式发表，后收入《哲学与哲学史论文集》。

12月2日，中国科学院院务委员会和作协主席团会议联合举行，决定召开批判胡适思想的讨论会，有组织、有领导地展开批判胡适运动。他积极参加20世纪50年代初对唯心主义的批判，先后写出《两点批判，一点反省》《批判胡适的思想方法》《批判梁漱溟的直觉主义》等文章。

1955年54岁

由北京大学调至中国科学院哲学社会科学部哲学研究所（今中国社会科学院哲学研究所），任西方哲学史组组长、研究室主任、研究员。1月29日，在《人民日报》第三版发表《两点批判，一点反省》一文。该文不但批判胡适和梁漱溟的唯心主义思想，也对自己的思想进行了自我批判。"批判从前曾经从不同方面，在不同方式下影响过我的思想的胡适和梁漱溟先生。""也就是自己要和自己过去的反动唯心论思想划清界限。"

在《新建设》第3期发表《批判胡适的思想方法》一文；在《学习》第7期发表《"百家争鸣"和哲学》一文；在《新建设》第6期发表《论反映——学习辩证唯物主义认识论的一些体会》一文。

学习列宁《反映论》，写出一篇体会。8月，在第8期《新建设》上发表《批判梁漱溟的直觉主义》一文。

11月，译马克思著《黑格尔辩证法和哲学一般的批判》，由人民出版社出版。

撰写《学习马克思的〈黑格尔辩证法和哲学一般的批判〉》一文，收入《哲学与哲学史论文集》。

在中国科学院社会科学部举行的胡适思想批判讨论会上发言，题目为《读艾思奇同志〈批判胡适的实用主义〉的一些启发和意见》，后收入《现代西方哲学讲演集》。

在中国人民大学做了五次关于"黑格尔的自然哲学"讲演，后收入《黑格尔哲学讲演集》，改名为《运动是空间和时间的相互过渡》。

1956年55岁

2月，在第2期《新建设》上发表《知识分子怎样循着自己专业的途径走向社会主义？》一文。

2月，出席《文艺报》召开的小型座谈会，会后写成《朱光潜文艺思想的哲学根源》一文，发表于同年7月9日、10日《人民日报》。

6月，在《哲学研究》第3期发表《为什么要有宣传唯心主义的自由？——对"百家争鸣"政策的一些体会》一文，署名贺麟、陈修斋。据陈修斋回忆说：该文以他们二人的名义发表，虽是他执笔，但主要观点是贺先生的；即使在他执笔撰写时加了一些自己的想法，也是贺先生看后同意的。

8月，在第8期《新建设》发表《黑格尔关于辩证逻辑与形式逻辑的关系的理论》一文，署名贺麟、张世英；在第3期《哲学研究》发表《黑格尔著〈哲学史〉评介》一文。

12月，在第12期《新建设》发表《温德尔班著〈哲学史教本〉及罗素著〈西洋哲学史〉简评》一文。

1957年56岁

1月，根据在中国人民大学讲授黑格尔唯心主义哲学的教学实践，写成《讲授唯心主义课程的一些体会》一文，在1月4日《光明日报》上发表；在第1期《哲学研究》上发表《斯宾诺莎哲学简述》一文。

1月22日至26日，出席北京大学哲学系召开的"中国哲学史座谈会"，做了题为《对于哲学史研究中两个争论问题的意见》的系统发言。发言稿整理成《对于哲学史研究中两个争论问题的意见》一文，发表于同年1月30日《人民日报》。其后，又针对关锋的批评做了反批评，题为《关于对哲学史上唯心主义的评价问题》。二文皆被收入《中国哲学史问题讨论专辑》，由《中国哲学》编辑部编，北京科学出版社出版。

2月，随中国哲学代表团访问苏联。4月11日上午，毛泽东在中南海丰泽园接见周谷城、胡绳、金岳霖、冯友兰、贺麟、郑昕、费孝通、王方名、黄顺基等10人，并在家共进午餐，饭后又谈到三点多钟。

在4月24日《人民日报》发表《必须集中反对教条主义》一文。自述此文是"按照我所了解的当时毛主席谈话的精神而写的一篇文章，但这篇文章在1957年4月24日《人民日报》发表后，遭到了不少人的反对"。

5月10日至14日，中国科学院哲学研究所、北京大学中国哲学史研究室、中国人民大学哲学史教研室在北京大学临轩湖联合召开中国哲学史工作会议，就中国哲学史研究的方法论问题、中国哲学史目前进行研究的问题、中国哲学史资料问题展开讨论。他在会上就唯物主义与唯心主义的关系发表了意见。

反右运动开始，他把"学术重点放在翻译和'客观介绍'上，学术锋芒逐渐消减"。

1958年57岁

到河南七里营劳动、学习，为期两三个月。

9月，作《伦理学·译后记》。他翻译的斯宾诺莎著《伦理学》由北京商务印书馆出版（1981年4月重印）。

12月，中国科学院哲学研究所资料室编的《资产阶级学术思想批判参考资料》第四辑由商务印书馆出版，收入贺麟《近代唯心论简释》等。

1959年58岁

翻译黑格尔著《小逻辑》，由北京商务印书馆出版新一版。

与王太庆合译黑格尔著《哲学史讲演录》（第一卷），由北京商务印书馆出版新一版；《哲学史讲演录》（第三卷）由商务印书馆出版。

《资产阶级学术思想批判参考资料》第五辑由商务印书馆出版，收入贺麟著《当代中国哲学》和论文26篇。

1960年59岁

4月、5月，在第4、5期《哲学研究》发表《批判黑格尔论思维与存在的统一》一文；在第7期《新建设》发表《新黑格尔主义批判》一文。

与王太庆合译黑格尔著《哲学史讲演录》（第二卷），由北京商务印书馆出版新一版。

翻译斯宾诺莎著《知性改进论》（旧著《致知篇》修改后重新出版），由北京商务印书馆出版，1986年6月重印。

1961年60岁

在第1期《哲学研究》发表《论唯物主义和唯心主义的斗争和转化》一文；在第1期《新建设》发表《加强对西方现代哲学的研究》一文；在5月5日《文汇报》上发表《关于唯物主义与唯心主义斗争和转化的问题——答严北溟先生》一文。

撰写《关于研究培根的几个问题》一文，收入《培根哲学思想——培根诞生四百周年纪念文集》，由北京商务印书馆出版。

翻译马克思著《博士论文》，由人民出版社出版，该书后收入《马克思恩格斯全集》。

1962年61岁

在第1期《哲学研究》发表《关于黑格尔的〈精神现象学〉》一文。中国哲学学会北京分会在中国人民大学举行，做了题为《胡克反马克思主义的实用主义剖析》的演讲，后经整理，收入《现代西方哲学讲演集》。

翻译黑格尔著《康德哲学论述》，由北京商务印书馆出版。与王玖兴合译黑格尔著《精神现象学》，由北京商务印书馆出版。

1963年62岁

在中国科学院哲学社会科学学部第三次学部委员扩大会议上作《关于黑格尔自然哲学的评价问题》的报告，后整理成文，发表在第5期《新建设》。

1964年63岁

当选为政协第四届全国委员会委员。此后连续当选为第五、六届全国政协委员。

1965年64岁

随全国政协参观团至江西丰城县、南昌起义纪念馆、井冈山等革命圣地参观和学习。

1966—1974年65～73岁

被迫卷入"文化大革命",戴上了所谓"反动学术权威""反共老手""特务"等帽子,多次遭受批斗、抄家、游街、毒打。被关进"牛棚"一年多,房屋被占,财产丢失。

参加所谓"劳动锻炼",被遣送到河南农村干校改造两年。研究工作因运动全部中断。

1975年74岁

尚未"解放"。9月下旬接到周恩来总理签署的国宴请柬,出席国务院国庆招待会。

1978年77岁

在芜湖召开"全国西方哲学史讨论会",做了题为《黑格尔哲学体系与方法的一些问题》的讲话,讲稿整理成文,收入《黑格尔哲学讲演集》。

与王太庆合译黑格尔著《哲学史讲演录》(第四卷),由北京商务印书馆出版。

1979年78岁

6月,随中国社会科学院访日代表团访问了关西大学、京都大学、东京大学、金泽大学。在西方哲学座谈会两次作关于斯宾诺莎身心平行论思想的报告,讲稿整理成论文《斯宾诺莎身心平行论的意义及其批评者》,收入《哲学与哲学史论文集》。

8月,任中国代表团的团长,率团参加在南斯拉夫贝尔格莱德大学举行的国际黑格尔哲学第十三届年会,做了题为《黑格尔的同一、差别和矛盾诸逻辑范畴的辩证发展》的发言。发言稿整理成文,发表在第12期《哲学研究》;英文版刊登在《黑格尔年鉴》。

1980年79岁

3月,在北京三联书店出版的《中国哲学》第二辑上发表《康德黑格尔哲学东渐记》一文。该文修订后作为附录收入《五十年来的中国哲学》一书。

在第3期《学术研究》发表《实用主义是导致折中主义和诡辩论的思想根源》一文。

北京商务印书馆出版《小逻辑》新2版。他在该书序言中说:"这次修改《小逻辑》的旧译本虽从一九七三年就已开始,但当时为了要先修改出版黑格尔《哲学史讲演录》第4卷和《精神现象学》下卷,便将《小逻辑》放下了,直到一九七九年春才最后修改完毕。"

《现代西方著名哲学家述评》一书由北京三联书店出版。

1981年80岁

6月4日，中华全国外国哲学史学会正式成立并召开第一届第一次理事会议，被选为名誉会长。贺麟出席并讲话，讲话摘要由王树人整理成《我对哲学的态度》，收入《哲学与哲学史论文集》。

12日，《黑格尔全集》编辑委员会成立，任名誉主任委员。

9月，在北京召开纪念康德《纯粹理性批判》出版200周年、黑格尔逝世150周年学术讨论会。他在会上讲话，讲稿《在纪念康德、黑格尔学术讨论会开幕式上的讲话》收入《哲学与哲学史论文集》。

10月，国务院学位委员会下达第一批博士和硕士学位授权学科专业名单，他为中国社会科学院研究生院外国哲学史专业博士生导师。自1987年以来，他为西方哲学史专业培养了5名硕士生、4名博士生。

10月，出席在杭州召开的"中国哲学史学会第2届年会暨宋明理学研讨会"。因患病发生音变，没有发言。

1982年81岁

在"金岳霖从事教学和科研工作56周年"大会上发言。乐逸鸥根据记录整理成《金老的道德文章》一文，并加上了标题。

在第5期《学习与思考》发表《黑格尔的艺术哲学》一文。《精神现象学》（上下卷）荣获中国社会科学院科研一等奖。

被批准加入中国共产党，"这位历尽坎坷的哲学家终于找到了光明的归宿"。

1983年82岁

在第1期《福建论坛》发表《黑格尔的〈法哲学原理〉》一文。应民盟中央机关报《中央盟讯》的约请，为纪念马克思逝世百周年写出《马克思的早期哲学思想》一文，收入《哲学与哲学史论文集》。

9月，在第9期《哲学研究》发表《黑格尔的早期思想》一文。

10月至11月，应香港中文大学新亚书院之邀在港讲学一个月。讲学内容包括黑格尔哲学、宋明理学，讲稿发表在第1期《求索》上。

从香港回来后，撰写《唐君毅先生早期哲学思想》一文，收入《哲学与哲学史论文集》。

1984年83岁

被聘为《西方著名哲学家评传》学术顾问。所译《黑格尔》被列入《西方著名哲学家评传》丛书第六卷。

8月,《现代西方哲学讲演集》由上海人民出版社出版,周谷城、姜丕之为之作序。参加在山西太原召开的傅山学术讨论会,所提交论文《傅山哲学思想的主要倾向及开展傅山研究的重要性》发表在第6期《晋阳学刊》上。

12月,出席在上海召开的全国东西方文化比较讨论会。为纪念费希特逝世180周年,完成《费希特的唯心主义和辩证法思想述评》《费希特的爱国主义和民主思想》,二文皆收入《哲学与哲学史论文集》。

所译黑格尔《法哲学原理》由台湾新竹市仰哲出版社出版。

1985年84岁

在四川大学哲学系、西南师范学院、武汉大学哲学系讲学。

在第3期《晋阳学刊》上发表《黑格尔〈自然哲学〉提纲特别强调其中的辩证法》一文;在第11期《哲学研究》上发表《斯宾诺莎身心平行论及其批评者》一文;在第5、6期《群言》上发表《黑格尔对"形而上学思想"的批评》一文。

1986年85岁

4月,被聘为《康德与黑格尔研究》顾问。

6月,在第2期《中国社会科学院研究生院学报》上发表《论自然的目的论(比较研究康德、柏格森、鲁一士、亨德森、霍布浩斯等不同哲学家的观点和方法)》。7月,论文集《黑格尔哲学讲演集》由上海人民出版社出版。9月,在第4期《人文杂志》上发表《〈马克思恩格斯论哲学史〉序言》。

10月10日至13日,为了纪念他从事教学、研究工作55周年,中国社会科学院哲学研究所、北京大学哲学系等单位联合在北京举行"贺麟学术思想讨论会",国内外300余名专家、学者出席了开幕式。人大常委会副委员长周谷城、中国社会科学院副院长汝信、民盟中央副主席叶笃义、中国社会科学院哲学研究所所长邢贲思等到会发言。

1987年86岁

3月12日,作《文化与人生》之"新版序言"。

12月,江苏省社会科学院、江苏省哲学史与科学史研究会等单位在南京市召开"纪念《精神现象学》出版180周年学术讨论会"。他因病不能出席,派自己的两位博士生将《我学习〈精神现象学〉的经过》一文带到大会上交流,并寄去贺信。

在第5期《学海》发表《我学习〈精神现象学〉的经过》一文。

1988年87岁

7月,《黑格尔全集》编译委员会在北京昌平"爱智"山庄召开《黑格尔全集》翻译出版讨论会。他参加了讨论会并讲话,对《黑格尔全集》的翻译工作提出了许多宝贵意见。

8月,《文化与人生》由北京商务印书馆出版。12月,译著《黑格尔早期神学著作》由北京商务印书馆出版。

12月21日,西洋哲学名著研究编译会成立,他任名誉会长。

1989年88岁

3月,《五十年来的中国哲学》在沈阳由辽宁教育出版社出版。此书系《当代中国哲学》的新版,获"光明杯"优秀哲学社会科学著作荣誉奖。

7月,《德国三大哲人歌德、黑格尔、费希特的爱国主义》(原名《德国三大哲人处国难时之态度》)由北京商务印书馆出版。

1990年89岁

《哲学与哲学史论文集》由北京商务印书馆出版。

1992年90岁

9月22~24日,为纪念他诞辰90周年,中国社会科学院哲学所、中华全国西方哲学史学会、民盟中央等单位在北京联合举行"贺麟学术思想讨论会",与会专家、学者共200余人。他因病不能到会,委托夫人代表出席。

9月23日上午8时半,会议期间他在北京医院溘然逝世。

逝世后2009—2013年上海人民出版社出版《贺麟全集》,共计16卷。

再版后记

　　1986年方克立、李锦全教授联袂负责国家社会科学基金重大项目"现代新儒学研究"，我作为课题组成员，负责子课题"贺麟研究"。在课题组支持下，我取得如下成果：《中国现代哲学人物评传·贺麟》，纳入李振霞、傅云龙主编《中国现代哲学人物评传》下册，1991年中共中央党校出版社出版；《现代新儒家学案·贺麟学案》，纳入方克立、李锦全主编《现代新儒家学案》中册，1995年中国社会科学出版社出版；《贺麟新儒家论著辑要·儒家思想的新开展》，纳入方克立主编、张品兴副主编的《现代新儒家》丛书，1995年中国广播电视出版社出版；《贺麟新儒学思想研究》，纳入方克立、李锦全主编《现代新儒学研究》丛书，1998年天津人民出版社出版。此外，还发表学术论文若干篇。这些书大都写于10年以前，坊间早已告罄。

　　2016年1月13日，我做了脑膜瘤手术。我平生第一次罹患重大疾病，在医院里一躺就是80天。由于神经系统受损，手术后还有复视、面瘫、耳聋等后遗症，目前正在康复过程中。据医生讲，假以时日，可以痊愈。鉴于我的身体状况，没有能力重新研究贺麟，只得在旧著的基础上编辑成此书。这样做，倒是可以保持历史原貌。本书的第一部分以《贺麟新儒学思想研究》为蓝本；第二部分系若干短篇汇编而成，分"贺麟评说"和"贺麟学案"两部分；第三部分附录，其中的《贺麟年表》在拙著《现代新儒家研究·贺麟解放前治学系年》的基础上，参考互联网《贺麟年谱简编》，为再版编制。三部分总题《贺麟评传》。

感谢中国青年出版社出版本书，感谢责任编辑刁娜付出辛劳，使之增色不少。由于我在病中，无能力修改，本书错误在所难免，敬祈读者指正。

宋志明

2017年1月记于中国人民大学宜园2楼思灵善斋